高等职业教育安全保卫专业群新形态教材

安保应用文写作

海　南　主　编
孔庆仪　朱法娟　副主编

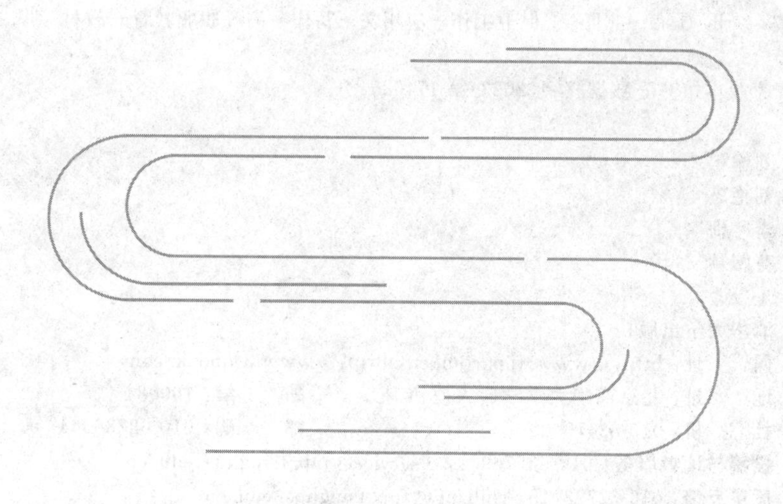

清华大学出版社
北　京

内容简介

本书内容分为应用文写作理论知识和安保应用文写作两个模块。第一模块主要介绍应用文写作基本原理，突出写作思维训练；第二模块为安保应用文写作，分为日常文书、事务文书、公务文书、商务文书、会议文书和求职文书六个项目。本书突出了安保行业相关岗位群从业人员应掌握的"安保勤务文书""安保大型项目实施方案""突发事件应急预案""安保项目招投标文件"等专业文书写作能力训练，以及安保职业常用的计划、总结、简报等事务文书，请示、报告、通知等公务文书的写作训练，兼顾了求职文书的写作训练。为满足学生职业发展的需要，本书通过二维码链接文档的方式指导安保专业学生的毕业论文写作。

本书为新形态教材，核心知识点和技能点配有微课，读者可扫描书中二维码观看学习。

本书既可作为高职高专院校安全保卫管理等相关专业技能课程教材，也可作为安保从业人员的培训教材和业务参考书。

图书在版编目(CIP)数据

安保应用文写作/海南主编. —北京：清华大学出版社，2023.7
高等职业教育安全保卫专业群新形态教材
ISBN 978-7-302-63903-9

Ⅰ. ①安… Ⅱ. ①海… Ⅲ. ①保卫工作－应用文－写作－高等职业教育－教材 Ⅳ. ①D631.3

中国国家版本馆 CIP 数据核字(2023)第 114685 号

责任编辑：刘翰鹏
封面设计：刘艳芝
责任校对：李　梅
责任印制：曹婉颖

出版发行：清华大学出版社
网　　址：http://www.tup.com.cn，http://www.wqbook.com
地　　址：北京清华大学学研大厦 A 座　　**邮　　编**：100084
社 总 机：010-83470000　　**邮　　购**：010-62786544
投稿与读者服务：010-62776969，c-service@tup.tsinghua.edu.cn
质量反馈：010-62772015，zhiliang@tup.tsinghua.edu.cn
课件下载：http://www.tup.com.cn，010-83470410
印 装 者：北京同文印刷有限责任公司
经　　销：全国新华书店
开　　本：185mm×260mm　　**印　　张**：14.5　　**字　　数**：328 千字
版　　次：2023 年 8 月第 1 版　　**印　　次**：2023 年 8 月第 1 次印刷
定　　价：49.00 元

产品编号：083198-01

前　言

安保职业教育改革是深化新时代法学教育改革的重要组成部分，承担着为平安中国、法治中国建设培养高素质技术技能型人才、提供科学理论支撑的光荣使命。安保应用文写作能力，无论在国际安保职业标准还是我国保安员国家职业标准中都是安保人员必备的职业核心能力。特别是中高级安保管理人员，在安保项目的营销、招投标、教育培训、风险评估、项目管理、公司行政管理、人力资源管理等各项工作中都必须撰写和使用安保专业文书。安保专业群各专业(方向)早已将《安保应用文写作》列入人才培养方案，作为重要的专业技能课程。

尽管目前《应用文写作》的相关教材已经十分丰富，但是专门针对安保专业文书和安保人员写作技能训练编写的教材尚属空缺。使用其他通识类《应用文写作》教材进行教学时，发现教材内容偏重于公文写作、一般性事务文书、商务文书等教学内容，不具有行业典型性。调查证明，安保专业群各专业(方向)毕业生到行政机关和企事业单位专门从事文书写作工作的并不多，而实际就业岗位应掌握的“安保大型项目实施方案”“突发事件应急预案”“安保项目招投标文件”等行业最为急需、最有竞争力的专业文书写作能力却得不到有效培养。

随着安保专业群的建设和发展，课程团队对安保行业人才需求有了进一步的了解，对安保企业经营管理的现状和规律有了进一步深入的认识。我们总结了近几年课程建设成果和教学实践经验，编写了本书，希望借助本书填补安保专业群缺乏一本专业文书写作教材的空白。本书一方面可满足高等职业教育安保专业群建设中全面深化“三教改革”的需要，进一步完善教学资源体系；另一方面能够面向全国500多万安保从业人员的广大培训市场，满足相关培训机构开展安保在职人员培训或者安保从业人员自学的需要。

基于以上编写背景和编写目标，本书的编撰方针和编写思路如下。

(1) 编写体例体现了行动导向教学理念。采用“模块—项目—任务”式编写体例，分为两个模块，共设有9个项目29个任务，以项目为导向、以任务为驱动，强调能力本位、力求写作知识简约规范、能力训练基于实战、例文精选规范新颖。每个模块下的项目，以及每个项目下设置的任务，都是选取不同安保职业技能等级需要掌握的文书，并遵循其难易程度或者重要程度进行排序，体现了从一般到特殊、由简单到复杂的架构思路。模块一应用文写作理论知识的任务侧重理论学习，任务均按照“情境导入—任务分析—任务准备—技能训练”四步递进的顺序编写；模块二安保应用文写作侧重实战训练，任务均按照“情境导入—任务分析—任务准备—任务实施—任务评价”五步递进的顺序编写，符合职业能力培养规律。

(2) 精选文种增强教学内容的适用性。在文种的选取上，既突出安保行业相关岗位群应掌握的“安保大型项目实施方案”“突发事件应急预案”“安保项目招投标文件”等专业文书写作能力训练，同时涵盖一般性应用文书(企事业单位常用事务文书、公务文书、求职就业文书等)。即使一般性应用文，我们也根据安保行业典型岗位和工作的真实需要，设计了具体的训练项目，将普遍性的写作规律与真实具体的安保工作任务统一起来。既坚持以安保行业岗位实际需求为主，又兼顾学生的未来发展。教师可根据课时安排和安保专业群所属不同专业(方向)学生的实际需求灵活掌握，满足学生赴安保一线，报考公安文职、公务员岗位，毕业实习，求职就业等多种写作能力培养的需求。

(3) 人物代入营造沉浸式学习情境。全书设计了一个中心人物“恒卫”。这是一个初出校门的安保专业的高职学生形象。全书以恒卫到安保企业实习，在不同岗位历练，完成不同工作任务，逐步进阶成长为主线，贯穿全部项目和任务设计，大大增强了教学内容的仿真性，营造沉浸式的学习情境，使学生仿佛与恒卫共同成长，从而使其学习过程中充满了代入感和趣味性。这样不仅可以帮助尚无太多实践经历的高职学生更好地了解和融入安保行业实境，还可使每个任务的学习目标更加明确，实战效果大大增强。

(4) 资源丰富，符合新时代教材功能升级和形式创新的需要。课程团队已经建设了精品在线开放课程，配套积累了高品质教学课件和丰富的视频教学素材，此次作为相应配套资源共同出版，使本书成为新形态教材，让使用者在获得纸质版教材的同时，获得在线数字课程资源的支持，有效拓展了教学时空，全面满足教师开展混合式教学模式改革的需要，也更加符合安保行业职业培训信息化转型的需求。此外，本书针对毕业生在应用文撰写中大量需要使用计算机进行写作、编辑、传输和新媒体应用等实际需求，在进一步强化应用文规范体例教学的同时，专门增加了“计算机编辑”的学习内容，辅以相应的操作视频，使学生一看就懂，上手就会，且大量作业可以借助计算机完成，更加规范，也更加符合教学资源库等信息化教学平台学习与评价的需要。

(5) 编写过程体现了校企合作的鲜明特色。本书的编写依托安保专业群长期校企合作的多家安保企业的经营管理实际，在企业高级经理人的参与帮助下，采集大量企业案例。很多教学内容均在面向行业、企业不同层次在职人员的培训中进行了修改完善，更加体现了从职业出发的特色，更加有效地满足安保企业实际用人需求。

本书由北京政法职业学院海南主编，主编负责确定编撰思路和整体框架结构，完成模块一全部内容、模块二中项目四至项目七的撰写，并进行了全书统稿和最终修订。北京政法职业学院孔庆仪任第一副主编，主要承担了模块二中项目九和毕业论文写作(拓展学习资料)部分的编写，以及全书所有文种的格式模板设计、计算机操作部分的编写。北京政法职业学院朱法娟任第二副主编，主要承担了模块二中项目八的编写及本书附录的整理。

因篇幅所限，毕业论文写作和附录(党政机关公文处理工作条例、党政机关公文格式、大型群众性活动安全管理条例、北京市大型群众性活动安全管理条例、国家突发公共事件总体应急预案)内容采用二维码链接方式提供。为便于内容更新和提供更多学习资源，本书准备了“更新文档”二维码。读者可扫描前言结尾处的二维码阅读这些附加资源。

本书的编写，汇集了安保专业建设多年的改革成果，得到了北京政法职业学院杨春、何杏娜、王景坤、柳春香、赵寅等多位同仁的支持和指导，借鉴和引用了安保行业企业提供的宝贵资料，同时也参考了部分应用文写作专业教材，在此一并表示衷心感谢！

本书成稿之际，正值党的二十大胜利闭幕。“施科教兴国战略，强化现代化建设人才支撑”，二十大精神宛如春风扬帆、战鼓擂响。基于已经建成世界上规模最大的职业教育体系的伟大历史成就，如何充分发挥职业教育服务新发展格局、服务强国建设的巨大能量，提升职业教育与产业发展、市场需求、技术前沿的契合度，挑战前所未有，机遇依然在我。

“道阻且长，行则将至”，我们“正逢其时、不可辜负”。构建新时代安保职业与培训体系，深化产教融合，构建校企协同育人机制是必由之路，更需要我们每一个奋斗在安保职业教育一线的教师，立足专业建设、教学改革、课堂革命的具体实施，锚定目标、锐意创新、奋楫前行！

限于编者水平，书中难免有疏漏之处，诚挚欢迎专家和广大读者批评指正。

海　南

2023 年 1 月

课程概述

项目：毕业论文写作

更新文档

附录 1：党政机关公文处理工作条例

附录 2：党政机关公文格式

附录 3：大型群众性活动安全管理条例

附录 4：北京市大型群众性活动安全管理条例

附录 5：国家突发公共事件总体应急预案

目 录

模块一 应用文写作理论知识

项目一 应用文写作概述 …… 3
任务一 了解应用文的概念与历史沿革 …… 3
任务二 掌握应用文的分类与特点 …… 6

项目二 应用文写作的过程 …… 9
任务一 掌握应用文写作的基本要素 …… 9
任务二 恰当运用表达方式 …… 16

项目三 应用文写作思维训练 …… 20
任务一 逻辑思维训练 …… 20
任务二 掌握组织文章内容的逻辑顺序 …… 23
任务三 编制归类概括结构图 …… 26

模块二 安保应用文写作

项目四 日常文书的写作 …… 33
任务一 条据的写作 …… 33
任务二 公示、启事与声明的写作 …… 38
任务三 安保日常勤务文书的写作 …… 44

项目五 事务文书的写作 …… 50
任务一 计划的写作 …… 52
任务二 总结的撰写 …… 64
任务三 大型活动安全工作方案的制定与实施 …… 77
任务四 突发事件应急预案的撰写 …… 95
任务五 简报的写作 …… 104

项目六 公务文书的写作 …… 115
任务一 了解公文写作基础知识 …… 115
任务二 上行文的拟写与制发——请示与报告 …… 124

任务三　下行文的拟写与制发——批复、通知 …… 136
任务四　平行文的拟写与制发——函、会议纪要 …… 147

项目七　商务文书的写作 …… 155
任务一　招投标项目的管理 …… 155
任务二　投标文件的撰写与制作 …… 162
任务三　投标文件的整理与装订 …… 174

项目八　会议文书的写作 …… 180
任务一　会议筹备方案的写作 …… 180
任务二　会议议程、日程、程序的写作 …… 188
任务三　会议主持词的写作 …… 194
任务四　领导讲话稿的写作 …… 199
任务五　会议记录的写作 …… 204

项目九　求职文书的写作 …… 208
任务一　求职信的撰写 …… 208
任务二　简历的制作 …… 213

参考文献 …… 221

模块一

应用文写作理论知识

项目一　应用文写作概述

学习目标

知识目标：

(1) 了解应用文的概念与历史沿革；

(2) 掌握应用文写作的分类与特点；

(3) 了解常用应用文的写作方法和技巧。

能力目标：

初步具备根据工作任务选择恰当文种的能力。

素养目标：

(1) 明确应用文写作能力是安保职业人必备的职业核心能力；

(2) 具备一定的提升个人应用文写作能力的主观能动性。

应用文写作基本原理

任务一　了解应用文的概念与历史沿革

情境导入

恒卫刚刚加入大型安保企业开展顶岗实习。公司人力资源部按照对他的培养计划，结合恒卫的能力和专长，让他先到总公司办公室工作。总公司办公室是企业的管理枢纽，恒卫和同事们并肩办事、办文、办会，熟悉了解公司整体运营情况。可没几天，新鲜劲儿一过，他就碰到了一些棘手的工作。原来，恒卫从小爱看书，文学功底不错，办公室领导就常常把写应用文的任务交给他。恒卫自觉用心去写的文章，在办公室主任那里总是不过关，不是说格式不规范，就是说文种选得不对，甚至还把他精心撰写的优美文字都给删了。他觉得自己可能不适合做这样的文字工作，不如申请去业务部门打拼。

恒卫把想法和人力资源部经理提了，经理耐心地鼓励他，公司的各个部门、各项工作，都离不开应用文。应用文写作这个能力，不论在办公室还是在业务部门，都是必须具备的，只要他沉下心在工作中多和领导同事们学习请教，一定能很快胜任工作，也会为他以后的工作发展打下好基础。

任务分析

在我们日常工作中，使用更多的是各类实用文体为主的应用文，与我们通常说的文学创作有很大的区别。作为大学生，很有必要掌握关于应用文的一些知识，并通过与实际工作任务相结合，多写多练，以便在今后的学习、工作和生活中写好用好应用文，使个人职业发展如虎添翼。首先，我们需要清楚，什么是应用文，我们在工作中都会使用哪些种类的应用文，它们各自有什么特点。

任务准备

一、应用文的概念

人类在从事物质资料生产实践活动的同时又从事着精神产品的实践活动，写作就是其中之一。所谓写作，是人们在感受、认识客观事物的过程中，用语言符号把思维结果有选择地记录、表达出来的创造性精神劳动。根据写作目的、写作内容和写作对象的不同，写作可以分为两大类：一类是为了陶冶情操、愉悦性情，以满足人们审美需求的；另一类是为了记载物质生产知识，传播存储信息，实施管理指挥，进行交际交流，开展调查研究，反映情况、意见、观点与决策等，以满足人们实际需要为目的。前者是以诗、词、散文、小说、剧本等为主的文艺写作；后者是以各类实用文体为主的应用写作，二者或直接或间接都服务于物质资料的生产，成为整个社会实践不可缺少的组成部分。本书所研究的主要对象，是以各类实用文体为主的应用写作。

何为应用文？应用文又叫实用文，应用文是应用写作的表现形态，是应“用”而写的文章。

从广义上讲，任何文章都有一定的意图和功利，没有任何意图和功利的文章是没有必要写，也是没有必要存在的。即使是文艺作品，也有“兴、观、群、怨”“比、兴、美、刺”的作用。但我们并不能因此而说所有的文章都可归入应用文的范畴。通常所说的应用文，是指国家机关、企事业单位、社会团体以及人民群众个人在日常的工作、学习、生产和生活中办理公务以及个人事务、传播信息、表述意愿时所使用的，具有直接实用价值和惯用体式的文章。它区别于对社会实践起间接作用的诗歌、小说、戏剧等文体而存在。

二、应用文的沿革与发展

（一）应用文的产生与发展

应用文作为一类文体，古已有之。据《周易·系辞》记载：“上古结绳而治，后世圣人易之以书契，百官以治，万民以察。”这段文字说明，远在文字产生之前，就产生了对应用文的写作要求，在文字产生的同时，也就产生了应用文。也就是说，应用文从诞生的那一刻起，就与“用”结下了不解之缘。河南殷墟出土的甲骨文是我国最古老的规范文字的物证，距今已有3500多年的历史。这些文字刻在龟甲兽骨上，主要记载殷商王朝当时的占卜内容，故称“卜辞”。受书写材料的限制，文字相对简短，一个甲骨片上最少的只有几个字，最多的有100多字。所记除干支数字以外，内容涉及世系、天象、食货、征伐、牧游等事项，文辞古朴简略，真实保留了当时社会的痕迹，其中有些可视为殷商王室的档案资料，记载了王室处理国家事务的活动，只不过包裹了一个迷信的外壳而已。由于殷商时期已经具有较为完备的系统文字，专家推测，至少在夏时，我国就已经有了文字，也就是说，可能夏时已有了应用文。殷商及其之前，是我国应用文的滥觞、萌芽时期。

随着社会的发展和国家管理职能的强化，以及社会交往的频繁，应用文也得到了发展，种类不断增加，撰制逐渐规范。在长期的奴隶社会、封建社会中，以官文书为主的应用文有诏、诰、命、制、旨、谕、敕、策、令、符、教等下行文；有章、奏、表、疏、启、状、笺、上书、驳议等上行文；还有关、移、咨、刺、平牒、照会等平行文。对于应用文的统称，古代也有不同的概念：如书、简、策、文案、文簿、文牍、尺牍等。到了清代，才正式提出“应用文”的概念。清代学者刘熙载在《艺概·文概》中指出：“辞命体，推之即可为一切应用之文。应用文有上行、有平行、有下行。重其辞乃所以重其实也。”这一概念自此一直沿用至今，同时使用的还有“实用文”的概念。

《尚书》是我国第一部以应用文为主体的文章总集，其中多是虞、夏、商、周四代帝王所发的文告、誓词等，有些是当时史官的记录，有些则是根据史料追述写成的。

随着社会生产力的发展，书写材料也在发生着变化，西周时冶炼技术发展很快，青铜器大量生产，并在上面铸有文字，被称为“铭文”。其后，一些有保存价值的内容常被铸鼎记载或公布。如周景王九年(公元前536年)郑国大夫子产把制定的刑法铸在鼎上公布，史称“刑书”；周敬王七年(公元前513年)，晋大夫赵鞅和荀寅，也把前执政者范宣子所制定的刑法铸在鼎上公布，史称“刑鼎”。书写材料由甲骨而青铜，尔后又竹石、布帛，再到纸张，不断丰富和发展。史载秦始皇“日读一石”，即每天要批阅120斤的简牍公文。应用文在管理国家事务中的作用可见一斑。之后，加之印刷术的发明和发展，应用文的运用更为广泛，逐渐成为社会生活不可缺少的组成部分。

历史上对政令的制作向来是十分重视的，并逐渐建立起一套程序、制度来保证政令的严肃性。《论语·宪问》中说：“为命，裨谌草创之，世叔讨论之，行人子羽修饰之，东里子产润色之。”一道政令，从拟稿、讨论，到修改、润色，须经过多人之手。这反映了春秋战国时期政令制作的大致情况。秦汉时期，颁发诏令的秘书机构设在丞相府，“置御史大夫以贰于相”“受公卿奏事”，掌天下文书，同时“举劾按章”监察百官(《后汉书·仲长统传》)。历魏晋，至唐宋，政令发布逐渐发展成严格的行政机构之间的职权分工和互相制约，实行“三省制”，即“中书出令，门下审议，尚书执行”。并有了制作、审勘、用印、监印、登记、送达等一整套严格制度。至此文书的发展到达成熟时期。

但在长期的奴隶社会和封建社会，总体上应用文的发展还是缓慢的。

（二）应用文的三次突破性革新

任何时候，应用文写作总是与社会政治、经济生活相适应的。20世纪以来，我国的应用文写作有以下三次突破性的进展。

第一次是辛亥革命废除了与君主专制统治相适应的封建官文书，统一了公文程式，将公文文种简化为“令、咨、呈、示、状”五种。

第二次是新中国成立后，公文等应用文以全新的面貌为新中国的社会主义革命和建设服务。1951年9月，中华人民共和国政务院发布了《公文处理暂行办法》，明确了公文的性质、地位、任务和价值，规定了新的公文文种及其用途、格式、行文关系等，标志着社会主义新公文的诞生。

第三次是党的十一届三中全会以后，随着改革开放和经济建设的蓬勃发展，我国的应用文写作进入更加自觉和昌盛的发展时期。在总结丰富实践的基础上，从20世纪80年代初期起，应用文写作的理论也得到了发展。从已经出版的众多专门著述和刊载的有关论文看，人们从文学创作和应用文写作的比较研究中，寻找其共性与个性，从宏观、微观两方面研究其基本原理、发展历史、内在规律和写作特征，从理论和实践的结合上自觉地建立健全和把握应用文写作学的体系，一门新兴的应用性学科已蓬勃地发展起来，而且在向专业化的纵深方向发展，派生出科技写作、财经写作、司法写作、新闻写作等课程。应用文的实用价值在社会活动中得到充分体现，文种迅速增多，现在应用文的主要种类有200余种，使用广泛而频繁，尤其是经济、科技及相关方面的应用文，新增文种更多，这是历史上从未有过的繁荣景象，其充满生机的发展现状和广阔的发展前景令人振奋。随着我国经济建设跃上一个新台阶和办公自动化水平的提高，我国应用文的发展也将呈现一个崭新的局面。

思考题

(1) 什么是应用文?

(2) 简述我国应用文的历史沿革。

(3) 20世纪以来，应用文经历的三次重要突破分别是什么?

任务二　掌握应用文的分类与特点

情境导入

一天，办公室主任找来恒卫，告诉他总公司办公室的复印机已经过了使用年限，经常出故障。为了保证总部行政办公需要，让恒卫以办公室名义，给总经理办公会拟写公文，按程序更新一台复印机。恒卫很快完成了《关于更新复印机的报告》交给主任审核。结果，主任却说，恒卫的文种选错了，他混淆了请示和报告的用法。恒卫很奇怪，人们不是常说给有事儿就给上级“打个报告”吗? 怎么选择报告这个文种，还错了呢? 主任拿出一本《党政机关公文处理工作条例》，耐心地给恒卫讲了请示和报告这两个文种的区别。

任务分析

应用文写作的首要前提是必须注意文种的规范性。根据实际工作的需要，办什么事应该用什么文种，要遵照有关规定准确选用。按照写作意图来选择文种，否则后续工作就无法顺利进行。一般来说，根据发文目的、文种特性对文种进行判断和选择。因此，必须了解应用文的文种类型、各种类型中包括的具体文种，并了解应用文的文体特点，以更好地写出符合发文目的和实践工作需要的应用文。

任务准备

一、应用文的分类

我国应用文的发展经历了3000多年的历史，文种繁多，目前常用的实用文种就有近200种，对这一庞大的系统进行分类实属不易。学术界对应用文分类的标准和方法不一，大致有以下几种：一种是按照文章的使用功能，将其分为通用类和专用类。另一种是将其分为行政公文、通用事务文书和专用文章三类。

还有更加细致的分类方法，进一步将应用文按照具体的写作类别进行更加细致的分类。

在本书中，根据安保工作领域和工作过程，根据教学、研究和安保工作实际应用的需要，将应用文分为以下几类。

1. 日常文书

主要指单位或个人在日常工作生活中经常使用的一些简单的应用文，包括条据、启事、礼仪文书(如感谢信、请柬等)。

2. 事务文书

主要指单位或个人在处理日常事务中经常用到的一些应用文，包括计划、总结、调查报告、简报、述职报告、规章制度等。

3. 公务文书

主要指党政机关、企事业单位、社会团体在实施领导、履行职能、处理公务时涉及的具有特定效力和规范体式的文书，共计 15 种。即决议、决定、命令(令)、公报、公告、通告、意见、通知、通报、报告、请示、批复、议案、函和纪要。

4. 商务文书

安保行业商务活动中常用的一些文种，如合同、招标书、投标书、产品说明书等。

5. 会议文书

包括会议筹备、组织管理和总结各阶段所产生的会议筹备方案、会议议程、日程、程序、开闭幕词、会议记录、新闻稿等文书。

6. 其他文书

根据高职毕业生学习、工作、生活实际需要，应知应会的其他应用文书。例如，求职应聘过程中需要用到的简历、自我介绍、求职信等文书；毕业环节需要用到的毕业论文、实习总结等。

二、应用文的特点

文章，“本同而末异”。应用文虽与以欣赏为主要目的的文学作品有相同之处，但其作为独立的一类文体，也有自己的特点。

1. 目的的实用性

写作应用文，目的在于“用”，是为了处理各种公私事务。因此，实用性是应用文的本质属性，其他属性都是由此派生出来的。中国香港学者陈耀南教授在《应用文概说》中指出：“应用文，就是‘应’付生活、‘用’于实务的‘文’章。”它既是应时而生、应时而作，更是应“事”而生、应“事”而作。目的不同，也就赋予不同文种不同的功能和作用。必须根据写作目的选择适用的文种，以完成个人或者组织的任务、目标。

正如情境导入中恒卫所碰到的问题。虽然都是给上级行文，如果需要上级批复资金或者给予批准、提供协助的事项，应该选用请示，而不是报告。如果单纯报告事项，就不能夹带请求上级解决的事项。因此，恒卫需要写的是《关于更新复印机的请示》而不是

“报告”。

2. 内容的真实性

真实是应用文的生命。无论哪一种应用文，其中涉及的时间、地点、人物、事件、原因、结果、数据，乃至议论、引述等，都必须真实有据、准确无误，既不能夸张，更不能虚构。这不仅是写作者的态度问题，更是由应用文的性质决定的。失“真”的应用文，不但没有实用性，反而会贻害无穷。

3. 对象的明确性

应用文中许多文种都有明确、固定的阅读对象，如公文中的通知、报告、请示、批复、函，日常类文书中的各种书信，交际类文书中的各种致辞等。有些应用文即使没有明确指出对谁发出、让谁阅读，但相对于文学作品来说，其阅读对象还是比较明确的。

4. 语言的平实性

应用文的语言，应简洁、准确、朴实、无华，要求说明准确、陈述真实、议论中肯，有什么说什么，有多少说多少，简洁明快，不需要铺陈夸张。在表达方式上，多用说明、直笔叙述，议论要就事论事，不旁征博引；抒情与描写，应用文虽不绝对禁止，但是要根据具体文种等实际情况来决定，尽量少用或不用。把握上述特点，并在实际写作中注意对照、运用，对学习应用文大有好处。

技能训练

请将下列文种填入表1-1适当的应用文类别中。

通知　计划　启事　会议程序　简历　简报　求职信

报告　投标函　调查报告　邀请函　决定　领导讲话稿

表1-1　应用文分类

应用文类别	文　种
1. 日常文书	
2. 事务文书	
3. 公务文书	
4. 会议文书	
5. 商务文书	
6. 其他文书	

项目二　应用文写作的过程

学习目标

知识目标：

(1) 掌握应用文写作的基本要素；

(2) 掌握应用文常用的表达方式；

(3) 了解应用文的语体特点。

能力目标：

能够根据应用文内容的基本要素，选择相应的表达方式宣事明理。

素养目标：

(1) 理解有效提升表达能力对安保职业发展的重要意义；

(2) 有目的地了解和运用提升表达能力的方法，逐步树立多读书、常练习、勤思考、善沟通的良好意识和习惯。

任务一　掌握应用文写作的基本要素

情境导入

一天，恒卫所在的安保公司某项目部发生了数起财物失窃事件，给客户的利益带来了损失。总公司高度重视，召开了专题会议总结事件发生原因、研究处理对策。恒卫作为办公室秘书，参加了会议。会议一结束，领导就要求恒卫尽快将会议纪要整理出来下发全公司各项目部。恒卫第一次撰写重要会议的会议纪要，心里有点没底，便赶紧去请教办公室主任。

任务分析

一般来说，用于公务处理的应用文，通常是领导的意图或者领导班子集体讨论、研究后确定的，但领导往往只会给出一个原则性的提法，需要文书写作人员进一步精心思考领导意图和精神实质，加以提炼，收集材料，精心构思，认真写作，写出能够正确反映领导和组织意图的“好文书”。这就需要我们首先了解应用文写作的基本要素及它们之间的关系，以此为基础，认真提高自己的写作能力。

任务准备

应用文由主旨、材料、结构、语言四个基本要素构成。应用文写作过程，分为运思、写作和修改三个阶段。在写作过程中，自然会涉及文章四要素和表达方式等一系列问题。主题是应用文的灵魂，结构是应用文的骨骼，材料、语言是应用文的血肉。

一、第一要素——主题

1. 主题的概念

主题是指应用文的中心意思，是作者的意图、主张或看法在文中的体现。主题是应用文的灵魂，决定着应用文质量的高低、价值的大小、社会作用的强弱。主题是文本的中心内容，是实现应用文功能和写作目的的最主要的手段。在某些文体中，它表现为作者的基本思想、观点和主张，如学术论文；在某些文体中，它表现为经过作者加工的主要事件或主要问题，如反映情况的调查报告等。

应用文的主题与其他要素相比处在统帅的地位，材料的取舍、结构的安排、语言的运用、表达方式的选取都要围绕着它进行。

2. 应用文主题的要求

(1) 主题正确。主题正确是指应用文的主题要符合国家的政策、法律、法规，符合客观实际。作者在应用文中对某事物或某问题的认识是正确的，反映了事物的内部联系和发展方向，所阐明的观点、所提出的主张、所发表的见解是符合客观实际的，是代表人民利益的，是有积极社会作用的。要正确认识事物，使文章的主题正确，关键在于作者具有科学的世界观和方法论，实事求是。主题是否正确，往往要经过实践检验，以社会效果来判断，能够真正起到指导工作、有效解决实际问题的作用。

(2) 主题集中。主题集中是指一篇文章的主旨要单一、突出。一篇应用文，只宜也只能有一个主题或中心思想，因为多主题多中心即无主题无中心。一张通告，只宜向群众公布一件重大的，要求群众都知道并遵守的事。一份契约，只宜就某方面的事，把双方交往中商定的责、权、利以文字形式记载下来，不要在一份契约中，既有地契，又有房、物契。

(3) 主题鲜明。主题鲜明是指应用文的主题要做到不含蓄、不隐晦、不寄托、不比喻、不联想，要直截了当地点明主题，表明态度，提出解决问题的措施和方法。应用文的主题越显现，越容易使人理解；越明白，越便于人们操作。主题的隐蔽含蓄是应用文的大忌。

(4) 主题新颖。主题新颖是指文章的思想新颖而别致，不落俗套。一篇应用文要有吸引力，关键在于“新”。新意来自新材料、新角度，“横看成岭侧成峰，远近高低各不同”，从不同角度去写，也可表现出“新意”。1988 年 2 月 1 日，《羊城晚报》发表了一篇文章，介绍法国某西服公司在美国纽约为顾客量好身材尺寸，然后通过计算机输送到法国进行裁剪。该文题目为《美国量体法国裁衣》，采用拆开“量体裁衣”成语的方法，使人感到文章的立意和语言都很新颖。

现代社会中，新生事物层出不穷。我们应当注意新的信息，把握时代脉搏，了解社会大众的心理动态和新的追求，只有这样，应用文写作才能不断创新。

二、第二要素——材料

应用文的材料是指撰写者为表现应用文主题时所搜集、摄取或写入文中的一系列事实、数据或论据。如果说主题是应用文写作的灵魂，那么材料就是应用文的血肉。没有充分掌握材料，就无法集中表达主题，更无法实现应用文的写作目的。应用文的材料主要分为理论材料和事实材料两大部分。理论材料主要有方针、政策、各种法律法规及科学原理、定律、学说等；事实材料主要有事件与情况、实物与现象等。对材料工作要抓好以下三个环节。

（一）搜集材料

根据特定的写作目的，搜集材料要做到丰厚典型。所谓丰厚，指力所能及地全面占有材料。所谓典型，指材料能够揭示事物的本质，代表事物的特征。丰厚指的是材料的数量，典型指的是材料的质量。没有一定的数量，也无所谓质量，二者是辩证统一的。

应用文搜集材料一般有直接获取与间接获取两条途径。

(1) 直接获取。指作者亲自从现实生活中获取。如运用观察、实地调查、访问、问卷、开调查会等方法直接搜集材料。在实践之中积累材料，在观察中掌握材料，在调查中拓展材料。

(2) 间接获取。指作者通过某种传播媒介所获得的材料。如通过各种记录、报表、统计数字、报刊、书籍、部门或单位的档案等获取大量的间接材料。通过查阅文献资料获取材料，是应用文写作经常采用的方法。

（二）分析材料

搜集到大量的材料，明确了写作的主题，接下来就是分析材料的真伪，材料的真实性是应用文写作的生命。因此，在分析材料客观真实性的基础上，作者还必须分析材料的真实本质性，以便及时剔除那些不能反映事物真实本质的虚伪材料。分析材料的总原则是：去粗取精、去伪存真，由此及彼、由表及里。

（三）选择材料

选择材料是指在搜集和分析材料的基础上对具备候选资格的材料进行选择。

案例

一天，办公室主任交代实习生恒卫“马上起草一份有关向实习生发放加班费的通知”，然后就走了。恒卫犯难了：“要我写公文，怎么不给我材料？没有相关的公务信息叫我怎么写呢？初来乍到，也不太了解公司的动作情况，叫我找谁问？怎么才能完成任务呀？”

简析：

材料与写作休戚相关，应用文搜集材料到文章定稿，实质上是一个搜集、分析、综合、选择、排列、组合材料的过程。恒卫可以通过询问人事部门，查看以往公司制度、查阅以往文件，通过电话、邮件、直接访谈等途径询问实习生所在部门，了解具体信息，直接、间接地获取材料，再针对领导的发文意图，对相关材料进行选择和处理，从而完成这个写作任务。

三、第三要素——结构

应用文的结构是指应用文内部的整体构造，具体指文章各个组成部分的搭配和排列的方式。作者对整个文章内部的组织构造过程，就是所谓的“谋篇布局”，也就是安排文章的结构。结构是表现文章主题的手段,是作者思路的具体体现,也是文章能够正确表达的基础。

(一) 应用文结构安排应遵循的原则

应用文的结构形式多种多样,但无论哪一种材料组合方式,都必须遵循以下原则。

(1) 围绕主题安排结构。主题是文章的灵魂,文章的结构安排,是为表现主题服务的。文章的结构安排要服从于表现主题的需要这个道理。

(2) 结构要完整、严谨、统一。结构完整是指要注意通篇的格局,防止缺头少尾,残缺不全;结构严谨是指文章的段落、层次划分恰当,过渡自然,针线细密,组织周严,无懈可击;结构统一是指前后结构布局的和谐与一贯,部分与部分之间要相互照应,合理联系,浑然一体。

(3) 结构要适应不同文种的要求。应用文中的不同文种,其结构安排的方式也是不同的。如公文的结构格式,一般由标题、发文字号、签发人、秘密等级、紧急程度、主送机关、正文、附件、印章、发文时间、抄送机关等部分组成。

(二) 应用文结构安排的内容和方法

应用文的结构与一般文章一样,包括开头和结尾,层次和段落,过渡和照应等,大体上可以概括为起、承、转、合四种。起,指如何开头,如何拟定标题,如何起句,如何写引言等;承,指如何衔接和展开,如何过渡和照应,如何使各部分条理清晰;转,指如何开拓和深化内容,如何在统一中求变化;合,指如何归结收尾,如何使写作成品形成统一整体。应用文在这些环节的安排上与其他文体相比有其特殊的规律与相对固定的模式。安排应用文结构主要有以下两点。

1. 并列法

用一种平等、并列的关系来安排说明主题的各层次内容。具体表现为几个观点或几个问题、几类事情或若干事件并列在一起。在形式上彼此独立,在内容上共同为说明主题服务。行文有先有后,但内容上却没有谁先谁后、谁主谁从。

2. 递进法

按照事情发展过程的先后顺序,或者事理的层次逐层深入的关系来安排说明主题的各层次内容。各层次之间,不仅在说明的时候有先后次序,而且在内容方面也存在实际的先后次序,层层推进,一层比一层重要,这种先后次序一般不能打乱。

应用文实现过渡自然,层次清晰的方法

过渡,就是上下文之间的衔接转换,即安排结构要注意层次段落之间的连贯性。前后相邻的两层内容要有联系,相连的地方应彼此连接,使文章气脉贯通,让读者思路顺利地从上面转到下面,不会感到中途有空隙。过渡的常用方法如下。

一是普遍的使用序数,内在要素经常用序码标识。结构层次序述,一般第一层为

“一、”；第二层为“(一)”；第三层为“1.”；第四层为“(1)”。

二是经常使用表示衔接和转换的词语式，如首先、其次、再次等。

还可以用小标题和过渡句来衔接，使结构形成连接的有机性。

照应，就是前后内容的关照和呼应。文章要首尾连贯，前后也要有足够照应。前面说的话，后面需要加以补充和发挥。后面说的话，前面要交代或暗示。这使得结构更紧凑，层次更分明，不仅可以显示行文的连续性和布局的严谨性，而且能不时唤起联想、回味，有助于主题表现。照应的方法主要有：

一是提问照应，即开篇、收尾或文中片言居要点题，照应标题；

二是首尾呼应，即开头提出问题，收尾作出结论；

三是前后照应，即前面提出问题，后面有所呼应。

四、第四要素——语言

语言分为实用语言和文学语言两大基本类型，二者虽然在词汇、语法上没有太大区别，但实际功能存在很大区别。文学语言追求审美的功效，讲求丰富多彩，意在言外。而应用文使用的则是实用语言，重在“实用”，在表述上力求清楚准确。实用文章的语言特征是由应用文文体的本质决定的，应用文的语言与文学创作的语言有较大的差别，其要求如下。

1. 语言要简洁、朴实、概括

应用文的语言要求准确无误，朴实无华，简洁有力。在进行叙述时要用最简短的语言陈述特定时空的信息，概述事实的主干，而不应纠缠于耗时费事的具体情节之中。

2. 语言表达要严谨、有分寸

应用文语言表达是否严谨有分寸，关系到对问题的判断、处理是否合理、准确。如一份处理决定，其中这样写道：“李×在1998年9月间收受××工程公司的50万元的巨款。案发后李×还和××工程公司经理及会计订立攻守同盟，妄图掩盖其过错。”文中“过错”一词有失严谨，表述与事实不符，李×的行为不是过错而是严重犯罪。

3. 数据要规范、清晰、准确

(1) 在同一篇文章中数字序号的体例要统一，不能体例混杂。如“农历初一至初7放假”一句，前后数字体例书写不规范，需统一书写。同时分数与小数的体例也必须统一。如“该县企业所得税收入完成956万元，比去年增长百分之十三”也出现了混写的错误。

(2) 表示公元世纪、年代、年、月、日、时刻均需使用阿拉伯数字，而星期则用汉字，如“21世纪”“90年代”“星期五”。

(3) 邻近两个数字并列表示概数时，应该用汉字书写，数字与数字之间不能用顿号将其隔开。如“3、4天”应写成“三四天”，“七、八种”的“七”和“八”之间不能用顿号隔开。

4. 具有一定的程式化

程式化的语言是写作实践的产物，是应用写作实践中常用的习惯用语，这种语言已经约定成俗，得到广泛的认可和共识。学习掌握这种语言的关键是表达要简明、合乎规范。

5. 用语得体

行文要适合发文者的身份，注意发文机关的隶属关系，要适合题旨，也就是语言的色彩要体现出文章的题旨，要适合对象，要适合语境。应用文的习惯用语如下：

(1) 开端用语：用于表示行文目的、依据与原因。主要有“为”“为了”“关于”“由于”“遵照”“依照”“根据”“兹有”“兹因”“兹定于”“兹将”“兹介绍”等。

(2) 称谓用语：用于表示称谓关系。主要有三种情形：第一人称“本”“我”，后面加上所代表的单位简称，如“部”“委”“办”“厅”“局”“厂”或“所”等；第二人称“贵”“你”，后面加上所代表的单位简称，一般用于平行文或涉外公文；第三人称“该”，如“该厂”“该部”“该同志”“该产品”等。

(3) 领叙用语：用于引出应用文撰写的根据、理由或应用文的具体内容。主要有“根据”“按照”“为了”“接……”“前接或后接……”“遵照”“敬悉”“惊悉”“……收悉”“……查”“为……特……”“现……如下”等。

(4) 经办用语：用于引出被追叙事实。主要有“业经”“前经”“均经”“即经”“复经”“迭经”等。

(5) 承转用语：用于承接上文转入下文时使用的关联、过渡，又称过渡用语。主要有“为此”“据此”“故此”“鉴此”“综上所述”“总而言之”“总之”等。

(6) 祈请用语：用于向受文者表示请求与希望，又称期请词。主要有“希”“即希”“敬希”“望”“敬请”“烦请”“恳请”“希望”“要求”等。

(7) 商洽用语：用于征询对方意见和反映，具有探询语气，又称询问词。主要有“是否可行”“妥否”“当否”“是否妥当”“是否可以”“是否同意”“意见如何”等。

(8) 受事用语：用于向对方表示感激、感谢。主要有“蒙”“承蒙”。属于客套语，一般用于平行文或涉外的公文。

(9) 命令用语：用于表示命令或告诫语气的词语。表示命令语的语词主要有“着”“着令”“特命”“责成”“令其”“着即”；表示告诫语气的词语主要有“切切”“毋违”“切实执行”“不得有误”“严格办理”。

(10) 目的用语：用于直接交代行文目的的词语，以便受文者正确理解并加速办理。用于上行文、平行文的目的词，还须加上祈请词，如“请批复”“请函复”“请批示”“请告知”“请批转”“请转发”；用于下行文，如“查照办理”“遵照办理”“参照办理”；用于知照性的文件，如“周知”“知照”“备案”“审阅”。

(11) 表态用语：又称回复用语，即针对对方的请示、问函，表示明确意见时使用的词语。如“应”“应当”“同意”“不同意”“准予备案”“特此备案”“请即试行”“按照执行”“可行”“不可行”“讯即办理”，在使用上述词语时应对公文中的下行文和平行文严加区别。

(12) 结尾用语：用于表示正文结束的词语，置于正文最后。用以结束上文的词语主要有“此布”“特此报告”“特此通知”“特此批复”“特此函复”“特此函告”“特允公布”“此致”“谨此”“此令”“此复”“特此”等；再次明确行文的具体目的与要求的词语主要有“……为要”“……为盼”“……是何”“……为何”；表示敬意、谢意、希望的词语主要有“敬礼”“致以谢意”“谨致谢忱”等。

(13) 地名人名的写作要求：在应用文写作过程中，经常涉及一些地名、人名的表述，要注意科学规范。地名用词的表述，第一次出现在文中时，如属于国外的，要冠以国名；属于国内的，要冠以省、自治区、直辖市的名称。所有国名、地名均要使用国家公布的标准名称。除因特殊需要（如保密等）或在文中无重要意义，公文中的地名都要精确表述。要慎重使用表示地名的代词，以防让人费解或误解。人名用词的表述，涉及人物的姓名往往同职务相连，表述时姓名与职务要用全称；只列与公文内容相关的职务；多个职务并列的，国内的要按先党内后党外、由大到小排列；若干姓名并列时，要按职务高低、部门排序、姓氏笔画、姓氏字母的顺序等标准排序。

技能训练

（1）概括下列例文的主体，归纳每一段的中心意思，并写出主题句，用小标题体现出来。

纵观历次公文改革中的文种变化情况，我们不难就新中国成立以来我国公文变革形成如下共识：

①__________________________________

文种数由 1951 年的 7 类 12 种，发展到今天的 13 种，其间有增有减，整体上是在增加，而且各文种的功能越来越明确，譬如报告和请示这两个文种，在很长一段时间内有分有合，最终还是分开了，因为在实践中发展，如果报告和请示不分，可能导致带有请示性质的报告因不便复文，或者上级发现后要求下级另以请示行文，给上级机关和写报告单位都增加了不必要的麻烦，甚至可能会延误办事时间。现在两者功能明确，报告不允许夹带请示的内容，请示也不能写成报告，否则不予办理。

②__________________________________

公文六次改革，有几个文种一直保持不变，如报告、批复和通知。因为这几个文种在公务实践中具有普遍适用性。但要说明的是，这些文种名称的稳定，并不表明它们所担负的功能一直如此。比如通知文种，在 1993 年《国家行政机关公文处理办法》中它有“发布规章”的功能，但到了 2000 年修订的《国家行政机关公文处理办法》中，这个功能改为由命令文种承担。

③__________________________________

1957 年公文改革发生的时代背景是：新中国在 1954 年召开第一次全国人民代表大会之后进入社会主义建设新时期，文种的设置自然与此前适应过渡社会形态的文种有所不同，比如被用于特殊时期迅速处理某些重要事项的上行文——签报奇效。1981 年公文文种调整是新中国成立以来最大的一次，这也是顺应改革开放后我国各项事业除旧布新的工作需要。1987 年公文改革变化幅度小，这与当时在稳定中求发展的要求一脉相承。

④__________________________________

1951 年《公文处理暂行办法》中上行文只有 1 种，即报告。现行《国家行政机关公文处理办法》中具有上行文功能的文种有 4 种，即报告、请示、议案和意见。这方便了上下级的沟通，特别是意见文种的增加，为基层提供了名正言顺的渠道。再有 1987 年《国家行政机关公文处理办法》，将长期以来作为非法定公文的会议纪要定为法定文种，体现了集体领导的智慧，是社会主义民主向前发展的又一个标记。还有体现权威的文种——指示，这一文种在中、低层领导机关极少使用，2000 年《国家行政机关公文处理办法》将其取消，一定程度上也体现了社会主义民主继续向前发展的进程。

总之,新中国成立以来,公文改革基本是沿着一条良性发展的道路前行的。文种的设置基本满足了当时公务处理的需要。可以说,各个时期的文种设置都为保证机关工作的正常运转,维护人民的合法权益发挥过巨大的作用。

(2) 指出下列句子表述不恰当之处,并改正。

① ××自 2010 年以来,用五年的时间,先后完成了省部级的科研成果十多项,多次获得国家及省部级奖励。

② ××接受承包方贿赂几十万元,造成国家直接或间接经济损失 2000 多万元。

③ 时间如白驹过隙,一转眼 2015 年将要过去了。在过去的一年里,我公司的经济效益犹如穿云的燕子,飞向百尺竿头,比去年大幅度上升了。公司上下兴高采烈、喜笑颜开,在新的一年到来之际,我们对去年的工作总结如下(略)。

任务二 恰当运用表达方式

应用文的语言表

情境导入

一天,恒卫所在的安保公司顺利完成了一个大型安保任务。恒卫怀着激动的心情,第一时间撰写了一份简报,准备把同事们在本次活动中不畏艰苦,能打硬仗,取得的突出成绩好好宣传一下。可简报送到办公室王主任那里,王主任却着手把恒卫自认为特别出彩、特别煽情的语段都删改了。简报的内容和语言变得特别平实、简洁。王主任指导恒卫,只有好好熟悉应用文的表达方式,以后写应用文才能更加得体。

任务分析

正确表达是应用文写作的关键,作者确定写作目的之后,经过调查分析准备了充分的写作材料,要写成适合需要的应用文,必须一要选择文种,二要选择特定的文本模式,三要运用恰当的表述方式和语体宣事明理。

任务准备

一、应用文中常用的表达方式

表达方式是指撰写文章时对有关内容所采用的具体表达方法和形式。表达方式通常有叙述、描写、对话、抒情、说明和议论。应用文写作,常用的表达方式是叙述、议论和说明,一般不使用抒情和描写。抒情、描写只在广告文案、新闻等文体中偶尔使用。

(一) 叙述

叙述是对人物的经历和事物发展变化的过程作出介绍和交代。这里介绍几种常用的叙述方法。

1. 概述、详述、散叙

(1) 概述:概略叙述某一状况、某一过程的基本面貌,使读者能大概了解。这种叙述方法在应用文中运用的最多。

(2) 详述：详细叙述某事物的基本面貌或某一事件的具体过程，使读者能细致了解。如产品说明书、调查报告等。

(3) 散叙：把许多不同时间、不同地点发生的事情，紧紧围绕着一个主题，分别进行叙述。应用文中的散叙，多是把并列的几件事或几个部门、单位、几个人的事情分别叙述出来。

2. 顺叙、插叙、倒叙

(1) 顺叙：完全按照时间先后或事情发生发展的过程来安排段落层次的一种写法。这种方法可以把事物发展的过程叙述得头尾清楚、层次分明。如情况通报、工作总结等大体上是这种写法。

(2) 插叙：在叙述主要事件的过程中，有时需暂时把叙述的线索中断一下，插进有关的另一件事的叙述，插叙部分完结后，再接上原来的线索继续进行的叙述。插述有时是为了补充主要事件，有时是为了突出人物性格，有时是对某些问题作补充说明。如调查报告或某些叙述性的公文，在叙述到某一内容时，常插入对另一内容的叙述。插述可以补充材料、丰富内容，使文章更加充实。

(3) 倒叙。先写事情结局或事件的某一重要情节，然后再按事件的发生发展过程进行叙述。如总结、调查报告等，常常是先叙述成绩、结果，然后回头再叙述工作进展、过程及经验。这种方法强调结局、突出重点。叙述是一种"易学难工"的表达方式。应用文的叙述一定要做到以下三点：一是条理清楚。应用文不是完整的记叙文，多数只是叙述一个情节、一个片断、一个过程，所以，线索不能繁杂，主线必须清楚、鲜明，叙述的人称也要注意。二是交代明白。叙述的目的，在于述说和交代文中基本内容。叙述的六要素不一定要在文章中一一写出来，但事情的来龙去脉一定要叙述清楚、交代明白。三是详略得当。叙述要抓住重点、分清主次。凡是对表现主题起重要作用的，必须详写；凡与主题关系不大的，就应略写。只有详略得当，文章的重点才会突出，主题才能鲜明。

（二）说明

说明是简明扼要地把事物的形状、性质、特征、成因、关系、功能等解说清楚，或把人物的经历、特点等表述明白。应用文常用的说明方法有以下几种

1. 定义和解释

(1) 定义说明：用简洁而明确的语言把事物的本质属性揭示出来，给人以清晰的概念。定义说明既能使人们对被说明的事物有一个明确、本质的了解，又能使人们把该事物与其他事物区别开来。定义说明虽然能够比较科学地揭示事物的本质属性，但是由于它的概括性太强，比较抽象，对事物、现象的特点难以说得具体详尽，所以常常需要用解释来补充定义说明。

(2) 解释说明：对概念进行详细解说，它是对定义的补充说明。通常位于定义之后。各类科研文书和专用文书常用定义和解释说明。

2. 分类和举例

(1) 分类说明：将被说明的对象，根据它们的性质、形状、成因、关系、功用等，按照一

定的标准分成不同的类别，然后逐类说明。

(2) 举例说明：举出突出实例来说明事物。它是通过个别认识一般的一种方法，给人以实感。举例说明要精心选择例子，做到事例典型，有代表性和启发性。应用文中的论文、总结、报告、调查报告、通报等常用举例说明。

3. 比较和引用

(1) 比较说明：将不同的事物加以比较或将某事物本身的不同情况相比较。比较包括类比和对比。比较时突出事物之间相似的地方，就是类比；突出事物差异的地方，就是对比。

(2) 引用说明：说明事物或事理时，必要地引用一些与说明有关的权威性资料来加以说明。引用可以为证明服务，也可以为说明服务。引用资料来证明作者之有理，让人信服，或是为了充实内容或作为说明的依据而引用有关资料。引文必须贴切，有针对性。引用资料要认真核实，注明出处。

4. 数字与图表

(1) 数字说明：用数字来说明事物和事理。数字说明，包括用约数、倍数、百分比等。运用数字说明，必须认真核实数字，做到来源可靠和准确无误。即使是估计数字，也要有根据，力求切近。

(2) 图表说明：借助插图、表格、照片来说明事物的本质和特征。图表说明能使说明对象由抽象变具体，便于读者理解和掌握。但用图表说明时，要注意配有适当的文字加以说明。

以上 8 种说明方法，在应用文中经常交替使用，没有高低之分。写作时要从实际出发，根据说明的内容、读者对象和写作目的的不同，灵活运用。

（三）议论

议论是通过摆事实、讲道理来阐明观点的表达方法。议论，一般说来是由论点、论据、论证三个要素构成的。论点，是作者对所论述的问题提出的主张、看法和表示的态度，常常是议论的主题，或称中心论点；论据，是用来证明论点的理由和依据，主要是议论中的事实材料，是议论的基础；论证，是以论据证明观点的过程和方法。应用文中适当运用议论，可以深化主题，点明事情的实质。有时运用议论，还可以超越所要议论的事物本身，让读者发挥联想。常用的论证方法如下。

(1) 举事例论证。即用典型的具体事实作论据来证明论点，也是“摆事实”的方法。举事例论证，最重要的是注意论据和论点关系的一致性和统一性。

(2) 对比论证。即将论据中截然相反的两种情况进行比较，形成鲜明的对照，互为衬托，具有很强的论证力量。对比论证的方法有两种情况：一种是“横比”，是把同一时期的两种性质截然不同的事物进行比较；另一种是“纵比”，是把同一事物在不同时间的不同情况作比较。

(3) 类比论证。即将性质特点相近的事物放在一起比较，从而达到准确认识事物的目的。在应用文写作中，把一些规模、条件彼此相似的单位、企业进行比较的方法，运用得比较普遍。

以上是3种最基本的论证方法，此外还有事理引申法、反证法、分析法等。应用文中的议论要以事实为依据，以法律为准绳，就事论理，简明扼要。

二、应用文写作要素与表达方式的对应关系

现代写作理论，将构成应用文的内容的基本要素，概括为"事、据、释、析、断、法、形"7个方面。每个要素都有相应的表达方式。

（1）"事"，即事情、情况、事由或问题。回答"什么事情""什么情况""什么问题"，采用叙述为主的表达方式。

（2）"据"，即依据、凭据、根据，回答"凭什么""根据什么""依据什么"。事实、证据、凭据、数据、经典著作、定理、公式、法律、政策等都属于"据"的概念。在表达上，事实依据一般采用叙述的表达方式，而理论依据、法律依据则较多采用说明的表达方式。

（3）"释"，即注释、解释、诠释及说明、解答、解说等，回答"是什么"，主要采用说明的表达方式。

（4）"析"，即分析、辩解、推理的说理过程。回答"为什么"，主要采用议论、说明两种表达方式。

（5）"断"，即判断、决断、综合，是"析"的结果，回答"有何结论""有何决定""什么论点"等问题。"断"须与"据""析"等要素结合，并以说明、叙述为主要表达方式。

（6）"法"，即方法、办法、措施、手段、路径、做法、想法、程序、步骤、规则、规章、计划、规划、策划、计谋、谋略乃至技术、技巧、工艺、科技等，主要回答"怎么办"的问题。主要采用叙述的表达方式。

（7）"形"，即形象、形态、实态，还包括形迹、姿态、情状、神态、景观、场景、模型、图形等，回答"什么样子""形状如何""什么状态"等。除描写外，它主要采用说明的表达方式。

以上7种类型在具体写作中由于文体性质和撰文目的不同，有着不同的选择，不同种类的应用文所采用的表达方式也各有侧重，如工作报告、简报、通报、消息和通讯等多用叙述的表达方式；决定、讲话稿以及毕业论文、判决书等，则侧重采用议论方式；行政法规、规章制度、合同、公告和通告等多用说明方式；总结报告、会议纪要和调查报告等常要同时运用多种表达方式，即在说明目的、叙述事实的基础上再论证说明。

技能训练

下面是一则实习生撰写的调查报告的开头部分，请从语体方面分析其不妥之处，并加以改正。

阳春三月，风和日丽。我们××学院旅游管理专业的45名同学从广州乘船，在15日天蒙蒙亮时就来到了肇庆市。啊，肇庆！美丽的肇庆！你是南粤的旅游胜地，多少个日日夜夜啊！同学们梦寐以求，要来领略你的风采，今天终于如愿以偿了。但是，这次我们要到你的农村——大湾的食品站，作为期一个月的生猪收购成本调查。因此，尽管大家都想借此机会痛快地玩它一玩，但想到这是实习调查，必须把学好专业放到首位。这样，在实习老师的带领下，下午就分为两个小组奔赴实习调查点了。

项目三　应用文写作思维训练

学习目标

知识目标：

(1) 认识思维与写作的关系；

(2) 体会思维与逻辑对写好应用文的重要作用。

能力目标：

(1) 能够熟练进行信息整合归类，学会概括提炼思想；

(2) 能够绘制简单的思维导图，提高思维能力。

素养目标：

(1) 使演绎思维和归纳思维内化为自己的写作自觉；

(2) 学会从阅读者的角度体会表述逻辑的重要性。

应用文写作思维训练

任务一　逻辑思维训练

情境导入

初步熟悉办公室的工作后，恒卫和办公室主任谈起最近的实习心得。恒卫感慨道："在工作中我发现，文笔好的人常常工作能力也很强！"办公室刘主任听后笑着说："其实呀，并不是写作能力好的人显得能力强，而是综合能力强的人，通常写作能力也会比较好呀！有句话说得好，要学会写作，先要学会思考，没有想明白，就不可能写明白。"恒卫听了，陷入了思考。

任务分析

写作本身就是思维的语言实践过程。这一过程首先就需要一个复杂的思维过程，将文书的主旨、结构、内容等想明白。至于格式规范、写作技巧、语言表达之类的，都是想明白之后再去做的事情。写作能力要强，首先思维能力要强。很多人认为文书写作按照文书格式套着写就行，不注意思维能力的训练，这样是写不出好的应用文的！

任务准备

一、逻辑思维的基本概念

逻辑思维又称抽象思维，是人类思维发展的高级阶段，是人脑借助于概念、判断、推理及其他逻辑方法反映客观现实的认识过程。

概念是逻辑思维的基本单位或基本形式,判断和推理是概念进一步的展开与发展。所以,概念既是人对客观存在的认识的结果,也是人进行逻辑思维的工具。在逻辑思维中,人们借助与概念的相互联系和相互转化构成概念系统(即常说的思想内容),来反映客观世界的必然联系及其本质。

二、逻辑思维的特点

逻辑思维有三个主要特点,认识这三个主要特点,对应用文写作的思维能力提高很有帮助。

(一)客观的纯粹性

"逻辑"一词,在英文中为 logic,包含有法则、理性、规律等意思。所谓逻辑思维,是表示思维过程具有严谨的逻辑性,是通过缜密的分析判断,揭示事务的内部联系、规律和本质,并通过逻辑推理过程进行论证,最后形成定义、定理、公示。这一切都是在理智的严格控制下进行的,不允许主观情感介入推理和判断过程,更不允许主管情感支配或控制严谨的理论阐述和精确的数学计算。爱因斯坦曾经有过这样一个贴切的比喻:"物理学家的工作必须像侦探那样用纯粹思维来进行。"所谓"纯粹思维"就是指逻辑思维的屏蔽主观情感的客观纯粹性。

应用文主要是体现领导决策或代领导和组织表达决策结果的,因此写作过程中,一定要保持客观纯粹性,避免将执笔人的主观情感带入写作过程中。

(二)抽象性

逻辑思维又称"抽象思维","抽象"的意思就是抽离具体形象,源于拉丁文 abs(离去)和 trahere(抽引),可以理解为抽离出来。黑格尔说,抽象就是指与感性内容相脱离。所以,思维过程是在经验感知的基础上,不断抽离于感性内容或具体形象,形成反映事务本质的观念或概念,即对事务的一般性或规律性的反映。作为一种思维形态,逻辑思维可以把握不同事物之间的联系,形成对整个客观世界的间接、概括的反映,进而上升到对具体事务多样性的把握。

应用文写作不同于文学创作的一个重要特征,就是应用文写作主要运用的是抽象思维,而文学创作主要运用的是形象思维。如果习惯于运用形象思维来撰写应用文,就会出现形容词、联想语一大串,文章显得花哨和不得要领,不符合应用文文体要求。

(三)隐喻性

长期以来,隐喻一直被视为一种用来装饰语言的修辞方法,20 世纪 80 年代,美国学者莱可夫和约翰逊在《我们赖以生存的隐喻》一书中,就对隐喻进行了开创新的研究,揭示了隐喻不仅仅是一种修辞手段,而且是一种思维方式,是理解抽象概念、进行逻辑思维的主要途径,在认识客观世界中起着重要和决定性的作用。隐喻使人们通过相对具体、结构相对清晰的概念去理解那些相对抽象的概念,即借助此事务理解和体验彼事务。实质上就是一个认知域(源域)映射到另一个认知域(目标域)的过程。概念隐喻在思维中最活跃、最具有创造力。

逻辑思维的隐喻性特征在应用文写作中具有重要意义。在大千世界中，任何事务之间都有无限相似性，它们共享无数特征，因此，任何一个新的目标域都会使选择过程趋于无限自由，因为它的任何显性特征及所有潜在特征都能用作源域的目标，这对于创意来说，无疑是非常有意义的。事实上，源域的很多特征从未被映射到目标域，这就为创意写作提供了广阔的用武之地。

一些领导讲话稿、倡议书、动员令等文书，如果能够恰到好处地嵌入一些概念隐喻，会起到画龙点睛的作用。

三、逻辑思维的具体运作形式

演绎思维与归纳思维都是逻辑思维的具体运作形式。归纳思维是从观察了解和实验中得来的许多个别事实材料中推出一般性结论的思维方法；演绎思维是从一般的知识前提推出未知的个别事实结论的思维推理方法。前者是从个别或特殊到一般，后者是从一般到个别或特殊的推理过程，二者在认识活动和应用文写作中具有不同的作用。但相对的，在应用文写作中，归纳思维运用得最多。归纳思维主要有 2 种不同形式：完全归纳思维和不完全归纳思维。

（一）完全归纳思维

完全归纳思维是根据所有要考察的对象得出的结论，因此其结论是完全可靠的。但是在运用完全归纳思维分析问题时必须坚持以下两点：

第一，对于前提中的每个对象的断定都必须和客观实际情况相符，即前提必须真实；

第二，所列举的前提应当包括该类事务的每一个个体对象。

由于完全归纳思维是一种严格的，能得出正确和可靠结论的分析形式，所以人们经常用它来进行周密的调查研究和严格的论证。在应用文写作中也广泛地运用了这种思维方式。例如，要进行一个安保公司服务质量的调查，需要逐个了解公司所属所有项目部的客户满意度。如果各项目点的调查结果都令人满意，那就可以得出“本公司的安保服务质量好，客户满意度高”的结论。又如，某公司开展了一次“狠抓工作纪律，杜绝迟到早退”的活动。通过相关部门一周的持续检查，没有发现一例迟到早退，因此就可以在一周总结里得出“该项活动深入人心，成效显著，员工准时到岗率和守岗率百分之百”的结论。这些都是运用完全归纳思维得出的结论。

（二）不完全归纳思维

不完全归纳思维是在前提中，只考察了某类事务的部分对象，因此，所做出的推理大都是不完全的，它的结论与前提之间是一种或然性联系，而非必然性联系。所以只能说在一定程度上是真实可靠的。

在应用文写作中运用不完全思维，需要注意以下两点：

第一，要尽量增加被考察对象的数量，尽可能扩大被考察对象的范围，以提高结论的可靠性；

第二,如果在考察中发现较多不同于或不利于执笔者或领导的既定观点的情况,一定要实事求是,不可隐瞒真相。

不完全归纳思维虽然不是一种必然性思维,但它能够突破前提考察对象范围的局限性,因而能够扩大人们的认识领域,帮助人们做出新的科学发现。科学认识史上的许多新发现、新成就都得益于不完全归纳思维。

不完全思维是一种概率归纳或者划类归纳。如考察安保公司服务质量时,因为所属项目部数量较多不能全部调查到,就调查了一部分项目部,在被调查的项目部客户满意度为优的有若干家,还有一些满意度为良。因此,最后既不能做出"安保公司服务质量好,客户满意度都是优"的结论,也不应做出"安保公司服务质量一般,客户满意度为良好"的结论,而只能做出"经过调查,安保公司服务质量整体较好,其中满意度为优的项目部占被调查项目部总量的百分之……"这样用百分比来表示的结论。

技能训练

请阅读下列资料,整理出该资料中科学家解决疑难、得出解决方案的思维过程。

德国化学家李比希有一次到一家生产柏林蓝的化工厂参观。走进车间,他便发现,工人们围着一口巨大的铁锅,用铁棒贴着锅在费力搅拌,铁棒与锅底相互摩擦发出刺耳的噪音。他很奇怪地询问工人们为什么这样做。工人们告诉他,这是一口神奇的大铁锅,搅拌的声响越大,生产出来的柏林蓝质量就越高。李比希不相信声音会对颜料的生产产生影响,他决定揭开这个谜底。

回到家后,他深入思考并亲自做了模拟试验,最终找到了原因。原来用铁棒在锅底用力搅拌,会磨下铁屑,铁屑和溶液发生化学反应,会提高柏林蓝的质量。于是,他建议工厂在溶液中加入一些含铁的化合物,就不必像原来那样用力搅拌铁锅,而且一样能保证产品的质量。工厂的生产效率和产品质量由此得到了双提升。

学习提示

(1) 基本概念:声音与颜料生产质量之间不可能有因果关系。

(2) 判断:用力搅拌会提高柏林蓝品质,一定另有原因。

(3) 推理:用力搅拌除了发出噪声外,还会产生哪些结果?

(4) 归纳整理信息:发现用力搅拌,能够磨下许多铁屑。

(5) 得出结论:试验证明铁屑能与溶液发生化学反应,从而提高产品质量。

任务二　掌握组织文章内容的逻辑顺序

情境导入

公司领导要求恒卫撰写一篇关于构建学习型组织的运作方案。这对恒卫来说,无疑是个相当复杂的任务。他一时有点摸不到头脑。他谦虚地向办公室王主任请教。主任建议恒卫,面对这么大的文稿撰写任务,要先对学习型组织及其运作进行了解,把这个大任务进行"解构",也就是把"学习型组织"这个"庞然大物"解构为几大部分,例如,公司为什么要提出构建学习型组织？如何构建学习型组织？这个组织里要学习什么？怎么学习？等等。根据这个思路，先画出文稿的结构图，再慢慢找出每个部分必须要表述的内容，注意各个部分间的结构顺序，这样渐渐思路就会清晰起来的。经过这样的指导，恒卫觉得自己的写作思路一下子清晰起来了。

任务分析

从理论上说，一篇文章中组织起来的思想内容，绝对不是随意堆放的，而是根据一定的逻辑关系才将有关的材料筛选出来并组织在一起的。一般来说，在应用文常用的归纳思维模式下，必须要选择一种逻辑顺序对文章结构和材料、内容进行安排。因此，应用文的写作，必须要掌握相应的选择逻辑顺序的方法，并了解如何判断选择哪种逻辑顺序是适用的。

任务准备

所有列入同一组的思想内容都必须具有某种逻辑顺序，以保证列入同一组的思想内容都属于同一范畴，从而有效防止遗漏任何相关的重要思想内容。

因此，当你决定将一些思想内容归集在一起的时候，往往首先用“步骤”“措施”之类的名词，来概括这些信息和内容的共性。并将同类的信息和内容按照第一、第二的顺序进行组织。这个顺序，可以是因果、并列、重要程度、时间顺序、事物发展的过程顺序等。这种按照某种逻辑关系，将材料筛选并组织在一起的过程，可以称为“思维的分组分析”。常用的路径有以下三种。

一、因果关系路径

当文章中要表述必须采取某种行动时，必定是认为通过这种行动会产生某种特定的效果。思路是这样的：首先确定的是希望达到的效果，然后提出为达到这一效果必须采取的行动。而当必须要采取多种行动才能达到该效果时，这些行动就构成了一个前后相续的过程，或者说成了一个由若干子项组成的系统，即共同造成某种结果的原因的集合，如图 3-1 所示。而为了完成该过程系统所需要的行动只能按照时间顺序依次展开和完成，因此，代表一个过程或系统的一组行为必须是按照时间顺序排列的，而对该组行为的归纳概括必定是采取这些行动所要达到的效果，如图 3-2 所示。

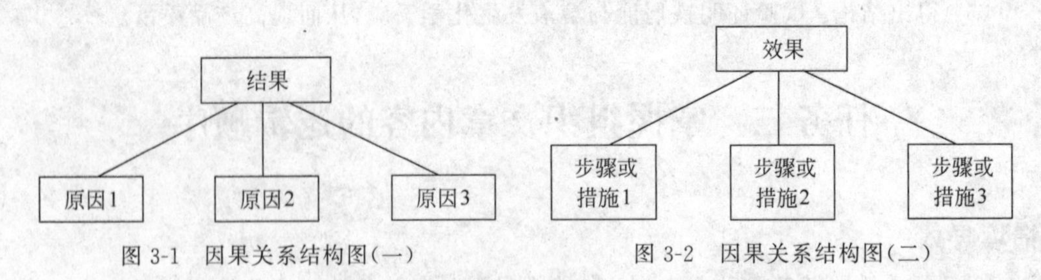

图 3-1 因果关系结构图（一）　　图 3-2 因果关系结构图（二）

二、整体解构路径

在写作中，整体是不容易把握的，特别是那些内涵复杂的整体，如果不进行“解构”，就根本无法认识和掌握。例如,公司领导要求恒卫撰写一篇关于构建学习型组织的运作方案。他把这个复杂的整体进行了如图 3-3 所示的"解构"。有了这个解构的逻辑顺序图,自然就可以很清晰地写出这篇文稿应有的结构提纲。

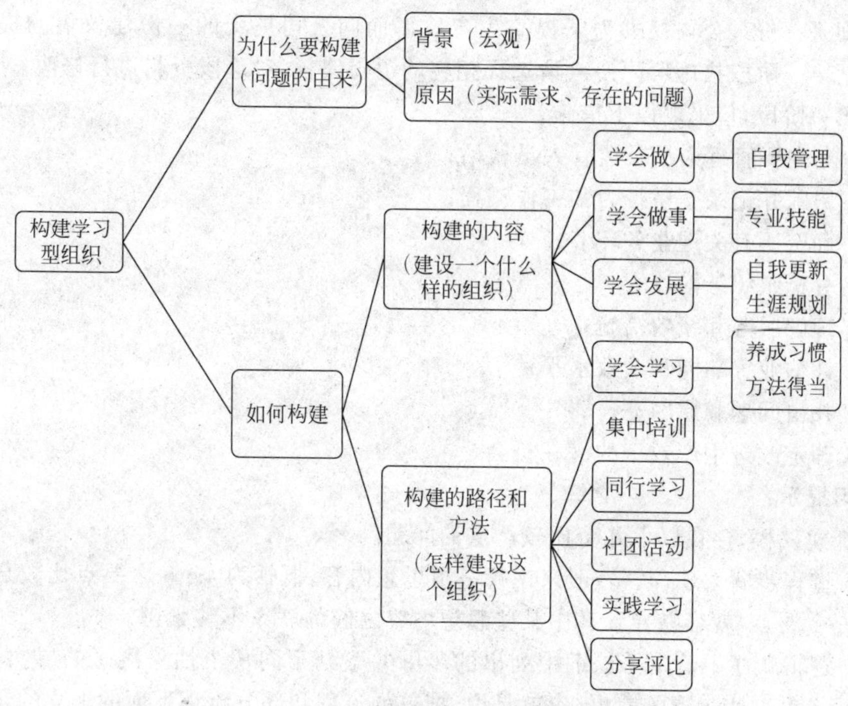

图 3-3　整体解构路径结构图

三、再结构路径

为了对思想内容和信息更加容易理解和把握,需要分割和解构,但之后还需要整合结构才能真正理解和把握。

例如,撰写公司发展战略规划,需要找到制约公司发展的问题。提出"存在制约发展的 3 个问题",其实制约发展并非只有 3 个问题,但与其他问题相比,这 3 个问题是更值得重视的瓶颈问题。而且这 3 个问题,也存在一定逻辑关系,例如：具有某种共性,或者按照重要程度区分,如图 3-4 所示。

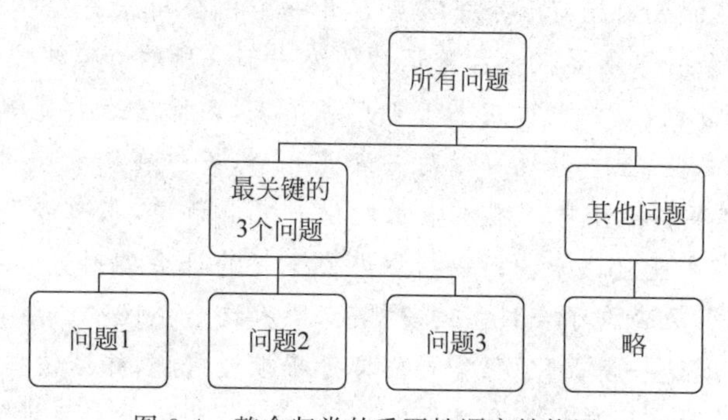

图 3-4　整合归类的重要性顺序结构图

以上三种逻辑顺序，既可以单独使用，也可以结合使用。但是每一组思想中都必须至少存在一种逻辑顺序。

技能训练

下面是一份某公司秘书为了提高生产效率而向公司提交的一份建议稿的提纲节选（只包含“第一阶段措施”部分）。请选择相应的逻辑路径，对这段资料进行修改。

在第一阶段，应采取以下措施：

（1）与主要管理人员及监管人员谈话；

（2）跟踪并记录交易行为和工作流程；

（3）确定所有关键业务环节；

（4）分析组织结构；

（5）理解服务和绩效措施；

（6）评估业务功能和绩效水平；

（7）找出问题和原因；

（8）确定改进生产效率的潜在机会。

学习提示：

这个建议稿，存在以下几个比较严重的问题。

（1）过程步骤太琐碎。一般来说每一组思想内容，概括为4～5个要点比较合适。如果超过5个要点，就容易导致其中某些思想内容之间的联系不够紧密。

（2）逻辑顺序不清晰。提纲中列出的步骤并不处于同一个抽象概念的层次上，其中一些步骤是另一些步骤的前提，也就是说，把总的流程和部分流程下面的独立的子过程混在了一起，使想要表达的思想模糊不清。

（3）缺乏归类整合。所列出的问题很随意地堆放在一起，其排序只不过是出于划分条款的方便。

任务三　编制归类概括结构图

情境导入

周一，恒卫所在的公司原定于下午3点召开一个由公司张总主持的项目论证会。但临时发生了一些变动。原本要来参加论证会的公安部一所的专家史主任因为临时要去公安部参加一个重要会议，最快也得在下午4点半结束，因此3点肯定来不及到公司开会。恒卫问了技术部王总监，王总监说可以晚一点儿开会，安排在明天也可以。但明天11点30分之前王总监有事脱不开身。刚才张总的秘书来电话说，张总今晚必须去广州出差，最快明天中午12点才能赶回来。所以指示办公室将论证会的时间调整到明天下午2点以后或者后天。恒卫又查询了会议室的安排表，明天这个会议室已经有部门预定，但后天还没有人预定。面对这一情况，恒卫需要立即分析梳理信息，并尽快拟出一个变更会议时间地点的通知，他该怎么完成这个任务呢？

任务分析

仅仅掌握公文撰写的有关知识和技能，就能够按照实际需要写好这个通知吗？

恒卫要撰写一个变更会议时间地点的通知，首先就需要把收到的信息进行梳理，然后做出相关合理安排，并经请示主管领导后，再撰写行文。

那么，恒卫应该将会议的时间定在什么时候合适？后续他还应如何处理这项工作？

任务准备

恒卫需要处理的问题，是需要运用思考和表述的逻辑。如果逻辑清晰，突发事件的处理就会条理清晰，事半功倍；如果逻辑混乱，眉毛胡子一把抓，那就可能顾此失彼，处置不当就会影响公司项目论证和后续工作的顺利进行了。

可见，进入写作环节前，需要将收集到的材料信息按照一定的逻辑进行分析归类，最好能够用一句话，将事情的解决方案概括出来，这样便于有针对性地写好应用文，处理好后续的相关工作。

掌握了归类概括的思维方法，对于应用文写作来说，特别是对于调查报告、工作计划、工作总结之类比较复杂的文书的撰写，是非常有帮助的。不过，对于庞杂的数据、材料，人们常常感觉难以归类概括。其实，只要学会归类概括结构图，然后按图撰文，就比较容易了。就如前面恒卫撰写公司《构建学习型组织工作方案》一样，按照一定逻辑顺序进行解构，画出了归类概括结构图，之后的文章撰写就有了清晰的结构提纲，自然能够写出符合预期写作目的的好文稿。

那么，怎样绘制归类概括图呢？归类概括图的简单入门技术如下。

第一步：确立或明确主题；

第二步：提取关键词作为分类项；

第三步：多运用图形和线条，将抽象文字具象化。

怎样将下面这段文字转化成归类概括图，以概括文字的主要内容，保证文字的重要信息不遗漏？

成都市地处亚热带湿润地区，地形地貌复杂，自然生态环境多样，生物资源十分丰富。据初步统计，仅动植物资源就有11纲、200科、764属、3000余种。其中，种子植物2682种，特有和珍稀植物有银杏、珙桐、黄心树、香果树等；主要脊椎动物237种，国家重点保护的珍稀动物有大熊猫、小熊猫、金丝猴、牛羚等；中药材860多种，川芎、川郁金、乌梅、黄连等蜚声中外。

具体完成步骤如下。

第一步：给上述文字确定一个主题——成都的生物资源；

第二步：概括、提炼这段文字的几个关键词——种子植物（特有珍稀植物）、主要脊椎动物、中药材；

第三步：运用最简单的图形和线条，将相关材料归类到关键词下，形成一目了然的思维导图，具体如图3-5所示。

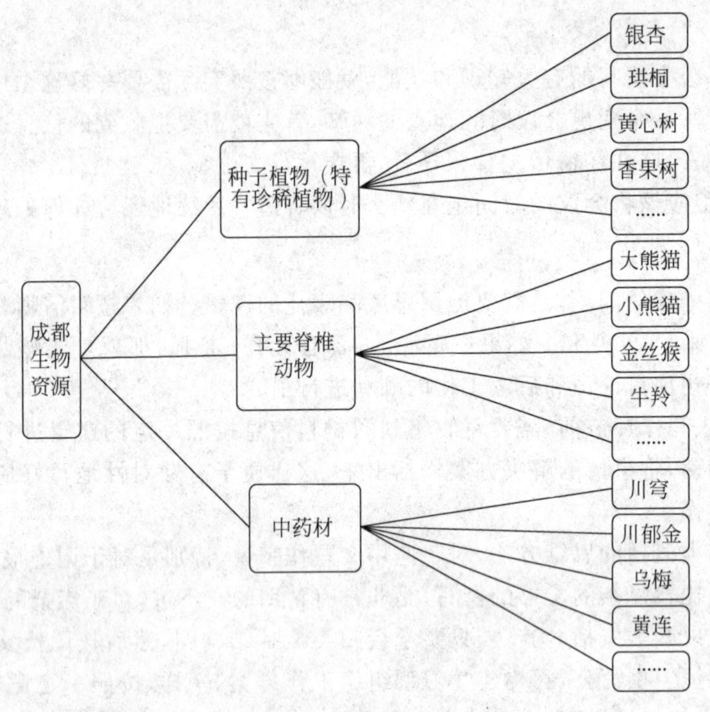

图 3-5 归类概括图

任务实施

请根据本节职业情境，完成以下具体任务。

(1) 请确定恒卫所面临的会议临时变更的最终结果——会议是不是必须更改新的时间和地点？

(2) 请用因果分析方法，分析为什么必须接受这个结果（参会人员、会议地点等角度）。

(3) 请确定新的开会时间，并归纳出建议的理由。

(4) 请画出恒卫制定新的会议方案的归类概括图。

任务评价

填写表 3-1，完成本任务评价。

表 3-1 任务评价表

评价项目	权重	评价内容	评价标准				自我评分	小组评分	教师评分
			优	良	中	差			
归类（关键词）	10	概括主题是否正确全面	10		5				
完整性	50	解决方案是否完整且逻辑严谨	50		30				

续表

评价项目	权重	评价内容	评价标准				自我评分	小组评分	教师评分
			优	良	中	差			
结构图	30	绘制正确、简明	30		15				
其他	10	图表的直观性、美观性	10		5				
合　计									

注：评价标准中只标出了优和中的分值，良和差的分值由打分人根据具体情况酌情给出，但不可以超越优和中的分值。

模块二

安保应用文写作

项目四　日常文书的写作

学习目标

知识目标：

(1) 明晰日常文书的概念与常用文种；

(2) 了解条据、公示、启事与声明等日常文书的用途和写法；

(3) 了解安保工作中常用的勤务文书的种类和写作要求。

能力目标：

能够熟练地根据相应工作任务，选择并撰写某种日常文书的能力。

素养目标：

(1) 树立规范意识，重视发挥日常文书的凭据性作用；

(2) 具备由简入繁，逐步提升个人应用文写作能力的主观能动性。

任务一　条据的写作

情境导入

刚到实习岗位的恒卫，需要处理很多日常事务。一天，恒卫忽然重感冒，只好写了请假条向办公室主任请假两天。回到工作岗位后，恒卫接到一个电话通知，要求办公室林主任第二天上午9点去总经理办公室汇报本年度顶岗实习大学生的实习工作方案，恰巧林主任外出不在公司，恒卫忙给林主任留条说明，并发了短信确认。林主任回电话让恒卫去人力资源部借来今年实习学生的情况登记表，明天汇报时供领导查阅。同时，恒卫还负责了将各部门爱心捐款收齐汇总的工作。他发现，每一个工作环节都少不了使用条据，请假条、留言条、借条、收条等各种条据看似简单，却是日常工作和生活中经常使用到的文书。

任务分析

条据是人们在日常生活、学习、工作中，要办理某些事务或者发生财务往来时常用的一种简便文体。请假条、留言条、借据、收据等都是常用的条据。它们可以作为办理相应审批事项的凭据，也可以作为财务往来的字据凭证。条据写法简单，但是有一定的写作要求和格式，不能随意乱写，否则容易带来不必要的麻烦或者引起纠纷。

任务准备

条据可以分为两类：一类是说明性条据，称便条，如请假条、留言条；另一类是凭证性条据，称单据，如借据、收据等。

一、说明性条据的结构和写法

（一）说明性条据的结构与格式要求

说明性条据类似一种最简单的书信，是人们遇到某事需要告知对方，又不能面谈，或者由于手续的需要，所写的一种条据。常用的便条有请假条、留言条、托事条等，格式和一般书信差不多，只不过写得极其简单。但是，便条也需要将要说明的事情写得清楚明白，具体准确。一个含糊不清或者书写极不规范、极为潦草的便条，不仅令人费解，还可能耽误事情的办理。说明性条据的格式通常如下。

(1) 标题。在第一行的中间，写上条据的标题，如“请假条”“留言条”等字样，以标明条据的性质(有时简单的留言条也可以不写标题)。

(2) 称谓。在标题下，第二行顶格位置，写上收条人的姓名，姓名后加上称谓，如“老师”“同志”等，其后用冒号。

(3) 正文。正文的内容由该条据的性质来决定。如果是请假条，需要直接写明请假的原因和起止日期。如果是留言条，需要把有关的事项、时间、地点等重要信息写清楚。如果是托事条，需要把事情委托、托付给谁，办什么事，以及具体的要求等，一一写清楚。

(4) 结尾。结尾的写法，与书信类似。正文结束后，另起一行，空两格，写“此致”，再另起一行，顶格写“敬礼”。

(5) 落款。在结尾下一行右侧署名，署名下写日期。日期应该使用阿拉伯数字完整书写年月日。

说明性条据的格式模板见表 4-1。

表 4-1 说明性条据的格式模板

提　示	模　板
① 标题：书写于第一行正中。 ② 称谓：写收条人的姓名，后加称呼。 ③ 正文：写明要告知、说明的事项。 ④ 结尾：写致敬语。一般用“此致”“敬礼”。 ⑤ 落款：署名和日期。	××条① （称谓）：② （正文）③____________________ ________________________。 此致④ 敬礼 （署名）⑤ ××××年×月×日

（二）几类典型说明性条据的写法

1. 请假条

请假条是因事、因病不能出勤，向单位、组织或领导请求给予假期的便条。正文需要直接写明请假的原因和起止时间。

例文

请　假　条

王经理：

本人突患流感，昨晚高烧不退，今天需要再到医院诊断治疗。特向您请假一天，望批准。

此致

敬礼

请假人：张洁

20××年×月×日

简析：

该请假条写明了请假的原因和时间期限，格式规范、简洁明了。

2. 留言条

留言条是访问某人未遇时写的便条。有时替别人接了电话不能当面转告，将电话内容记下来留给对方，也叫留言条。凡因故不能面谈而将有关事项简要地写下来告知对方的便条，都是留言条。留言条一般不使用标题和致敬语。

例文

各位客户：

我有急事需要外出一趟，十点左右回来，如果您来访，还请稍候，见谅！

马涛

20××年×月×日

简析：

这则留言条没有指定的具体对象，而是为了防止来访者到来后不能及时联系，而将自己的去向简要告知来访者的便条，没有标题和致敬语，功能明确，简洁明了。

二、凭证性条据的种类和写法

（一）凭证性条据的结构与格式要求

（1）标题。居中写，写明“收条”“领条”“欠条”“借条”等，表现条据的性质，也可以写“今收到”“今领到”“今借到”。

（2）正文。写明收到、借到的对象（个人或单位）的名字，物件名称、数量或金额。金额后面要写上“整”字，以防添加或涂改。正文写完后，另起一行，空两格写“此据”二字，也可省略不写。

（3）落款。在条据的右下方写明所在单位的名称和经手人姓名，写条据时的年、月、日。

凭证性条据格式模板见表4-2。

表 4-2 凭证性条据格式模板

提　示	模　板
此为凭证式条据。 ① 标题：第一行正中写"×条"，如"借条"或"欠条""收条"等，指明性质。 ② 正文：写明对方名称或姓名以及涉及的钱、物的名称、数量、全额(大写)等。 ③ 结尾：一般用"此据"。 ④ 落款：写立据人姓名或单位名称，下一行写日期。	×条 (正文) 今借到(收到、领到)× × × ______ ______ ______ ______ ______ ______。 此据 (署名) ××××年×月×日

(二) 几类典型凭证性条据的写法

1. 借条

借到个人或者公家的现金、财物时，写给对方的作为凭证的条据，就是借条。

借条是一种非常重要的有法律效应的凭据。钱物归还后，要把借条收回作废或撕毁。正文要写清所借钱物的数量、品种、规格以及何时归还。

借条要标明数量、偿还日期、原因和用处等。金额的写法是"币种＋大写＋币种单位＋小写＋币种单位"，然后写上"整"字。如果金额较大，要写明利息标准。所借物件要写明具体清单，数字也有必要是大写，数字前不留空白，后边写上计量单位称号(如件、台、架等)。假如是贵重物品，物品损毁程度和损坏后的补偿办法也要注明。正文后边或另一行写"此据"二字，以防增加或篡改。

例文

借　条

今借到老同学任×青人民币叁万元(30000 元)整，用于购买住房。2019 年 12 月底前归还。

此据。

借款人：李×(手印)

2018 年 12 月 25 日

简析：

借条正文写明了所借币种、金额，且金额大写，可防止涂改。同时写清了借款的用途和归还期限，内容清晰完整。落款处除了签名，还盖了手印，体现了立据人的严肃态度。

2. 收条

收到单位或个人的欠款、财物时，写给对方的作为今后查对的条据，就是收条或收据。

收条的写法与借单相同。标题写明文种，即收条；正文写清所收到钱、物的来历、称号、数量、设备状况(是否受损)。在正文后边或另起一行写“此据”二字。

若是被借人收到对方归还的钱、物时,一般不用写收条,直接将借钱、物时写的借条退还即可,或者当面将借条撕毁,以示钱、物还清。

例文

收　条

今收到××职业学院图书馆赠送我校的各类书籍壹仟册。

此据。

××县高级中学

经手人:张××

202×年6月10日

简析:

该借条正文内容简明清晰,写明了赠送人、赠送物品数量等明确信息。落款除了写明收物单位和收物时间,还写明了经手人,严谨细致。

3. 领条

到有关部门或者仓库领取钱、物时,写给负责发放人留存的条子,就是领条。

它要写明领取的时间、处所、物件及其数量、质量。

例文

领　条

今领到学院体育器材管理中心发放的足球10个、篮球10个、羽毛球拍10副、羽毛球3盒,乒乓球2盒。

此据。

××系××班

经手人:何××

202×年9月15日

简析:

该领条内容简明清晰,正文写明了领取的物品名称和数量,落款处各项内容齐全备,严谨细致。

4. 欠条

借了个人或者公家的财务,归还了一部分,还有部分拖欠,对拖欠部分所打的条据,就是欠条。有时,借了个人或者公家的钱、物,由于某种原因一直未能归还,当时也未写下任何凭据,在事后补写的条据,也可叫欠条。

例文

欠　条

原借现代化信息中心移动硬盘5个、数据线5条,已归还移动硬盘3个、数据线3条,尚欠移动硬盘 2 个、数据线 2 条，于 6 月底归还。

此据

××系办公室

经手人：李××

202×年 5 月 15 日

简析：

该欠条正文写明了原借、已归还和尚欠的物品名称和数量，并写明了归还的日期，内容清晰完整。落款处除写明借物部门，还列明了经手人，内容齐全备，严谨细致。

任务实施

根据下列材料写两张单据。

(1) 新生要举办中秋文艺晚会，系学生会向系团总支借照相机、摄像机各 1 台，姓名台签套 5 个，晚会结束第二天归还。

(2) 恒卫所在安保公司组织重阳节职工登山活动，他临出发前到公司附近的超市购买了××牌矿泉水 10 箱，每箱定价 40 元。可这个超市当天刷卡机坏了，没办法让恒卫刷公务卡支付，恒卫认为使用现金结算报销时恐怕不符合规定，因此征得超市负责人同意，立下凭据货款 3 天内到超市刷卡结清。

任务评价

填写表 4-3，完成条据的写作任务评价表。

表 4-3 条据的写作任务评价表

评价项目	权重	评价内容	评价标准				自我评分	小组评分	教师评分
			优	良	中	差			
文种选择	10	正确标准	10		6				
形式内容	60	标题：要素齐全	10		6				
		正文：简洁清晰，内容完整，列明相关钱、物名称、数量，表明归还日期	40		24				
		落款：单位或经手人、日期等要素齐备，书写位置、方式准确	10		6				
语言	20	准确、简洁、平实	15		9				
版面设计	10	符合格式规范、清晰美观	10		6				
合计									

任务二 公示、启事与声明的写作

情境导入

恒卫在总公司办公室实习了一段时间后，已经可以独立承担一些简单的事务性工作，一些简单的文书写作任务也能上手。他还常常帮助各部门在公司网站上发布一些信息，比如党务工作的公示、人力资源部的招聘启事以及办公室代表公司发布的声明。

任务分析

公示、启事、声明都是企事业单位、机关团体、组织机构和个人在日常事务中经常使用的文书。它们往往是制作者就某一事项提请公众注意或者要求其协助时而使用的，通常以张贴、标牌等进行展示，也可以通过报刊、广播、电视、网络等媒体进行传播。作为使用频率较高的日常文书，它们之间既有区别，又有联系。工作人员需要具备针对具体事项选择恰当的文种来撰写和发布，并做到“简洁明了、内容全面、要素齐全、格式规范”，以实现单位和组织的工作意图。

任务准备

一、公示

（一）公示的概念

公示是党政机关、企事业单位、社会团体等事先预告公众周知，用以征询意见、接受公众监督，从而改善工作的一种应用文书。

（二）公示的特点

公示具有以下几个特点。

（1）公开性。公示所包含的内容、承载的信息，都是要向周知对象公开，要让大家知道和了解的，具有较强透明度，不允许有任何隐藏和暗箱操作。

（2）真实性。既然是要征询意见，接受公众监督，公示的内容和信息就必须真实，不允许有任何的隐瞒和虚假成分。

（3）时效性。公示是事先的公示，不是事后的公示。公示的内容是初步的决定而非最终的决定。如果它是最终的决定就必须在“公示”前言中加以说明。

（4）民主性。民主性是指公示的过程与结果，都是公开、公平、公正的，都是有群众参与和监督，并为他们所认可的。

（三）公示的结构和内容

公示有较为固定的格式，一般由标题、正文和落款三个部分组成。有时还有附录或附表、附图。

（1）标题。一般有两种，一种只有文种“公示”，另一种是事由＋文种。

（2）正文。正文一般包括公示的原因；公示事务的基本情况；公示的起始及截止日期(以工作日计)；意见反馈单位地址及联系方式等内容。

（3）落款。发布公示的单位名称(一般要加盖公章)及发布时间。

（4）附录或附表、附图。附属于正文、对正文起补充说明作用的信息材料。

 **例文**

××安保集团爱心互助基金资助公示

爱心互助基金会全体成员：

2020年11月爱心基金会的一位成员向基金会提出了救助申请，根据基金管理办法，基金管理委员会秉着公开、透明的原则，经共同评审后，一致决议同意按照基金管理办法规定，对这位求助的成员做出以下资助，现公示如下。

一、资助对象及情况说明

序号	资助对象	部门	情况说明	资助金额	特别说明
1	骆×海	市场部	其母亲不幸患心脏病及低蛋白血症，累计花费医疗费达8万元，家庭经济遇到严重困难	8500元	按照基金管理办法规定

二、以上爱心资助公示时间为3个工作日，如有异议请联系人力资源部。

联系人：唐×帅　电话：×××××××

爱心互助基金会

2020年11月×日

简析：

这则公示符合公示的规范结构要求，包括公示的原因、公示事务的基本情况、公示的起始及截止日期(以工作日计)；意见反馈单位地址及联系方式等内容。

二、启事

（一）启事的概念

启事，是国家机关、企事业单位、团体或个人，因事需要向公众说明或提请公众注意，希望公众协助办理此事时使用的一种事务文书。一般通过张贴、标牌或广播、电视、报刊等形式向社会公开说明、宣传、介绍，使其周知。

（二）启事的分类

启事的种类很多，作用也不一样。根据启事事项的不同，可以分为寻找、征招、周知、声明四大类：寻找类启事、征招类启事、周知类启事、声明类启事。

（三）启事的结构和内容

大体而言，启事的写作格式包括如下几个方面。

1. 标题

标题的写法一般有以下几种：

一是只有文种或只有事由，如诚聘、启事；

二是由事由＋文种，如招聘启事；

三是发文者＋文种，如××公司启事；

四是发文者＋事由＋文种，如××公司招聘启事。

还有一种比较特殊，如果启事重要和紧迫，为了引起公众注意和配合，可标明为“重要启事”或“紧急启事”。

2. 正文

不同类型的启事正文内容有所不同，一般包括启事的目的、意义、具体办理方法、要求、条件等。正文是启事的主要部分，主要说明启事的事项。正文要写具体、明白、准确，简练通俗，千万不可模糊、含混、模棱两可，以免产生歧义。

3. 落款

在右下角写明启事单位名称或个人姓名。视具体情况，有的还要写上地址和启事时间。在标题和正文中已写明启事者，结尾中可省略，只写日期。报刊上刊登的启事也可以不写日期。

 **例文**

校园保安招聘启事

（事由＋文种）

为进一步加强全县各学校安全管理，保证校园正常的教育教学秩序，重庆保安集团××县有限公司拟面向社会招聘校园保安人员460名。

（开头说明启事的目的、意义、招聘单位以及主要事项；主体部分交代了招聘的原则、条件、待遇、流程方法等。）

一、报考原则

本次招聘实行定向报名（每一个街镇空缺数量见附件），录用派驻时原则上就近安排。

二、招聘条件

1. 男性，年龄18～55周岁，身高1.65米以上；女性，年龄18～45周岁，身高1.58米以上；初中以上文化；中共党员、退伍军人、有武术功底、具有大专学历者优先考虑。

2. 无不良记录，身体健康（无高血压、心脏病、肝炎等疾病），五官端正。

3. 有爱心，有较强的沟通能力和应变能力。

4. 有高度的责任感，服从学校和公司的安排及管理。

三、工作待遇

1. 月工资：1200元（含“五险”个人承担部分）。

2. 公司为保安人员缴纳“五险”。

四、报名时间

2011年9月23日—26日

五、报名地点

1. ××县古南交通路30—37号（××县公安局正门前100米保安公司）

2. 受保安公司委托，全县17个派出所均设立报名点。

六、报名办法

有意者持身份证、户口簿、近期1寸免冠照片3张到属地派出所报名，直接到保安公司报名者，还需携带户籍所在地派出所政审证明。

特此启事。

（正文内容将招聘对象的具体要求、工作待遇和报名方式分条列项，写得清晰明白。）

联系人：许××

联系电话：××××××××

（列明联系电话，便于有意向者询问联络）

××保安集团綦江县有限公司

20××年4月5日

（落款表明发文单位名称和时间，规范严谨）

附件：空缺数量表（略）

三、声明

（一）声明的概念和种类

声明就是有重要事项要向社会的公众澄清是非、确认真相、警告某些不正当的言行，以保护自身的合法权益，做出公开说明并表示立场、观点、态度的一种常用应用文。无论国家机关、企事业单位、人民团体或者个人均可以使用。

（二）声明的种类

常见的声明有两类。

一种是正式文件。针对某重大的国际国内问题，或者直接涉及国家利益的问题，标明一国、一党或一团体的态度、反应、立场、政策的重要外交专用文书。

另一种是事务类声明。按照不同的事务类型，可以分为遗失声明、除名声明、表明关系的声明、委托授权声明等。此类声明以自诉的形式出现，为社会各界广泛应用。

（三）声明的结构和内容

1. 标题

一种是只写文种“声明”；另一种是在文种前表明事由，如“遗失声明”等；还有一种由声明者名称、授权事由、文种组成，如“××公司与××公司关于××问题的联合声明”。

2. 正文

（1）写明发表声明的缘由。一般交代声明的目的或背景。

（2）陈述声明的事项或问题，表明有关立场、观点、态度和做法。

（3）提出声明者的希望和要求。

3. 结尾

声明的结尾常用“特此声明”。有的声明讲清事由、事项即可，可省略结尾。

注意，如果开头与主体之间已有“特作如下声明”或“特声明如下”之类的字样，即不写“特此声明”的结语。

4. 落款

包括署名、日期。声明单位名称如在标题中已经写明,在此不必再写。

知识拓展

启事和声明的区别

启事、声明同属于登报、张贴、散发的文体。但两者也有区别。主要表现在以下三方面。

1. 从两者的性质范围来看,启事的范围较窄,涉及的内容没有声明那么重要。国家和国家之间,就不用启事。党政机关也极少使用。声明的范围很宽,上至国家与国家之间,下至普通百姓,都可以使用。声明的严正性也是启事所不能及的。

2. 从两者的内容大小看,启事的内容一般不那么严肃、严重,而声明的内容一般比较重大。常用“严正声明”等标题。

3. 从两者表明的态度来看,启事主要是说明解释自己的言行,以寻求他人或公众予理解、帮助和支持。声明则重在对某个事物或者问题发表一方或者几方的立场、观点和态度。

任务实施

恒卫所在的安保集团所属的保安培训学校,因业务需要,需招聘 2 名培训讲师。要求年龄 45 岁以下,具有 5 年以上安保企业项目管理经验,本科以上学历,形象气质好,表达能力突出,能够熟练运用常用办公软件。

要求:

(1) 按情境内容撰写一份招聘启事。

(2) 文中所涉及的具体公司名称、地址、联系人、联系方式、招聘日期等自拟。

(3) 结构清晰完整,格式规范,语言表达符合文种要求。

具体计算机操作如下。

1. 建立招聘启事文档

建立一个“招聘启事”的 Word 文档,然后选择自己熟悉的输入法进行文本输入,并注意及时保存。

2. 页面设置

单击布局选项卡,单击“页面设置”组中的右下角,打开“页面设置”对话框。在纸张选项卡中选择 A4,纵向;在“页边距”选项卡中将上页边设置为 3.7 厘米,下页边设置为 3.5 厘米,左右页边分别设置为 2.8 厘米、2.6 厘米。字号设置为三号,字体设置为仿宋。

3. 插入页码

选择“插入”选项卡,在“页眉和页脚”组中单击 “页码”按钮,再单击“页面底端”,选择“普通数字 2”样式。单击“页码”后选择“设置页码格式”,打开“页码格式”对话框,在“编号格式”中选择“全角”,单击“确定”按钮。

4. 文本设置和编辑

标题使用二号小标宋体，居中；正文使用三号仿宋体字。

任务评价

填写表4-4，完成启事的写作任务评价。

表4-4 启事的写作任务评价表

评价项目	权重	评价内容	评价标准				自我评分	小组评分	教师评分
			优	良	中	差			
文种选择	10	正确标准	10		6				
形式内容	60	标题：要素齐全 正文：简洁清晰，内容完整，要素齐备。对于要求、特征、条件等重要内容清楚准确 落款：单位、日期等要素齐备，书写位置、方式准确	10 40 10		6 24 6				
语言	20	简明扼要、态度诚恳	15		9				
版面设计	10	符合格式规范、清晰美观	10		6				
合计									

任务三 安保日常勤务文书的写作

情境导入

恒卫最近帮助总公司的培训部门收集整理出本公司基层单位勤务工作常用的各种工作表格。培训部门将其制作成培训材料，用于提升初任保安员的职业技能。为了把材料做得更加规范，恒卫还参照《保安员国家职业标准》《保安服务操作规程与质量控制》及《保安员培训教学大纲》，对现有的一些勤务表格进行了完善。这样不仅自己对基层安保勤务工作有了更深的了解和认识，工作中用心钻研、认真负责的精神也得到了办公室领导和培训部门领导的充分肯定。

任务分析

基层安保人员，需要具备一定的专业文书写作能力。根据不同的岗位层级，需要具备不同层级、不同文种的写作能力。这些专业文书，是指安保服务从业单位及所属人员，在安保服务工作中制作的、记录安保工作、反映工作成果的文字材料。基层安保人员需要掌握日常勤务工作中进行登记和记录的表格的制作和填写方法。这也是《保安员国家职业标准》中规定的培训内容。

任务准备

一、安保日常勤务文书的特点

（一）内容的真实性

基层安保工作的严肃性决定了日常勤务文书涉及的所有内容，无论是人物、事件还是时间、地点、数字，或是涉及法规、政策，都要真实可靠，准确无误。

（二）表达的客观性

安保勤务文书内容的真实性，决定了表达的客观性。无论是哪一种文书，不论采用何种形式，表达上都要客观实在，真实准确，尽量不做主观修辞。

（三）格式的规范性

基层安保工作的整体性，规定了日常勤务文书的规范性。作为日益规范的行业，安保专业文书逐步都有了相对固定的格式。安保日常勤务中所使用的登记、记录等表格文书，是行业内有统一规范的，要严格遵守特定格式，规范制作和填写。

（四）语言的简洁性

安保勤务文书的表达，要叙述清晰精炼、简明扼要。不要啰唆冗长，不要堆砌各种修饰描写性语言。

二、常用安保日常勤务文书的写作

（一）记录

记录是保安员在工作和学习中根据实际需要对比较重要的事情所做的纪实性笔录。

1. 特点

（1）纪实性：如实地记录情况、反应事实，不能漏记、误记，更不能隐瞒事实真相。

（2）详尽性：记录尽量详尽。主要的内容越详细越好，不能马虎，更不能应付。

2. 分类

主要有值勤记录、巡逻记录、守护记录、押运记录、现场保护记录、会议记录、接电话记录等。

3. 结构

记录由标题、文头、正文、文尾四部分构成。

（1）标题：要求写清楚记录的种类，如记录值勤情况，就写“值勤记录”。

（2）文头：要交代清楚背景情况，如值班的时间、地点、人员和天气等情况。

（3）正文：要求如实记录工作中发生的有关情况，如在值班过程中发现有嫌疑人员抢劫发生，应把事情发生的时间、地点、经过、结果，按实际情况一一交代清楚。

(4) 文尾：写清处理情况，交代清楚待解决的问题。

4. 写作应注意的问题

(1) 真实。特别是工作中的失误、事故一定如实记录，不得隐瞒。

(2) 主要的事情不能遗漏。

(3) 字迹要工整清晰，不能乱涂乱抹。

(4) 记录要妥善保管，以备检查。

保安员常用的记录有值勤记录、押运记录、巡逻记录、现场保护记录和守护记录，样表见表 4-5～表 4-9。

表 4-5 样表一：值勤记录

年 月 日 天气：

值班时间		值班地点	
值班人员		带班人员	
值班实况	值班人签名： 带班人签名：		
备注			

表 4-6 样表二：押运记录

货物名称		数 量		体 积	
货主名称		随行人员			
起止时间		起止地点			
押运人员		承运单位			
押运路线					
押运实况					
签收情况	签收人姓名：				
问题处理	押运人签名： 年 月 日				

表 4-7 样表三：巡逻记录

巡逻时间		巡逻范围	
巡逻人员		带班人员	
巡逻实况			
备注	带班人签名： 年 月 日		

表 4-8　样表四：现场保护记录

举报人姓名		地　　址		电　　话	
举报时间		举报方式		案件性质	
接报人员				现场保护人员	
现场地点				现场环境	
现场状态					
保护措施					
公安人员到达时间			勘察人员姓名		
移交现场时间			保安人员姓名		
备注	带班人签名： 年　月　日				

表 4-9　样表五：守护记录

守护对象		守护地点	
守护时间		守护人员	
守护记录			
结果			
备注	带班人签名： 年　月　日		

（二）登记

登记是保安员经过查询有关人员，对所要了解的情况，所做的纪实性笔录。

1. 特点

（1）纪实性：登记需要根据事实情况，如实填写，不得有任何编造和虚假。

（2）详尽性：为便于工作中随时查验和核对有关信息情况，登记时必须尽量详尽，相关事件的时间、地点、经过、结果，均需按实际情况一一登记，不出现错漏。

（3）证据性：登记作为安保勤务工作中的纪实性笔录，在相关事件、案件的调查取证中，是重要的证据之一。因此，进行登记的过程中，安保人员必须详细查询情况，据实进行登记。

2. 分类

登记可分为接报情况登记、来往车辆登记、接待登记、保管登记等。

3. 写作规范

登记可以用记叙文体写成文字材料，也可以事先制成表格，及时填写而成。

登记在保安勤务工作中使用频率非常高，如车辆检查登记、来访登记、接报情况登记等，样表见表4-10～表4-12。一定要按照登记制度的要求，认真、准确、翔实地做好登记，以备有需要时查找、统计或者作为证据。

表4-10 样表一：车辆检查登记

年 月 日			登记人：		
进出时间		事由			
种类		车型		车牌号	
颜色		司机性别		体貌特征	
备注	保安员签名： 年 月 日				

表4-11 样表二：来访登记

年 月 日

来访时间		来访事由			
来访部门		来访何人			
来客姓名		性别		年龄	
联系电话		工作单位			
出门时间		携带物品			
保安员姓名		带班人签字			

表4-12 样表三：接报情况登记

年 月 日

报案人姓名		性 别		联系电话	
住址					
报案情况方式		案件性质			
接报情况时间		接报人姓名		身份	
报案人陈述记录					
处理结果	保安员签名： 年 月 日				

任务实施

请根据下列情境，制作并填写一个登记表格。

20××年1月14日上午9点15分，萧家花园小区保安值勤人员，接到4号楼3单元501业主王女士电话报案，陈述其当天早上回到家中后，发现家中被盗。接报保安员迅速报告该当天带班队长李×林。5分钟后，李队长与另一名备勤保安员一同赶到事发住户家门口。发现住户门锁没有严重损坏痕迹，但室内物品凌乱，有被翻动痕迹。了解现场状况后，立即拉起警戒带，对现场进行了保护，并建议业主报警处理。9点35分，公安人员到达现场。李队长与出警民警陈警官交接了情况，填写了记录单。后续李队长按警方要求提供相关的出入小区登记、视频监控录像等证据，并由相关保安员配合进行调查取证。

任务评价

填写表4-13，完成记录的写作任务评价。

表4-13　记录的写作任务评价表

评价项目	权重	评价内容	评价标准				自我评分	小组评分	教师评分
			优	良	中	差			
文种选择	10	正确标准	10		6				
形式内容	60	标题：要素齐全	10		6				
		正文：简洁清晰，内容完整，列明相关事件基本情况，要素齐备，准确	40		24				
		落款：带班人、接报人员和警方人员姓名、时间等要素齐备、准确，书写位置正确	10		6				
语言	20	准确、简洁、平实	15		9				
版面设计	10	符合格式规范、清晰美观	10		6				
合　计									

项目五　事务文书的写作

学习目标

知识目标：

（1）掌握事务文书的概念、特点和写作要领；区分事务文书和法定公文；事务文书的分类和写作要求；

（2）掌握计划、总结、简报等日常工作中常用的事物文书知识和写作要求；

（3）掌握安保职业领域常用的大型活动安保工作方案的相关知识和写作要求。

能力目标：

（1）能对具体的事务文书就观点、材料、结构、格式、语言等方面加以分析评鉴；

（2）能修改常用事务文书的格式、语言、体例；

（3）能熟练写出观点正确、内容充实、结构合理、层次分明、表达清晰、语言得体、标点正确的各类常用事务文书。

素养目标：

（1）明确政策理论修养是个人写好事务性文书的主要因素之一，培养善于掌握政策、勤于理论学习的意识；

（2）牢固树立必须运用马克思主义的立场、观点和方法去深入地观察问题、分析问题、解决问题、并能与现行的路线、方针、政策和法律、法规有机地结合起来，才能写好应用文的观点；

（3）培养强烈的事业心和责任感，根据自身分工的不同和形势发展的需要，认真学习，不断提高自己的科学文化素质和各项工作技能。

文化是人类生活方式的整体，人们的日常生活和工作则是这个整体中的主体。当各种各样的日常事务进入应用文写作层面，必然会出现种类繁多的事务性文书。因为日常，所以常用，总把计划、总结、调查报告、典型材料、改进工作方案、规章制度、公示、启事、海报、申请书、读书笔记等最常用的应用文归纳集中为“事务文书”。这类文书直面生活，以工作和生活中的实际需要为写作动机，以解决方方面面的日常问题为写作目的。这类文书看似容易，但各种文种均有自己相对独特的写作规范和技巧，且与生存技能、自身发展和职场工作密切相关。掌握了常用事务文书的写作，能够有效帮助同学们真正从校园进入社会、适应社会、融入社会。

一、事务文书的概念

事务文书是指国家机关、企事业单位、社会团体或个人为沟通信息、总结经验、探求问题、指导工作、处理日常事务而撰写的应用文体，又称“常规文书”或“业务文书”。传统的事务文书包括计划、总结、调查报告等,但随着日常事务的增多,典型材料、改进工作方案、申请书、读书笔记等也进入了常用事务文书的范畴。

二、事务文书的特点

(一) 指导性

事务文书虽然不具有行政公文的法定权威性,但仍然具有很强的现实指导价值。

(二) 规范性

事务文书的格式虽然不像行政公文有主管部门的严格规定,但在长期使用的过程中已形成了比较固定的惯用格式。各种文体的构成要素以及体式、样式,通常都有一定的规则,具有相对的稳定性,不能随意更改。

(三) 灵活性

与行政公文相比,事务文书在遵循一定规范的前提下,有更大的灵活性。

(四) 时效性

事务文书往往针对的是具体工作中出现的问题或情况,这些情况或问题可能没有法定公文那样紧迫,但同样也要在限定的时间内及时完成,否则很难发挥事务文书的作用。

三、事务文书的作用

(一) 宣传教育作用

通过事务文书的写作和传播,可以起到宣传教育群众,检查督促工作的作用,使人们明辨是非、提高认识、统一思想。

(二) 沟通联系作用

各种事务文书是传递信息的有效工具,在工作中起到了桥梁和纽带的作用。

(三) 积累资料作用

事务文书中的多数文种,如计划、总结、调查报告等一旦实际运用之后就作为归档稿本存档,成为历史资料保存。在开展有些工作时可以起到为人们提供资料的作用。

(四) 规约指导作用

事务文书虽不像法律、法令和法规文书那样具有很强的法规性和强制性,但由于它产生在管理过程之中,对发文单位来讲有一种很明显的自律性。

四、事务文书的写作要领

(一) 写作目的要明确

在具体工作中,写作者会根据具体事项选择相应的文种,因而事务文书具有很强的针对性。

（二）运用材料要真实

各类事务文书产生于具体的工作实践当中，是为解决问题、处理事务而撰写的，因而在材料的运用上，就一定要求真实具体，是符合生活真实的，没有虚假的成分，这样才有利于文书的处理和文书内容的落实。

（三）写作态度要诚实

诚实的态度是写好事务文书的重要条件，对事务文书写作态度的反映，往往就是对工作态度的反映。

任务一　计划的写作

工作计划的制定或撰写

情境导入

恒卫经过在集团总公司办公室一段时间的锻炼，被调往基层项目部继续实习，担任项目经理助理。4月的某一天，项目部按照集团公司开展职工分级分类培训的整体安排，决定抽调2名骨干参加公司举办的基层干部能力提升培训班。学习时间为2周。在此期间应该如何安排该项目部所在队的工作，项目部经理要求恒卫撰写一份简要的工作安排。

任务分析

根据工作任务的实际，撰写符合要求的计划文书，就需要了解计划的性质、功能，充分认识计划是指导行动的文件，树立制订计划要认真、严肃，执行计划要努力、坚决的思想；弄清计划的分类；懂得制订计划的方法、步骤、内容、格式和写作要求。

任务准备

一、计划的含义和用途

工作、学习之前的安排和打算行之于文字的应用文体叫计划。机关单位制订计划，还必须根据党和国家的方针政策及上级指示精神，结合本部门本单位的实际情况拟订出切实可行的措施和步骤。

在实际应用中，常常根据特定的计划内容来选用合适的文种名称。常用的名称如下。

(1) 安排、打算：都是短期的具体的计划。其特点是对计划的目标，实现计划的措施、方法、步骤等，都有详细具体的安排部署。“安排”比较确定，没有特殊的情况，要照办无误；“打算”则留有余地，可以进一步商量修改。

(2) 规划：是一种时间较长远的计划。它是对事物发展的远景和规模从宏观上作出规定，内容较概括，是确定目标和方向的宏观性计划。

(3) 纲要：是用来明确规定出指标、规模、大政方针的计划。这种计划一般要经过法定程序制订颁发，是纲领性计划。

(4) 方案：是为完成某项具体工作任务，从目标、措施、方法、步骤、操作规程等做出精心设计的实施方案。它是最精细的一种计划。

(5) 设想：是对未来实践活动的设计展望或假想。内容可以充实、修正甚至推翻，是一种初步的、非正式的、参考性的计划。

课堂练习

请为下列工作任务选择合适的文种名称。

(1) 年度工作(　　)

(2) 本周勤务(　　)

(3) 春节、两会期间工作(　　)

(4) 新员工培训(　　)

(5) 季度消防演习(　　)

(6) 突发事件(　　)

(7) 新年联欢晚会筹备(　　)

二、计划的作用

(1) 预先制订计划，可使人早做安排，心有全局。工作减少盲目性，增强自觉性。单位计划，可以按照计划的部署，合理使用人力物力资源。个人计划，可以对将要开展的学习、工作安排有序，步步落实到位。

(2) 预见困难，及早防范。制订计划，可以预先估计工作、学习中可能出现的困难，做好思想和物质准备，采取针对性的有效措施，掌握主动权，以便更好地推进工作。

(3) 便于检查总结和推动工作。上级部门督促下级部门制订计划，可以及时掌握工作进展情况，检查和考核工作质量，并帮助下级部门随时处理问题。因此，一项周密完善的计划，有利于指导和检查工作，总结经验。

三、计划的种类

计划的分类方式主要有以下几种。

(1) 按内容划分，有工作计划、学习计划、生产计划等。

(2) 按范围划分，有单位计划、个人计划，局部计划、整体计划等。

(3) 按时间划分，有月度计划、年度计划等。

(4) 按写作形式划分，有条文式计划、表格式计划等。计划的名称也因时间长短、内容详略、制订的规模大小有所不同。

四、计划的特点

(一) 科学的预见性

古语云："凡事预则立，不预则废。"预见性是计划最明显的特点之一。因此，计划都是要在工作开始之前制订完成的。

（二）明确的针对性

计划不是千人一面，千篇一律的。同样是工作计划，有单位和个人之分，即使是同一单位内部，不同部门的工作计划也不一样。

（三）切实的可行性

有了准确的预见性和明确的针对性作为基础，计划才有切实的可行性。

（四）一定的约束性

计划一经制定并公布，在计划所涉及的单位、人员等范围内，就具有一定的约束性。在执行中，局部必须服从全局，各部门必须按计划的方案行动，不得随意更改，更不能盯着不办。即使是个人的计划，也不能随意更改，应该遵照执行，并最终达到目标，完成任务。

五、计划的结构和内容

计划的常见写作格式有三种：一是条文式，二是表格式，三是条文与表格结合式。但无论采取哪种格式，计划都应具备标题、正文、落款三个部分。

（一）标题

计划的标题一般有四种：一是制定单位＋适用时期＋内容＋文种，如《四川省教育厅2020年工作要点》；二是适用时期＋内容＋文种，如《2020年第一季度工作计划》；三是适用内容＋文种，如《值班安排》；四是只有文种，如《计划》。

机关单位制订重大计划，要经过上级机关审批才能实施的，可先以“草案”“讨论稿”等形式出现，等到审批通过，再进一步修改完善，成为正式的计划。

（二）正文

正文是计划的主体部分，一般包括前言、主体和结尾三个方面。

（1）前言。这部分主要回答“为什么”和“凭什么”的问题，即“为什么要制订这个计划”和“依据什么来制订了这个计划”。需要注意的是，这部分应该高度概括，简单明了。如果是个人的短期小型计划，这部分还可以省略。

（2）主体。包括任务和目标，方法和措施及时限等。

任务和目标：这部分要说明“做什么”。写明所要达到的目标，实现的任务，完成的具体要求。写任务和要求，一定按照计划制订的目标来写，写计划完成的结果，不要写成具体做的实际过程。

方法和措施：这部分说明“怎样做”。完成任务需要具体的措施、方法和步骤，因此，要针对上一部分的任务和要求来写，写得可操作性强，要说明怎样安排，谁来执行，执行到何种程度。还要注意操作的先后顺序，有条不紊，具体明确，丝丝入扣。

（3）结尾。这部分与前言相互照应，使文章结构更加完整。一般用简洁的语言对整个计划进行展望。需要说明的是，这部分在格式上不是必需的，可以随着计划条文的终了而自然结束文章。

（三）落款

单位的计划一般要求有单位名称和成文日期。如果是以文件形式下发的计划，还需要加盖公章。单位名称需用规范全称；日期也要写全年、月、日，公章要清晰醒目。如果是个人计划，则只用个人署名和成文日期。

文件式计划格式模板见表 5-1。

表 5-1　文件式计划格式模板

提　示	模　板
① 标题。可由单位名称、计划内容、文件三个要素组成。 ② 正文。首段交代制定计划的目的、依据，然后用一句过渡句引入下文。下面写计划的目标任务、措施和步骤。可加小标题，分条分项来写。	________计划 ________ ________，特制订如下计划。 一、目标任务 ________ ________。 二、措施与步骤 措施： ________ ________。 步骤： 1. ________ 2. ________ 3. ________ 三、其他事项 ________ ________。
如标题中未出现单位名称，在文末要写上制订计划的单位名称与日期。	（单位名称） ××××年××月××日

六、计划的写作要求

为了保证计划的实行，在制订计划时要注意以下几点。

（一）实事求是，切实可行

制订计划不能靠主观愿望和臆想，必须通过深入的调查研究，从实际情况出发，准确地把握客观实际和事物发展的规律。

（二）要求明确，措施具体

为了使计划得到良好的实施，在整体设计上要注意目标明确，表述清晰，并将实现目标的途径和办法一条一条地列出来。

（三）留有余地，防患未然

计划是根据客观情况制订的，客观情况在不断地变化，所以计划还要有灵活性，应留有一定的余地，当某种未预见的因素发生时，能及时修正、补充和调整计划。

例文

北京市城市更新行动计划

（2021—2025年）

（标题由单位名称＋计划内容＋期限＋文种构成）

实施城市更新行动，转变城市开发建设方式和经济增长方式，对全面提升城市发展质量、满足人民日益增长的美好生活需要、促进经济社会持续健康发展具有重要意义。为加快推动城市更新，特制定本行动计划。

（开头部分，写出制定本计划的目的、意义）

一、总体要求

（第一部分　写出制定本计划的指导思想、目标和基本原则，简明扼要，概括性强，引领下文具体的工作任务）

（一）指导思想

以习近平新时代中国特色社会主义思想为指导，全面贯彻党的十九大和十九届二中、三中、四中、五中全会精神，深入贯彻习近平总书记对北京重要讲话精神，立足新发展阶段、贯彻新发展理念、融入新发展格局，坚持以人民为中心的发展思想，以北京城市总体规划为统领，落实本市"十四五"规划要求；始终坚持有利于完善城市功能、有利于形成活力空间、有利于引入社会资本、有利于改善民生福祉，坚持规划引领、首善标准、市场主体、多方参与，坚持转变城市建设发展方式，由依靠增量开发向存量更新转变；不断加强"四个中心"功能建设、提高"四个服务"水平，加快建设国际一流的和谐宜居之都。

（二）总体目标

通过实施城市更新行动，进一步完善城市空间结构和功能布局，促进产业转型升级，建设国际科技创新中心；建立良性的城市自我更新机制，实现存量空间资源提质增效，为"两区"建设提供更加有效的空间载体；大力发展数字经济，以盘活存量空间资源支持建设全球数字经济标杆城市；以供给侧结构性改革引领和创造新需求，通过更新改造推动产业结构调整升级，扩大文化有效供给，优化投资供给结构，带动消费升级，建设国际消费中心城市；与疏解整治促提升专项行动紧密配合，以疏解北京非首都功能为"牛鼻子"，深入推动京津冀协同发展。加快解决公共服务设施不完备、公共空间不充足、消防安全基础条件差等问题，补短板、强弱项，切实改善人居环境和安全条件，不断满足人民群众"七有"要求、"五性"需求。

（三）基本原则

（四个原则，运用小标题概括）

(1) 规划引领，试点先行。贯彻落实北京城市总体规划、控制性详细规划和分区规划，做到严控总量、分区统筹、增减平衡。按照城市空间布局和不同圈层功能定位、资源禀赋，注重分区引导、分类制定政策。坚持自下而上的更新需求与自上而下的规划引导要求相结合，加大政策机制改革力度，试点先行、以点带面、项目化推进，探索城市更新的新模式、新路径、新机制，有序开展城市更新行动。

(2) 推动发展，改善民生。推动集约型内涵式发展，促进资本、土地等要素优化配置，培育发展新动能，激发城市活力，提升城市品质。紧扣“七有”要求、“五性”需求，完善城市功能、补齐公共服务和基础设施短板、提升人居环境质量，保障和改善民生。

(3) 政府引导，市场运作。充分发挥政府统筹引导作用，建立以区为主、市区联动的城市更新行动工作机制，研究制定支持政策，强化统筹推进力度。充分激发市场活力，调动不动产产权人、市场主体和社会力量等各方积极性，多种方式引入社会资本。更新改造空间以持有经营为主，探索形成多渠道投资模式。

(4) 多元参与，共治共享。坚持党建引领，充分发挥“吹哨报到”、接诉即办、责任规划师的制度作用，鼓励居民、各类业主在城市更新中发挥主体主责作用，加强公众参与，建立多元平等协商共治机制，探索将城市更新纳入基层治理的有效方式，不断提高精治、共治、法治水平。

二、项目类型

(具化工作任务，要求明确、落实责任，明确目标和完成时限与数量要求，可执行性、可考核性强)

实施城市更新行动，聚焦城市建成区存量空间资源提质增效，不搞大拆大建，除城镇棚户区改造外，原则上不包括房屋征收、土地征收、土地储备、房地产一级开发等项目。城市更新行动与疏解整治促提升专项行动进行有效衔接，规划利用好疏解腾退的空间资源。

(一) 首都功能核心区平房(院落)申请式退租和保护性修缮、恢复性修建

坚持“保障对保障”原则，推动老城平房区保护更新，恢复传统四合院基本格局。持续推进平房(院落)申请式退租，拆除违法建设，合理高效利用腾退房屋，完善配套功能，改善居住环境。实施保护性修缮和恢复性修建，打造“共生院”，探索多元化人居环境改善路径，引导功能有机更替、居民和谐共处。推进直管公房经营权授权，积极引入社会资本参与更新。恢复性修建完成后，区政府可以购买服务的方式委托物业服务企业或通过其他形式，建立平房区物业管理机制。

责任单位：市住房城乡建设委、市规划自然资源委负责制定相关政策，细化工作目标任务，协调推动项目实施；东城区政府、西城区政府负责项目实施。

目标任务：到 2025 年，完成首都功能核心区平房(院落)10000 户申请式退租和 6000 户修缮任务。

(二) 老旧小区改造

坚持尽力而为、量力而行，按照自上而下下达任务和自下而上申报项目相结合的方式，实施老旧小区改造。合理确定改造计划，持续完善项目储备库，将条件成熟的纳入实施范围，按照基础类、完善类和提升类进行改造，滚动实施。按照“双纳入”工作机制，配合做好中央和国家机关本级老旧小区改造，以及其所属事业单位和中央企业在京老旧小区改造。深入开展群众工作，坚持居民自愿原则，发挥业主和业主委员会作用，充分调动居民参与改造的积极性。将老旧小区纳入社区治理范畴，通过改造同步健全小区长效管理

机制。积极探索老旧小区改造多方共担筹资模式，推广“劲松模式”“首开经验”，完善市场化实施机制。可根据居民意愿利用小区现状合法房屋和公共空间补充公共服务设施，鼓励利用空闲地、拆违腾退用地及地下空间等建设便民服务设施。重点做好核心区老旧小区改造。积极有序推进既有多层住宅楼加装电梯。

责任单位：市住房城乡建设委牵头制定相关政策，细化工作目标任务，协调推动项目实施；各区政府负责项目实施。

目标任务：到2025年，力争完成全市2000年年底前建成需改造的1.6亿平方米老旧小区改造任务，重点推进本市500万平方米抗震节能综合改造任务、3100万平方米节能改造任务及群众改造意愿强烈的改造项目，配合做好6000万平方米中央单位在京老旧小区改造任务。

（三）危旧楼房改建和简易楼腾退改造

对危旧楼房和简易楼进行摸底调查，建立台账，分类制定改造方案。对符合规划要求的危旧楼房，允许通过翻建、改建或适当扩建方式进行改造，具备条件的适当增加建筑规模，配齐厨卫设施，合理利用地下空间、腾退空间和闲置空间补建配套设施。对不符合规划要求、位于重点地区和历史文化街区内的简易楼，鼓励居民腾退外迁，改善居住条件。危旧楼房、简易楼要通过改建、腾退改造引入规范化、市场化物业管理机制。

责任单位：市住房城乡建设委牵头制定相关政策，细化工作目标任务，协调推动项目实施；各区政府负责项目实施。

目标任务：到2025年，实施100万平方米危旧楼房改建和简易楼腾退改造。

（四）老旧楼宇与传统商圈改造升级

鼓励老旧楼宇改造升级，满足科技创新、金融管理、商务服务等现代服务业发展需求。提升建筑设计水平和建筑性能，致力打造安全、智能、绿色的智慧楼宇。深入挖掘存量闲置老旧楼宇，鼓励将其改造为城市运行服务保障人员宿舍和公寓，促进职住平衡。

鼓励传统商圈围绕产业结构调整、商业业态优化、空间品质提升、营销模式创新、区域品牌塑造、管理服务精细、开放水平提高等进行全方位改造升级，拓展新场景应用、挖掘新消费潜力、提升城市活力。促进功能混合，创新服务供给方式，补齐短板。鼓励多元社会资本参与，提高业主和改造机构创新转型主动性，推动更新项目建立自给自足的“造血”机制。

责任单位：市住房城乡建设委、市发展改革委负责制定老旧楼宇改造升级相关政策，市商务局牵头制定推进传统商圈改造升级相关政策，细化工作目标任务，协调推动项目实施；各区政府、北京经济技术开发区管委会负责项目实施。

目标任务：开展老旧楼宇和传统商圈效能绩效评估，依托大数据分析，充分考虑楼宇安全、性能及综合贡献率，加强与业主单位和投资主体沟通协商，建立台账，制定改造规划和年度实施计划。到2025年，重点推动500万平方米左右低效老旧楼宇改造升级，完成22个传统商圈改造升级。

（五）低效产业园区“腾笼换鸟”和老旧厂房更新改造

积极支持既有低效产业园区更新，利用腾退空间建设产业协同创新平台，推动传统产业转型升级。建立产业园区规划使用性质正负面清单制度，疏解非首都功能，发展新产业、新业态，聚集创新资源、培育新兴产业。

充分挖掘工业遗存的历史文化和时代价值，完善工业遗存改造利用政策，引导利用老旧厂房建设新型基础设施，发展现代服务业等产业业态，补充区域教育、医疗、文体等公共服务设施，建设旅游、文娱、康养等新型服务消费载体。

责任单位：市经济和信息化局及市科委、中关村管委会负责制定推进低效产业园区更新改造相关政策，市经济和信息化局、市发展改革委及市科委、中关村管委会负责制定推进老旧厂房更新改造相关政策，细化工作目标任务，协调推动项目实施；各区政府、北京经济技术开发区管委会负责项目实施。

目标任务：对需要改造或有升级改造需求的产业园区，以及属于产业禁限目录、不符合安全生产和生态环境要求、闲置低效的产业园区和老旧厂房开展评估。建立台账，制定年度计划，到2025年，有序推进700处老旧厂房更新改造、低效产业园区“腾笼换鸟”。

（六）城镇棚户区改造

以改善群众居住条件为出发点和落脚点，加快推进城镇棚户区改造，实现在途项目逐步销账。严控改造范围、标准和成本，新启动一批群众改造意愿强烈的城镇棚户区改造项目。充分利用棚改专项债，研究资金统筹平衡机制，推进项目分期供地，实现滚动开发。统筹安排安置房建设时序，将水、电、气、热等市政基础设施与安置房同步规划建设，确保被拆迁人员按期得到安置。

责任单位：市住房城乡建设委牵头制定相关政策，细化工作目标任务，协调推动项目实施；各区政府负责项目实施。

目标任务：到2025年，基本完成134个在途城镇棚户区改造项目，完成30000户改造任务。

三、项目实施路径

（明确完成工作任务的路径和方法，体现了规划的指导性）

创新城市发展建设模式，加强统筹片区单元更新与分项更新，统筹城市更新与疏解整治促提升，统筹地上和地下更新，统筹重点项目建设与周边地区更新，统筹政府支持与社会资本参与，推进城市更新行动高效有序开展。

（一）以街区为单元统筹城市更新

围绕城市功能再造、空间重塑、公共产品提供、人居环境改善、城市文化复兴、生态环境修复以及经济结构优化等方面对更新区域进行评估，梳理存在问题，科学划分更新单元，明确街区功能优化和环境品质提升目标。

制定各街区更新计划，整合各类空间资源，有针对性地补短板、强弱项。统筹推进街区内平房（院落）、老旧小区、老旧楼宇、老旧厂房等更新改造，促进生活空间改善提升、生产空间提质增效。加强街区城市修补和生态修复，推动街区整体更新。

加强街区公共空间景观设计建造，形成完善的公共空间体系。优化城市家具配置，推动市政设施小型化、隐形化、一体化建设。加强疏解腾退空间精细利用和边角地整治。加强公共服务设施、绿道蓝网、慢行系统的衔接，促进公园绿地开放共享。

责任单位：市规划自然资源委牵头编制城市更新专项规划，明确街区层面城市更新目标任务，协调推动项目实施；市城市管理委牵头制定推动市政设施小型化、隐形化、一体化建设相关政策；各区政府、北京经济技术开发区管委会负责项目实施。

（二）以轨道交通站城融合方式推进城市更新

加强轨道交通场站与周边用地一体化规划及场站用地综合利用，实现轨道交通特别是市郊铁路建设与城市更新有机融合，通过轨道交通场站一体化建设，带动周边存量资源提质增效。制定站城融合城市更新专项计划，结合轨道交通、市郊铁路重点项目，建设轨道微中心，促进场站与周边商业、办公、居住等功能融合，补充公共服务设施，创造更优质的开放空间，增加地区活力，提升城市品质。

责任单位：市规划自然资源委、市发展改革委、市交通委、市重大项目办负责研究制定相关政策，整合站点周边资源，探索捆绑实施的规则与路径，协调推动项目实施；各区政府、北京经济技术开发区管委会负责项目实施。

（三）以重点项目建设带动城市更新

统筹推进重点项目建设与周边地区城市更新，结合城市重点公共设施建设，梳理周边地区功能及配套设施短板，研究提出更新改造范围和内容。结合重点项目建设，推动周边地区老旧楼宇与传统商圈、老旧厂房与低效产业园区提质增效，促进公共空间与公共设施品质提升。

责任单位：市住房城乡建设委、市发展改革委负责制定重点项目计划，整合重点项目周边资源，协调推动项目实施；各区政府、北京经济技术开发区管委会负责项目实施。

（四）有序推进单项更新改造项目

尊重居民、权属主体意愿，整合各类实施需求，鼓励各类单项项目更新。按照首都功能核心区平房（院落）申请式退租和保护性修缮、恢复性修建，老旧小区改造，危旧楼房改建和简易楼腾退改造，老旧楼宇与传统商圈改造升级，低效产业园区“腾笼换鸟”和老旧厂房更新改造，城镇棚户区改造等六种类型，在满足规划要求、实施方案合理的基础上，因地制宜，分别推进各类单项更新改造项目。

责任单位：市有关部门负责研究制定本领域城市更新相关政策，协调推动项目实施；各区政府、北京经济技术开发区管委会负责项目实施。

四、保障措施

（保障措施从组织领导到具体政策，由思想到组织落实，由统筹管理到具体措施，逻辑严密，思路清晰，政策性、指导性强，具体可行）

（一）加强组织领导

市委城市工作委员会所属城市更新专项小组负责统筹推进城市更新工作，下设推动实施、规划政策、资金支持三个工作专班。推动实施专班建立城市更新行动项目储备库，实行清单化管理、项目化推进，为城市更新行动提供多类型、多方式、全周期的项目数据支撑；编制城市更新行动示范项目清单，为各类城市更新项目实施提供样板，形成经验并推广；编制城市更新行动政策清单，以小切口、微改革破解重点、难点问题。规划政策专班研究城市更新政策体系，协调各部门做好政策衔接，打好政策“组合拳”。资金支持专班研究城市更新各项投融资政策，吸引社会资本积极参与城市更新。各区、北京经济技术开发区要落实主体责任，组织街道乡镇将各项任务落地落细落实。

（二）密切协作配合

各有关部门要建立协同联动机制，加强政策创新，深化“放管服”改革，支持各区、北京经济技术开发区推进城市更新工作。市规划自然资源委负责编制城市更新专项规划，牵头研究城市更新涉及的增加建筑规模、优化规划用途、混合建筑功能、置换土地使用权、分期缴纳土地价款等相关政策措施，在办理更新项目规划、用地手续方面加强指导。市住房城乡建设委牵头做好城市更新立法前期工作，指导各区、北京经济技术开发区探索建立城市更新项目综合实施方案会商制度，完善统一规划、统一立项、统一招标、统一施工、统一验收实施路径，牵头研究城市更新项目设计施工运营一体化招投标、简化施工许可审批、推进工程联合验收、细化工程消防规范等相关政策措施，制定更新改造项目建设导则，在办理施工手续方面加强指导。市发展改革委，市科委、中关村管委会，市经济和信息化局，市商务局等部门，要紧密围绕建设国际科技创新中心、"两区"建设、数字经济、以供给侧结构性改革引领和创造新需求、深入推动京津冀协同发展"五子"联动，制定完善产业引导激励政策，明确支持利用城市更新空间资源发展新产业、新业态的相关标准。市发展改革委、市财政局会同相关部门研究制定关于完善政府投资、财政补助等城市更新金融财税支持政策，创新建立城市更新基金、使用银行信贷资金和保险资金、使用住房公积金、开展REITs试点、发行专项债等金融支持政策。

（三）强化科技赋能

大力推进城市更新项目信息化、数字化、智能化升级改造，注重运用区块链、5G、人工智能、物联网以及新型绿色建材等新技术新材料，以城市更新为载体，广泛布设智慧城市应用场景，进一步提升城市更新改造空间资源的智能化管理和服务水平，提高绿色建筑效能，打造智慧小区、智慧楼宇、智慧商圈、智慧厂房、智慧园区，助力提升城市居住品质、提供便捷公共服务、推动产业优化升级、培育新兴消费模式。

（四）支持社会资本参与

研究支持社会资本参与城市更新的政策机制，加快建立微利可持续的利益平衡和成本分担机制，形成整体打包、项目统筹、综合平衡的市场化运作模式。畅通社会资本参与路径，鼓励市属、区属国有企业搭建平台，加强与社会资本合作，通过设立基金、委托经营、参股投资等方式，参与城市更新。发挥社会资本专业化运营管理优势，提前参与规划设计。鼓励资信实力强的民营企业全过程参与更新项目，形成投资盈利模式。对老旧楼宇与传统商圈改造升级、低效产业园区"腾笼换鸟"和老旧厂房更新改造等更新项目，市政府固定资产投资可按照相应比例给予支持。完善标准规范，提高审批效率，创新监管方式，为社会资本参与城市更新创造良好环境。

（五）加大宣传培训力度

各区各部门各单位要高度重视，加强业务培训，做好政策解读，提高工作能力和水平。充分利用各类媒体，广泛宣传城市更新成效。注重城市更新意愿征询和实施方案公示结果运用，积极争取社会各界的理解、支持和参与，为顺利推进城市更新营造良好氛围

资料来源：北京日报千龙网，http://beijing.qianlong.com/2021/0831/6219479.shtml.

参考资料

×项目部保安队长工作职责

(1) 对所有保安员的管理、督导训练及考核。

(2) 每天检查保安值班日志内容,发现问题及时处理。

(3) 督导保安值班注意的礼仪礼节,接待访客注意事项及电话管制。

(4) 定期组织保安人员进行业务知识的学习、军训和消防训练以及各种应急演习。

(5) 每天进行不定时查岗和不定时查夜,并及时纠正保安人员的违纪行为,督导保安人员加强巡视。

(6) 按人事部通知,安排新入职人员住宿和离职人员宿舍物品监收,对宿舍财物维护及检查。

(7) 每周定期召开至少一次安全例会并有记录。

(8) 制定每月勤务安排表。

(9) 负责公司门卫工作的管理,严格检查出入厂门的车辆、人员、物品,并做好详细的记录。

(10) 协助处理异常情况(如急病和工伤送医院、宿舍违规处罚等)事务,做好现场保护。

(11) 突发安全事件的处理(火灾、偷盗、打架以及与外界纠纷等)及消防、治安单位的联系。

(12) 监督下属的出勤、在岗状况,交接班记录的检查。

(13) 负责防方、防盗安全工作管理,消防设施的保养和维护、检查、申购与验收。

(14) 完成上级临时交办的其他工作。

任务实施

请根据下列工作情境,参考该项目保安队长工作职责,撰写一份工作安排。

兴华保安公司某项目部决定抽调2名队长骨干参加公司举办的基层干部能力提升培训班。学习时间为2周。在此期间应该如何安排所在队的工作?请撰写一份简要的工作安排。

要求:

(1) 内容的目标明确、措施具体可行,且符合保安队长工作岗位任务实际要求。

(2) 格式规范、语体符合计划写作要求。

(3) 书写工整,字迹清晰。制作电子文档需要使用Word软件,规范排版。

恒卫将计划初稿交由领导审核后,进行排版打印。

计算机具体操作步骤如下。

1. 建立计划文档

建立一个Word文档“×××工作计划”并及时保存。

2. 页面设置

选择“布局”选项卡,单击“页面设置”组右下角箭头,打开“页面设置”对话框,上下页边距均设置为3厘米,左右页边距均设置为2.8厘米。“开始”选项卡在字体组中设置为“仿宋”,字号设置为“三号”。

3. 插入页码

选择“插入”选项卡，在“页眉和页脚”组中单击“页码”按钮，再单击“页面底端”，选择“普通数字 3”样式。单击“页码”后选择“设置页码格式”，打开“页码格式”对话框，在“编号格式”中选择“全角”，单击“确定”按钮。双击页码，在页码两边各加上一个全角方式的短线，并将页码字号设置成“四号”，字体任意；奇数页的页码设置成一个汉字，偶数页的页码，设置成左空一个汉字。首页不显示页码。

4. 文本设置

(1) 标题使用二号小标宋体字，居中显示。

(2) 正文使用三号仿宋体字。

(3) 文本的行间距设置为：“段落”选项卡→“字体”对话框→字体大小为“固定值 25 磅”，单击“确定”按钮。

5. 成文日期的编辑制作

在正文之后，输入单位名称和年月日，最后的“日”字，要与版心右侧保持 4 字的位置。(本项目任务是缩小版，字体字号未按标准格式安排)

任务考核

填写表 5-2，完成工作计划的写作任务评价表。

表 5-2　工作计划的写作任务评价表

评价项目	权重	评价内容	评价标准				自我评分	小组评分	教师评分
			优	良	中	差			
文种选择	5	正确标准	5		3				
形式内容	30	标题：要素齐全 前言：简洁明快、提纲挈领 主体：三要素齐全、逻辑清晰，结构完整 结尾：恰当简要 落款：单位、日期书写位置、方式准确	5 8 12 3 2		3 4 6 1.5 1				
内容要素	40	目标：具体明确 措施：针对性强、具体有效 要求：有明确的质量、数量、时限等要求	15 15 10		8 8 5				
语言	15	准确、简洁、平实	15		8				
版面设计	10	符合格式规范、清晰美观	10		5				
合　计									

任务二　总结的撰写

总结的撰写

情境导入

恒卫所在的项目部一名保安队长，因为突出的工作业绩，成为总公司推荐参评北京市优秀保安员的候选人。北京市保安协会要求公司就该同志近三年工作，报送一份工作业绩总结，作为评选材料。集团公司和项目部对此项工作高度重视，安排恒卫协助这名参评的保安队长完成这份工作业绩总结。恒卫深感责任重大、使命光荣，他也把这项工作作为进一步学习了解一线安保工作的良好契机，边调研、边学习、边撰写，反复修改，最终出色地完成了任务。

任务分析

出色的工作，需要出色的文笔来进行总结、提炼和升华，这对凝练一线工作经验、宣传本部门和个人的工作业绩、树立单位良好形象等，都有着重要的作用。若要掌握总结的写作方法，就需要对总结的性质、作用有深刻的认识。要认识到勤于总结、善于总结是自己成才的必由之路，从而培养自己勤于总结的良好习惯。掌握总结的写作方法，做到实事求是，有实践性也有理论性，能用事实说话，以叙为主，叙议结合。

初写总结，常常让初学者感觉堆积事务性工作多，但对总结提炼经验做法没有思路。初学者一般宜从自身的实践入手，自问自答，逐步提升自己思考的广度、深度。例如当一项活动结束后，问自己："我们班的拔河比赛为什么胜了对方？""我们班的辩论比赛为什么会失利？"通过这一类问题，引发思考，然后引向深入，逐步总结自己在某方面的经验或教训，如"我是怎样组织这次活动的？""我是怎样做好不想参加的同学的思想工作的？""我是怎样当好队长的？"逐步完成"总结工作完成情况"—"提炼工作方法"—"思考存在不足"—"展望未来工作思路"的逻辑思考，写出优质的总结并更好地指导今后的学习工作。

任务准备

一、总结的概念

总结是国家机关、社会团体、企事业单位或个人对过去一段时期内的工作或任务加以回顾、分析和研究，从中找出经验和教训，并把这些内容条理化、系统化，上升成规律性的理性认识，用以指导今后工作的一种文书。

二、总结的类型

总结根据不同的分类标准，可以分成不同的类型。

按内容分，有工作总结、生产总结、学习总结、思想总结、销售总结等。

按工作范围分，有部门总结、单位总结、个人总结等。

按时间分，有年度总结、季度总结、月份总结、阶段总结、每周小结、每日小结等。

根据不同的分类标准，可把总结分为不同的类型。但不管哪类总结，都可从容量和表现形式分为综合总结和专题总结。

（一）综合总结

综合总结又称全面总结。它是单位、部门在一定时限内对各方面工作进行的综合性的分析、总结，是全方位、多角度、深层次的总结。它反映的是工作的全貌，内容包括基本情况、过程、成绩、经验、缺点、教训等诸多方面。

（二）专题总结

专题总结又称经验总结。它是对某一方面的工作，如生产、质量、思想、宣传等所进行的总结。这类总结内容集中单一，重点突出，针对性强，偏重于总结经验和成绩，从所取得的成绩中归纳、提炼出带有规律性的经验。

三、总结的特点

（一）回顾性

与计划的预见性相对，总结针对的是过去的情况，必须在学习、工作结束或告一段落后才可以进行，它所阐述的内容要建立在回顾过去已经做过的工作或任务的基础上。

（二）概括性

总结是对已经进行工作的反映和评价，这种反映和评价必须是总体的、概括的。

（三）理论性

写总结，要陈述事实。但事实只是基础，总结不仅仅是对已经完成工作的单纯描述和再现，它需要提高到理论的高度，即用正确的立场、观点、方法对事实进行分析，把感性认识上升到理性认识，从实践中总结出带有规律性的认识。

（四）指导性

总结虽然是建立在回顾过去的基础上，但目的却是为了指导未来。有人把总结看作“马后炮”，认为没有意义而不认真进行，其实总结是下阶段工作和任务的“马前炮”。

四、总结的结构和内容

总结常见的格式与计划相近，由标题、正文、落款三个部分组成。

（一）标题

常见的总结标题可以归纳为6种：一是内容＋文种，如《学习总结》《军训总结》等；二是时限＋文种，如《学期总结》《学年总结》等；三是单位＋内容＋文种，如《××大学引进高级专门人才总结》《××市创文明城市总结》等；四是单位＋时限＋内容＋文种，如《×公司关于××年度的工作总结》等；五是正题＋副题，正题概括总结内容，揭示主旨。副题写明单位、时限、内容和文种。如《拿来主义加快了经济的发展——××市2009年经济发展的经验总结》等；六是既无单位、时间，又无文种，以总结的内容和主题为标题，如《股份制使企业走上成功之路》等。

（二）正文

总结的正文由前言、主体和结尾三个部分组成。

1. 前言

前言也称导语。一般是概述基本情况或简要交代工作背景和开展工作的条件、形势等，使读者首先对总结对象有一个总体认识，写法比较灵活。内容包括简述总结的目的、根据、工作完成的背景，点明主旨或者说明成绩（主要用数据、荣誉反映），为主体内容的展开做必要的铺垫。一般而言，总结的前言讲究开门见山，并以"现总结如下"或"一年来，我们主要做了以下工作"等惯用语引出下文。常见的写法有 5 种。

一是概述式，即概括工作的基本情况和成效。

二是结论式，即对工作得出的经验和成果下个定论。但不论哪种形式，前言都要开门见山，简明扼要，紧扣中心，统领全文，有吸引力。

三是提问式，提出问题，点明总结的重点，引起人们的注意。

四是对比式，将前后情况进行对比，从而分辨优劣，突出成绩，引出下文。

五是提示式，对工作内容作提示性、概括性介绍。它不介绍经验，只提示总结工作的内容和范围。

使用比较多的是第一种和第二种写法。

2. 主体

主体部分是总结的核心部分，主要包括做法、成绩、体会、存在的问题、今后的工作设想等。这部分要求全面、简要地说明某一时期所做的各项工作（综合总结）或某项工作的各个方面（专题总结），可分项逐条阐述。一般的工作总结重点放在成绩和经验上，以叙述这种表达方式为主，重点写具体的做法、成绩和经验，即做了什么、怎么做的、取得了哪些效果、有哪些经验体会。这部分不能仅仅停留在对对象和事实的说明上，要求在全面回顾工作情况的基础上，深刻、透彻地分析取得成绩的原因、条件、做法以及存在问题的根源和教训，揭示工作中带有规律性的东西。回顾要全面，分析要透彻。主体部分的主要结构可以按照以下顺序安排：

（1）基本做法；

（2）成绩和经验；

（3）存在的问题及原因；

（4）今后的工作设想。

3. 结尾

结尾既可以概述全文，说明好的经验带来的效果，也可以根据存在的问题，有针对性地提出今后工作的努力方向以及改进的意见。文字要简练，不作具体的阐述。有的总结可以没有这部分，写作时应视具体情况而定。

（三）落款

落款是在正文完成后，在右下方签署总结单位的名称和时间。如果用于上报的总结，在单位名称处还应加盖单位公章。如是报纸杂志或简报刊用的交流经验的专题总结，应在标题下方居中署名。但无论是单位总结还是个人总结，如果在标题下已署名，则在落款处可以省略。

总结格式模板见表5-3。

表5-3 总结格式模板

提 示	模 板
1．标题 第一种：单位名称＋时间期限＋文种。 第二种：文章式标题。 第三种：正副标题。	________总结 或 ×××××× ×××××× 或 ×××××× ×××××× ——××××总结
2．正文部分 (1) 前言。 (2) 过渡语。用过渡语过渡到主体部分。 (3) 主体。 ① 基本情况。 ② 取得成绩（或主要经验）。可根据工作性质与内容，采用并列式结构或递进式结构（模板中为并列式）。 ③ 存在的问题（或应吸取的教训）。 ④ 今后的设想与安排。	________________ ________________，现将具体情况总结如下： 基本情况 ________________ ________________。 主要措施 ××方面： ________________ ________________。 ××方面： ________________ ________________。 ××方面： ________________ ________________。 存在问题： ________________ ________________。 对今后工作的设想与安排 ________________ ________________。
3．落款 ① 署名。单位的总结一般写在标题下。个人总结通常在正文右下方署名。 ② 日期。	××× ××××年×月×日

五、总结的写作要求

（一）尊重客观事实，实事求是

总结的基本材料是那些能够说明工作效果和规律的数字和事实，因此，在动手写作前一定要通过不同形式全面了解客观事实，要重实践、重事实、用事实说话。

（二）善于突出重点，点面结合

总结需要实事求是，但绝不是有事必录，而是应该突出重点，选择那些具有代表性的，能反映出主要工作、主要成绩和主要问题的材料来写。

（三）体现理论价值，切忌肤浅

虽然材料和事实是总结的基石，但总结切忌停留在对表面现象的描述上，泛泛而谈。

 **例文**

中国保安协会2016年工作总结

2016年，中国保安协会在公安部党委的正确领导下，在治安管理局的具体指导下，深入学习贯彻党的十八大及十八届三中、四中、五中、六中全会和习近平总书记系列重要讲话精神，认真落实中央政法工作会议和全国公安厅局长会议精神，紧紧围绕全面深化公安工作改革的大局，积极发挥协会提供服务、反映诉求、规范行为的职能作用，努力提升协会的工作效率和管理服务水平。协会全体同志团结协作、开拓进取、恪尽职守、任劳任怨，有力推动了全国保安服务行业的创新发展。

一、全力投入第四届全国保安评选表彰活动

党中央、国务院高度重视保安服务工作，十分关心保安队伍建设。2016年10月，公安部、全国总工会、共青团中央联合在北京召开了第四届全国先进保安服务公司先进保安员表彰大会，中共中央政治局委员、中央政法委书记孟建柱，国务委员、公安部部长郭声琨会见了全体与会人员，并与受表彰代表座谈。孟书记、郭部长分别在座谈会和表彰大会上作重要讲话，为新时期保安工作的改革发展指明了方向，要求保安服务行业强化服务意识、履行社会责任、坚持创新引领，强化保安队伍的教育管理。协会根据评选表彰活动的总体部署和要求，全体动员，分工合作，全力投入各项筹备工作中，圆满完成了任务。为认真学习、深刻领会、全面贯彻表彰大会精神，协会及时下发了《关于组织收看第四届全国保安表彰大会实况转播节目的通知》。表彰大会闭幕后，协会下发了《关于认真学习贯彻第四届全国保安表彰大会精神的通知》，并将领导讲话、大会报道等内容刊登于《中国保安》杂志专刊，推动了大会精神的学习贯彻。

二、努力协调解决保安企业营改增后税负加重的问题

中央决定全面推开营改增试点工作以来，不断有保安服务企业以各种形式反映营改增实施后企业将面临严重亏损等问题，希望协会向有关部门反映情况。协会为此专门成立调研小组开展工作。一是深入11个城市，召开了19个不同类型座谈会，倾听企业呼声。二是引导企业通过法律、行政等途径，全方位多角度向当地财政和税务部门反映诉求,争取政策支持。三是在充分调研的基础上,两次赴财政部、国家税务总局陈情,提出建议。最终,财政部、国家税务总局先后下发文件,明确规定保安服务企业特别是武装守护押运企业,可以选择增值税差额纳税,标志着保安服务企业营改增政策层面的问题得到了解决。这一政策的实施,大大减轻了保安服务企业税负,让广大保安服务企业分享到更多改革红利,有力地促进了保安行业发展。

三、积极筹备2016中国保安高峰论坛

举办中国保安高峰论坛,对于促进保安服务业理性思考、活跃学术气氛、推动行业科学发展,发挥了十分重要的作用。2016年4月,根据工作安排,协会研究确定了"创新促进增长、科技引领未来"的论坛主题,发出了论文征集通知及10个论文选题,适时启动了"2016中国保安高峰论坛"筹备工作。对此,行业内外积极响应,踊跃撰写论文。截至9月底,协会征集到论文140余篇。为实现论文水平和论坛水平逐年提高的工作目标,协会组成专家组,对征集的论文进行严格审核。专家们普遍认为,本届论文主题鲜明,内容丰富,涉及领域广泛,真实、全面地反映了我国保安事业创新发展的各个层面。经过两轮遴选、三次评审会,最终确定10篇论文在论坛大会现场交流,39篇论文收入《论文集》,以书面形式进行交流。

四、深入推进行业教育培训工作

根据公安工作总体要求,协会结合行业特点,在教育培训工作中精选主题,精心策划,努力办出特色,办出水平。一是于2016年4月在北京举办了"一带一路"海外保安服务研讨培训班。外交部涉外安全事务司、国务院法制办政法司、发改委西部开发司、公安部治安局等有关部门负责同志及专家学者,对"一带一路"建设海外保安服务中相关问题进行了阐述和解读。90余位来自全国保安服务企业、承担海外项目的国有企业保卫部门负责人参加了培训。二是为帮助全国保安服务企业有效应对营改增改革,协会在武汉举办了保安服务企业财税管理培训班。200余位来自全国保安服务企业的总经理、财务总监参加了培训。通过培训,学员们对企业如何在增值税下减轻税负、分享政策红利有了进一步了解。三是为加强与海外保安服务企业的交流,学习借鉴发达国家保安发展经验,2016年10月组织国内保安服务企业、保安协会、保安监管部门负责人赴英国进行考察培训。

五、进一步加大保安员服装研发和市场检查工作力度

为推进保安员服装管理工作,针对存在的问题,协会重点加强了保安员服装研发和市场检查工作力度。一是召开三次研讨会,组织保安监管部门、保安协会、保安服务企业的有关人员与保安员服装生产销售企业负责人,聚焦重点,同堂共议,研究保安员礼服、安检服设计工作。二是派员赴各地,检查"2011式保安员服装"生产、销售、采购市场和保安队伍着装情况,对违规生产销售保安员服装的企业进行了查处,并向各地保安协会、保安从业单位和保安员服装、保安服务标志授权生产销售企业下发了《关于对保安服装市场进行检查的情况通报》,指出了存在的问题,提出了明确要求,促进了保安服装市场的规范发展。

六、有效发挥宣传工作的感召力和影响力

协会坚持正确的舆论导向,依托"互联网+",力求做到既把党和政府的主张阐释好传播开,又紧跟时代贴近保安,发好行业声音,讲好保安故事。一是圆满完成24期《中国保安》杂志的出版任务，共采编校核400万字，根据行业热点问题策划选题132个。二是配合第四届全国保安评选表彰活动，先后编发4期《中国保安》杂志专刊，制作专题网页栏目，整理报道50家优秀保安服务公司候选单位、100名优秀保安员候选人事迹，刊登表彰大会领导讲话，及时有效地宣传了表彰大会精神。三是完成了中国保安网编辑改版和数字化升级，提高了单击率。网站共编发新闻资讯1万余篇、各类宣传视频23个，单击次数达300余万次。四是发挥中国保安官方微博信息快捷、简短扼要、图文并茂、群众喜闻乐见的优势，用小信息服务保安行业和中心工作，全年中国保安官方微博共发信息2500篇。

七、扎实推进专业委员会各项工作

2016年既是协会三个专业委会成立后的开局之年，也是专业委会各项基础工作扎实推进之年。一是结合自身特点，召开年度工作会议，总结经验，谋划下步工作。二是围绕协会中心工作，组织开展了营改增、企业维权等问题的专题调研，共组织撰写营改增、企业维权等专题调研报告8篇，上报营改增数据报表38份，充分发挥了协会的参谋助手和桥梁纽带作用。三是为适应中资企业海外安全业务需要，人力防范专业委员会随身护卫专业组，举办了首届随身护卫专业研讨培训班，百余名从事随身护卫服务的企业管理人员参加了研讨培训。全年，三个专业委员会组织了6场保安新型业务和企业交流观摩活动，业内同行开阔了眼界，拓宽了思路，共同获得了提高。

八、广泛开展行业交流活动

协会高度重视行业间和行业内的业务交流活动。在行业间，协会领导先后出席了公安部国际合作局召开的"加快推进保安服务公司'走出去'座谈会""第二届新亚欧大陆桥安全走廊国际执法合作论坛暨警用装备和安防设施展览会"、上海安全防范报警协会主办的"第十六届上海公共安全产品国际博览会"、中国道路交通安全协会主办的"第八届中国国际道路交通安全产品博览会"、中国银行业协会召开的"全国银行业安全保卫工作经验交流研讨会"。在行业内，协会领导先后出席了北京市保安协会举办的"北京市保安服务业发展30周年纪念大会"和保安宣传日活动、共青团北京市委保安行业工委成立大会、山西省保安协会第二届会员代表大会，向各地保安协会下发了《关于组织保安服务行业积极参与抗洪抢险活动的通知》。G20峰会期间，为慰问承担峰会安保任务的保安服务公司和保安员，向浙江省保安协会致《慰问信》。通过上述活动，达到了增进了解、加强合作、促进工作的目的。

九、进一步加强了自身建设

党的十八大以来，协会在自身建设中始终坚持"两手抓"，努力以一流的作风，带一流的队伍，创一流的业绩。一是认真组织学习党的十八届六中全会精神和中国共产党《关于新形势下党内政治生活的若干准则》《中国共产党党内监督条例》等党规党纪，进一步增强遵守党的政治纪律和政治规矩的自觉性。二是坚决贯彻公安部党委关于深化"三清"工作的指示精神，开展深入学习讨论。三是通过组织观看形势教育片，坚定了对中国特色社会主义道路自信、理论自信、制度自信、文化自信。四是通过参观公安部警示教育展览、观看《警钟》等警示教育片，剖析发生在身边的反面典型案例，以案说法，以案警示，教育大家知敬畏、明底线、受警醒。五是借助公安部直属机关党建工作调研的推动，总结了《以永葆党员政治本色为核心，加强和改进协会党支部建设》的经验材料，完善了党支部各项工作制度和工作台账，增补了党支部纪检委员，发展了一名新党员。

思想政治工作的加强，也为协会内部管理的加强创造了条件，各项基础工作均得到改进和提升。一是采取坚决有力措施，对公安部纪检组提出的财务管理和公车使用等问题进行整改，并根据形势发展和工作需要，重新修订了《办公制度》《文件管理及办文制度》《财务管理制度》《车辆管理制度》等，进一步完善了规章制度，确保各项工作规范有序。二是在财务管理工作中坚持勤俭办会的原则，认真执行中央八项规定，办事有章可循，账目日清月结，完成了2015年结算和2016预算，得到了国家审计署、会计师事务所的充分肯定。三是在档案管理工作中，协会购置更新档案设备，积极组织人员培训，梳理历年存档文件，档案观念和归档意识进一步得到强化，档案管理工作通过了公安部办公厅的专项检查。四是在国有资产管理工作中，通过资产核对、财产清查，厘清了协会家底，做到了心中有数。五是进一步加强了安全保密工作，全年未发生火情、匪警等安全问题。共办文230件，没有发生丢失、泄密等问题。六是发挥行业协会优势，尝试开展保安企业、保安员合法权益维权工作。

2016年是紧张而富有成效的一年，在协会全体同志的共同努力下，圆满完成了各项任务。我们的体会是：各级领导对协会工作的关心重视、具体指导，是我们做好工作的重要前提；各级公安机关保安监管部门、保安协会、保安从业单位对协会工作的大力支持、积极参与，是我们做好工作的重要基础；协会全体工作人员团结协作、勇于创新，是我们做好工作的内在动力。我们也深知协会工作还存在一些不足：一是对新形势下改革创新的紧迫感不够强，对行业未来的发展探索研究不够，工作创新的力度有待进一步加强。二是引进人才机制不够健全，工作人员年龄结构、知识结构不合理，缺乏熟悉行业各领域中的高端人才，人员的整体素质有待进一步提高。三是协会的服务能力和水平发挥得不够充分，对一些地方协会的工作指导不够，对保安服务企业的服务有待进一步加强。2017年协会将以这些薄弱环节为着力点，坚持问题导向，持续用劲，力争在这些薄弱环节上有所突破，努力开拓协会工作新局面。

资料来源：中国保安协会官方网站，http://www.zgba.org/newsitem/277602527，编入教材时有删减和改写。

简析：

本文是一篇总结工作业绩和工作方法为主的综合性总结。前言部分提纲挈领指出了全年工作的指导思想，正文部分按照全年主要工作项目，逐一总结了各项工作的完成情况，将工作方法、取得的成果和进展融为一体，并充分运用了举例子、列数字等方法使总结更加真实、具体、可信。结尾谈出了工作体会，简要总结工作中存在的不足，并对下一年工作进行了展望。全文语言简洁、平实、有力，符合应用文文体要求。

 **例文**

××行政学院××××年工作总结（摘要）

××××年是我校（院）进一步深化改革的一年，是教学、科研等各项工作取得明显的一年，也是学院的面貌发生较大变化的一年。在市委、市政府的直接领导和关怀下，在校党委和全校教职员工的共同努力下，坚持以邓小平建设有中国特色社会主义理论为指导，围绕“全面提高现有领导干部的素质”这个主题，抓住机遇，大胆改革，锐意创新，开拓进取，收到了显著的成效。

一、主要工作完成情况

（一）贯彻全国党校工作会议精神，制定校（院）整体改革方案

(1) 学习贯彻会议精神，统一思想，确定深化改革的总体思路。

(2) 调查研究，集思广益，反复论证，形成改革方案。

(3) 结合实际，边制定改革方案，边抓多项改革措施的落实。

（二）突出教学中心地位，提高教学质量

(1) 准确把握马克思主义的基本原理，强化理论教育。

(2) 改进教学管理，提高教学质量。

(3) 发挥干部培训综合基地的作用。

（三）发挥科研基础作用，为教学和决策服务

(1) 建立和完善我校科研体系。

(2) 努力使科研成果进入决策层。

(3) 取得了丰硕的科研成果。

（四）强化服务保障功能，改善办学条件

(1) 图书电教中心的建设上了一个新台阶。

(2) 基础设施和辅助设施得到进一步改善。

(3) 后勤工作的改革初具成效。

(4) 接待工作为特区赢得了声誉，获得了兄弟学院来宾的一致好评。

（五）加强自身建设，保证改革措施落实

(1) 加强领导班子建设。

(2) 加强党的建设，发挥群团作用，做好思想政治工作。

(3) 完善和建立各种制度，加强各方面的管理。

二、经验与体会

回顾××××年深化校（院）改革、开展各项工作的实践，我们有以下三点切身的体会：

(1) 上级领导的重视与支持是我校（院）各项工作取得进展的根本保证。

(2) 各有关部门的大力支持是我校（院）各项工作顺利进行的重要条件。

(3) 全校教职工的共同努力是我校（院）工作迈上新台阶的内在动力。

三、不足与改进

我校（院）各项工作也存在一些缺点和问题，主要表现在：

(1) 教学质量与新形势新任务的要求相比仍有差距。

(2) 教学组织管理与新的培训格局还不尽适应。

(3) 思想政治工作力度不够。

(4) 办学条件有待进一步改善。

××××年我校（院）的工作重点是全面实施深化改革的方案和各项措施。校长×××同志在我校（院）××××年度工作总结大会上的重要讲话，既充分肯定了过去的工作，又

就校(院)面临的形势和任务作出了深刻分析,对我们提出了新的要求。他强调要围绕"增创新优势,更上一层楼"奋发努力,"关键的问题在于提高各级领导干部的领导水平、决策能力,也就是提高干部的整体素质。在这方面,党校肩负着特别重大的责任。"校(院)要更好地发挥干部培训基地作用,就需加大干部培训的力度;加强科研工作提高教学质量;围绕教学科研工作后勤保障要加强。我们要认真领会,按此要求部署好今年的工作,力争新的年度取得更大成绩。

××××年1月15日

简析:

这是一份教学单位的年终工作总结。作者从自身实际出发,采用了"分部式"即"情况—成绩—经验体会—问题—今后设想"的结构写法。文章开头段两句话概括说明了一年的工作情况及其成效。接着分5个部分对一年来的工作成绩一一作了总结。随后谈了3点体会。最后,说明了工作中存在的问题并提出了今后工作的重点(设想),用校长在总结大会上的讲话展望了未来,部署了工作。总的来说,这份总结能突出经验性,思路清晰,层次分明,语言简练。不足之处是典型性、代表性的材料和数据不够。

例文

企业围绕市场转 产品随着效益变

——××钢厂开展"转、抓、练、增"活动的经验

××钢厂是全国独立型特钢企业,全国500家最佳经济效益企业。长期以来,××钢厂始终坚持了"育人为先、管理为头、质量为命、效益第一"的指导方针,立足高原,艰苦创业,以深化改革为主线,以市场经济为导向,加速企业机制转换,在调整产品结构、提高产品质量的同时,增产降耗,加强经营管理,克服了重重困难,使企业得到了长足的进步和发展,经营生产年年持续跨上新台阶,为振兴西北地方经济、发展我国钢铁工业做出了应有的贡献。总结××钢厂在转机制、抓管理、练内功、挖潜力、增效益方面的做法,主要有以下几个方面:

一、深化企业内部配套改革,加快转换企业经营机制

(1) 解放思想,转变观念,走转机制、抓管理的新路子。近年来,多次派人外出考察、学习,开阔了眼界,拓宽了思路。××××年以来,根据国内外市场需求情况和自己的实际条件,制定了企业战略目标,确立了"企业围绕市场转、产品随着效益变"的经营方针,树立了大市场、大企业、大流通的观念,加强了市场预测、经营决策和营销服务工作。树立了创建全国第一流特钢的观念,积极进取,大胆实践,在建立社会主义市场经济体制中,走出了企业转机制、抓管理的新路子。

(2) 坚持实行"两保一挂"承包方式,进一步完善内部经济承包责任制。

① 以全厂利益为重,始终坚持国家、企业、职工三者利益兼顾,责权利相结合,职工报酬与企业效益、个人劳动成果相联系的原则;坚持以市场为导向,突出经济效益的原则;坚持突出成本、质量的考核,增大对成本、质量、安全指标否决力度的原则。从而使企业内部经济承包责任制逐年走上程序化、标准化、规范化的轨道。

② 不断完善企业内部经济承包责任制的"指标、考核、保证"体系。把企业对国家的

承包指标，逐级分解，层层落实，实行全员承包，设计并完善了多种承包形式。

(3) 深化以“三项制度改革”为重点的企业内部配套改革，不断完善分配机制和竞争机制。

二、强化管理，深挖内潜，努力增加效益

(1) 加强以标准化为重点，以班组建设为落脚点的基础管理。在标准化工作中，在积极采用国际标准和认真执行国家标准、部颁标准的同时，重新补充、修订了企业技术标准。在信息管理中，建立了厂信息中心和17个分中心，扩大信息网络，聘用外部信息员，扩大信息来源。在班组建设中。始终坚持以班组建设为落脚点的基础管理并贯彻落实。

(2) 不断提高专业管理水平，向管理要效益，加强以质量为中心的生产管理。××钢厂始终坚持“生产经营以质量为中心，企业管理以全面质量管理为中心”的经营思想。多年来，在全厂范围内先后开展了“西钢质量巡查”“质量万里行”等活动，进一步增强了全体职工的质量意识，促进了产品质量的提高。加强新形势下的营销管理，建立健全营销组织机构，成立了经销处和进出口公司、青海西钢物资实业总公司。把开拓两个市场、抓好物资供应和产品销售这“两头”作为营销工作的重点，始终坚持“以销定产、以销保供”的原则，积极开展营销业务。加强以成本为中心的财务管理；××钢厂一贯重视成本管理，加强成本核算。针对上游产品不断涨价的严峻形势，紧紧抓住降低产品成本这个关键环节不放。

(3) 大力推广和应用现代化管理方法，积极推进企业管理现代化。先后推广和应用了方针目标管理、网络技术、价值工程、系统工程、正交试验法等15种现代化管理方法和手段，计算机已广泛应用于财务、劳动人事、生产、质量、统计等专业管理，都收到了较好的效果。

三、坚持科技兴厂方针，加快技术改造步伐

(1) 加快技术改造步伐，提高装备水平，增强企业发展后劲。始终坚持“小步快跑、滚动发展、保证重点”的技改方针。在各项技术改造过程中，把科学管理和现代化管理方法及手段运用于实践，取得了投资省、质量好、达产快的效果。去年，完成了炼钢电炉、650连轧等8项主要工程和公辅设施的配套改造，在资金紧张的情况下，坚持自我积累、自我发展和“自行设计、自行施工、自行制造、自行安装、尽快见效”的方针，重点对炼钢进行改造，进一步改善了企业的装备水平。

(2) 依靠科技进步，积极开发“三新”。××钢厂坚持市场急需、适销对路的产品研制开发方向，充分发挥新产品研制开发体系和研制开发管理网络的骨干带头作用。根据有关文件规定，每年按销售收入的1.5%提取技术开发费。确保技术开发工作得以顺利开展。同时，对技术难度高、对全厂经济指标影响大的攻关项目和“三新”开发项目等实行了技术承包，进一步调动了科技人员的积极性。

目前，××钢厂围绕建立现代化企业制度，本着“管好主体、放活辅助、加强基层、服务现场”的指导思想，重点抓好经营机制的转换，逐步实现主辅分离，为建立现代化企业制度、进行公司化改制打好基础。

简析：

这是一份专题性经验总结。正标题概括总结的主题，副标题写单位名称和概括总结的具体内容。正文的前言，概述企业的基本情况和取得的主要成绩，接着用“主要有以下几个方面”过渡到主体部分。主体从三个方面具体介绍了××钢厂在转机制、抓管理、练内功、挖潜力、增效益方面的成功做法。写法上采用列小标题的方式，每条经验概括为一个小标题。具体介绍各条经验时，又以观点作段旨，并编上序号。文章以该厂目前的工作和今后努力的方向作结语。

任务实施

1. 请参考本任务开头情境导入中的情境案例，完成相关练习

恒卫所在的项目部一名保安队长，因为突出的工作业绩，成为总公司推荐参评北京市优秀保安员的候选人。北京市保安协会要求公司就该同志近三年的工作，报送一份工作业绩总结，作为评选材料。领导让恒卫帮助这名候选的保安队长修改一下他的工作业绩总结。请问以下哪些材料应该被选用，哪些不应该选用？为什么？

(1) 他的个人经历；

(2) 他所在项目部的人员配置和基本薪酬等情况；

(3) 他所处理过的工作中的一起跳楼事件的细节；

(4) 他用情感留人的有效工作方法；

(5) 他刻苦学习，提升专业技能的体会；

(6) 他曾经做出过的突出业绩和获得的多项奖励。

2. 以下是某位同学撰写的简要总结，请指出存在的错误和不足，并提出修改意见

打工总结

（节选）

第二天清晨，我很早起床。准备上路，在上车瞬间，我仿佛看到妈妈脸上的担心与不放心。我知道妈妈让我出去打工的用心。因为从没离家这么远，她的担心，我心里都知道，因此我一定要坚持下去，让妈妈为我高兴。还有什么比母爱更感人！大约过了一个多小时，我到达了目的地。那里的领班给我安排好床位，领了工作服，带班便让我擦玻璃，不到五分钟，便擦完了。叫来领班检查，她看了看我说：“你觉得干净吗?”我看了看摇了摇头，她便耐心的教我，我按照她说的做了起来不一会儿，这快玻璃在阳光的照耀下，格外的透亮，但我已满头大汗，不过心里格外的愉快。

3. 每个同学在学习、生活以及各项活动中都有可写的材料，请参考下面的标题，写一篇总结

(1) 同学交际总结。

(2) 宿舍生活(或卫生)总结。

(3) 志愿者工作总结。

(4) 社会实践活动总结。

(5) 实习实训总结。

(6) 技能学习与考核总结。

(7) 团学会工作、活动总结。

(8) 才艺 PK 总结。

(9) 学习经验总结。

4. 计算机操作

恒卫帮助这名候选的保安队长修改他的工作业绩总结，并指导他进行排版。

计算机具体操作步骤如下。

(1) 建立总结文档

建立一个 Word 文档"×××工作总结"并及时保存。

(2) 页面设置

选择"布局"选项卡，单击"页面设置"组右下角箭头，打开"页面设置"对话框，上下页边距均设置为 3 厘米，左右页边距均设置为 2.8 厘米。"开始"选项卡在字体组中设置为"仿宋"，字号设置为"三号"。

(3) 插入页码

选择"插入"选项卡，"页眉和页脚"组中的"页码"选择为"页面底端"，"对齐方式"选择"外侧"。然后单击"字体"选项卡按钮，单击"确定"按钮，再次单击"确定"按钮完成页码设置。双击页码，在页码两边各加上一个全角方式的短线，并将页码字号设置成"四号"，字体任意；奇数页的页码设置成一个汉字，偶数页的页码，设置成左空一个汉字。首页不显示页码。

(4) 文本设置

① 标题使用二号小标宋体字，居中显示。

② 正文使用三号仿宋体字。

③ 文本的行间距设置为："段落"选项卡→"字体"对话框→字体大小为"固定值 25 磅"，单击"确定"按钮。

(5) 成文日期的编辑制作

在正文之后，输入单位名称和年月日，最后的"日"字要与版心右侧保持 4 个字的位置。

(本项目任务是缩小版，字体字号未按标准格式安排)

任务评价

针对学生完成的总结，通过学生自评、小组评分和教师评分，综合评价学习任务完成的效果。填写表 5-4，完成工作总结任务评价。

表 5-4　工作总结任务评价表

评价项目	权重	评价内容	评价标准				自我评分	小组评分	教师评分
			优	良	中	差			
文种选择	5	正确标准	5		3				
形式内容	30	标题：要素齐全	5		3				
		前言：简要说明，符合5种前言形式之一	8		4				
		主体：符合全面型总结的要素和结构要求	12		6				
		结尾：恰当简要	3		1.5				
		落款：单位、日期书写位置、方式准确	2		1				
内容要素	40	工作成绩：实事求是、具体全面	15		8				
		经验和做法：分析透彻	15		8				
		问题与改进：准确、有针对性和可行性	10		5				
语言	15	准确、简洁、平实	15		8				
版面设计	10	符合格式规范、清晰美观	10		5				
合　计									

任务三　大型活动安全工作方案的制定与实施

情境导入

恒卫所在的项目部准备代表集团公司参加一个明星大型演唱会活动安保任务的项目投标。项目部组织了专门力量就本次安保项目的安保工作方案进行设计和撰写。恒卫有幸参与其中。他深刻感受到，自己所学的安保专业知识与安保专业文书写作相结合，在实际工作中能够发挥重要的作用。

任务分析

安保工作中使用的事务文书，除了和一般行业相同的，具有通用性的文书外，也有很多是属于安保职业领域的专业文书。我国对公共安全一贯高度重视。多省市均出台了有关法律法规，规范对大型群众性活动的安全管理。如《北京市大型群众性活动安全管理条例》(以下简称《条例》)。《条例》第八条明确规定，大型活动承办者应当履行得安全职责，包括“进行安全风险预测或者委托专业评估机构进行安全风险评估，制定安全工作方案和处置突发事件应急预案并组织训练”。随着安保行业市场化、专业化程度的不断加深，一般的大型群众性、集会性活动，都需要聘请专门的安保公司提供专业的安保服务。能否在市场竞争中，成功获得这样临时性的勤务项目，取决于公司提供安保服务的专业化水平。制定一份专业、科学、有效的大型项目安保工作方案，就是其中的重要一环。

与此同时，《条例》也明确规定了大型活动安全工作方案应包括的内容。因此，出色的安保服务能力体现在一份出色的专业方案，它需要专业的风险评估、严谨的逻辑、出色的文笔、规范的格式相统一。

任务准备

大型活动安保工作方案的制定与实施

一、大型活动安保工作方案的概念与性质

大型活动安保工作方案是为切实保障参与某项大型活动（通常为参与人数超过1000人的活动）安全，有效防止因活动准备不充分或者其他突发事件造成的安全事故，根据相关法律法规和相关行政主管部门的有关要求，针对活动现场与参与人员的实际情况，经活动主办方或委托相关承办单位进行风险评估的基础上，根据具体项目所存在的安全风险，结合现有人力、物力、财力，从目标、措施、方法、步骤、操作规程等方面做出精心设计的专门性安全工作实施方案。

大型活动安保工作方案从其应用文分类归属上，属于事务文书，是计划的一个文种。它是为完成某项具体工作任务而专门制定的最精细的一种计划。因此，它同样具备计划的性质特点。

二、大型活动安全工作方案的结构和内容

大型活动安全工作方案由于活动所处地区、审核部门等不同，其制定的格式和内容也可能存在差异。通常可以根据国家及各地区《大型群众性活动安全管理条例》中的有关规定来撰写。通常应该包括以下九方面内容：

参考资料

第六条　举办大型群众性活动，承办者应当制定大型群众性活动安全工作方案。

大型群众性活动安全工作方案包括下列内容：

（1）活动的时间、地点、内容及组织方式；

（2）安全工作人员的数量、任务分配和识别标志；

（3）活动场所消防安全措施；

（4）活动场所可容纳的人员数量以及活动预计参加人数；

（5）治安缓冲区域的设定及其标识；

（6）入场人员的票证查验和安全检查措施；

（7）车辆停放、疏导措施；

（8）现场秩序维护、人员疏导措施；

（9）应急救援预案。

资料来源：选自国家《大型群众性活动安全管理条例》。

（一）活动的基本情况

通常包括大型群众性活动的时间、地点、内容及组织方式。由于大型活动往往涉及多个部门和机构的组织与协调，因此，在活动方案中必须首先说明活动举办的时间和地点。这里所说的时间，不仅包括活动开始的时间，也包括结束的时间。活动的地点则需要说明活动现场的位置、面积、周边的情况。活动的内容则主要说明活动的主题、主旨等。活动的组织形式需说明采取什么样的举办方式，有关部门之间的关系如何组织协调等。

（二）安全工作人员的数量、人物分配和识别标志

安全工作人员是指在活动现场负责和执行活动现场安全任务的执行人。主要包括：现场安全保卫的负责人、负责安全保卫岗位的在岗安保人员、为安保岗位提供后勤服务的人员，有时还包括警察、消防人员等。在《条例》中，对安全工作人员提出了三个方面的要求。

(1) 具有数量适当的安全工作人员，能够适应执行安全人物的要求。这就要求大型活动主办方需要根据活动现场的实际需要，选择合适数量的安全工作人员在现场负责各个安全岗位。虽然说现场安全人员数量越充足越好，但对于负责互动现场的承办单位和承担安全服务的安保公司来说，人员越多则成本越高，相对利润就会越少。这就需要在活动现场根据安全风险评估和岗位布岗的实际需求，选择适量的在岗人员，以达到活动现场安全人员数量与成本的平衡。

(2) 要求所有在岗的安全人员明确自己的岗位工作内容、工作要求以及岗位职责，岗位之间要相互配合，统筹管理，最大限度发挥各个岗位的作用，以确保活动顺利完成。因此，方案中要确定每个岗位的工作内容、工作要求和岗位责任。同时，在这部分需要清晰规划出不同区域和分组，以及不同区域负责人的岗位职责。

(3) 安全工作人员需要佩戴相应的标识。方案要明确指出，现场安全工作人员需要佩戴明显的身份标识，以告知所有需要配合的群众或其他工作人员。一旦发生各类突发事件，相关安全人员需要快速到达现场处理，所有到达现场的工作人员也需要佩戴明显的现场工作身份标识。

（三）活动场所消防安全措施

方案需要对活动的消防安全措施做出明确规划，通常应针对以下消防重点进行规划。

(1) 活动现场的消防设备。由于很多大型活动场地是临时租用的，因此活动现场原有的消防设备往往不能满足活动现场的消防需求，需要根据实际情况增加消防力量和消防设施。

(2) 针对易燃装饰材料的消防措施。一般大型活动举办时为了能够达到良好宣传效果或者视觉效果，往往采用大量的装饰材料，增加了现场的火灾隐患。如果现场发现了一些易燃装饰材料，则需要针对性加强消防力量和监控，防止火灾发生。

(3) 消防疏散通道标识。由于大型活动通常人群密集，一旦发生火灾，造成的后果不堪设想。这就需要在活动现场将所有的消防疏散通道标志清楚，并安排具体的负责人员，专门负责紧急情况下的人员疏散。因此，方案中必须明确写出在紧急疏散时各岗位的设定和具体岗位人员、职责。

（四）活动场所可容纳的人员数量以及活动预计参加人

整个活动现场的规划，需要根据具体的勘察结果进行规划。每个活动因内容、场地、环境的不同而有所差别。活动场所可容纳的人员数量，是指在活动区域的人群容纳量，通常可以根据活动现场核心区域的群众活动面积来计算，保证活动现场群众的身体能够自由活动的密度。

参考资料

根据国际安保职业标准的通用计算方法，活动场所可容纳人员数量为：0.54～3.8人/平方米。每平方米容纳人数低于0.54人，则场地内个人能够相对自由移动；如果每平方米容纳人数超过3.8人，则可能形成严重堵塞，人群只能稍许移动甚至不能移动。因此，较为合适的容纳量应控制在1～2人/平方米，如果每平方米容纳人数超过1.5人，就达到了预警级别，应该对活动现场加强管控和监管，随时准备处理突发事件。

通过活动现场的群众活动面积，我们就可以推测出活动现场核心区域所能容纳的人员总数。如果核心区域是封闭的空间，那么就需要了解核心区域所有容纳的现场人数，由此可以确定警戒人数，为后期预警做好准备；如果活动现场是开放式的，那就应该根据群众活动面积，推算警戒人数，为现场预警和处置提供参考。

资料来源：王景坤.集会性活动项目安全保卫管理[M].北京：西苑出版社，2016.

在《条例》中，从活动源头入手，规定承办者应当在举办大型活动之前在安全工作方案中明确活动现场可容纳人员数量，以及活动预计达到的参与人数，以便为有关主管部门进行督导检查提供依据。

通常，在安全工作方案的这一部分，应该写清活动现场可容纳人数、预警人数，以及最高限人数，既是提醒现场所有人员注意，也是为避免严重的踩踏事故提供管理依据。

（五）治安缓冲区域的设定及其标识

治安缓冲区域在群众集会型活动中有着特殊的作用。它是指为了缓解人群控制压力，在活动现场空间规划时，主动预留出一部分空间，以减缓激增的人群压力，或者是为解决突发事件，如火灾、地震或者恐怖袭击、暴力突发事件等，提供引导群众疏散时的更多周转空间。通常可以分为内场缓冲区和外场缓冲区来规划。

内场缓冲区的设置，应根据风险评估的结果，结合核心区域流动的进、出口情况及流动路线，通道两旁的路障隔离等情况，明确规划出预留的治安缓冲区域。例如，在通道与出入口之间设置一段区域冗余，以缓冲人群对出入后的压力。

外场缓冲区的设置，其目的是保障活动正常进行，防止故意或蓄意破坏演出活动的行为。周边道路交通管制，由公安机关处置；进入演出现场的通道应设置治安缓冲区，防止无关人员的恶意进入，避免发生冲突，降低发生治安事件的概率。除安保和工作人员外，严禁无关人员的进入缓冲区。隔离可采取铁马圈隔离方式，群众通过隔离依次排队安检。

与此同时，方案中还应明确治安缓冲区的标识，确保在现场按此做出明确的标示。在活动前给安全人员进行培训时，要将治安缓冲区域的设置和标识纳入培训内容。

（六）入场人员的票证查验和安全检查措施

在封闭式的大型群众活动安全管理中，需要采用票证模块的管理。票证查验是大型群众性活动进行人群控制的基础性工作。这部分工作可能需要由主办方、承办方、票务方和安全服务方等多方协同进行，因此在安全工作方案中，应明确阐明本次活动安检级别，及对危险品、危险人、危险行为等检查要求和限制标准。明确票证查验和安全检查过程中的突发情况的报告和处置程序。特别要明确入场人员票证检查方案，包括各出入口工作人员配置及检票方案及安全检查措施。

（七）车辆停放、疏导措施

在大型群众性活动中，要求车辆停放场所应当适应活动的容纳量，车辆的停放和疏导标识必须明显，符合便于疏散和交通要求。机动车和非机动车停车场应尽量分设。车辆安全管理应该遵守国家及活动当地交通法律法规，如《中华人民共和国道路交通安全法》《中华人民共和国道路交通安全法实施条例》《北京市机动车公共停车场管理办法》《北京市机动车道路停车秩序管理办法》《北京市社会单位申办收费停车场有关手续须知》等，按需要搭建临时或者增容的停车场。

在安全工作方案本部分的撰写中，可以从以下几方面进行说明：

(1) 停车场设置的具体位置；

(2) 每个停车场内部的容量和管理要求；

(3) 停车场的守卫人数、人员职责及工作流程等。

（八）现场秩序维护、人员疏导措施

“现场秩序的维护”需要活动现场所有工作人员在合理的安全方案的指导下，通力配合，严格执行所有的岗位要求和工作制度，才能顺利完成。

“人员的疏导措施”要在“现场勘察”的基础上，结合活动现场的实际情况，规划出**活动现场所有的疏散通道、疏散流向、集结点的位置**等，与针对活动指定的突发事件应急预案协调一致，完成本部分的撰写。

（九）应急救援预案

应急救援预案应根据活动内容及现场实际情况，参照机会性活动的事件预警与应急处置相关的专业要求，参照《国家突发公共事件总体应急预案》中的有关制定流程和格式要求进行撰写。

 **例文**

20××年×××中国巡回演唱会××站

安全保卫工作方案

为确保“×××演唱会”活动现场安全，并依据对现场的考察、场地提供方体育中心

田径场提供资料、安保物料提供方意见及票务总代理提供检票方案，制定本方案。本方案仅限于本次演唱会安保活动使用，非必要人员不得阅览本方案。

一、活动基本情况

(1) 演出时间：20××年×月×日 19：00—22：00 点；

(2) 演出地点：××市××体育场；

(3) 演出内容：20××年×××中国巡回演唱会××站；

(4) 组织方式：本次活动由唐×文化传播有限公司主办，××娱乐传媒有限公司具体承办，××保安科技有限公司负责本次活动的安全服务与管理；

(5) 安全工作总负责：本次活动委托林×强为安全工作总负责人。

二、安全工作人员的数量、任务分配和识别标志

（一）安保工作领导小组

1. 领导小组成员

总指挥：林×强

场地总负责人：刘×

票证查验责人：王××

2. 领导小组职责

本场演唱会安保工作的组织领导、现场调度以及协助有关部门对事件的处理。负责事件发生后迅速启动预案，协调相关人员对事故现场控制、人员救治以及善后处理等相关工作。安保工作领导小组，负责落实安保工作预演、演唱会期间落实责任，把本次演唱会活动安保工作进一步完善，相关人员保证活动期间的通讯畅通。

（二）安保区域划分

1. 看台区

×××××××号看台和贵宾席划分为一个大区，命名为看台区。看台区辖 10 个看台和贵宾席以及应急通道 10 个。每个看台和通道划分为一个区域，区域名称以看台号命名(如 9 号看台命名为：看台 9 区)。

2. 内场区

场地内 A1～A4、B1～B4、C1～C4、D1～D4 区共 16 个区划分为一个大区，命名为内场区。

内场区辖 16 个观众区域、舞台及后场。观众区每东西走向 4 个区域划分为 1 个区，共 4 个区域分别为 A、B、C、D 区，舞台区和后场区按实际名称命名。

（三）安保人员职责及标志

1. 安全工作人员数量：共____人，其中专业保安人员____人、志愿者____人、工作人员____人。

2. 安全工作人员职责

(1) 专业保安人员：负责场地外围停车位秩序维护、场地出入口安全检查、场地内秩序维护；

(2) 工作人员：场地出入口安全检查监督、场地内秩序维护；

(3) 志愿者：负责场地出入口安全检查、检票工作，场地内秩序维护。

3. 安全工作人员识别标志

安全工作人员统一发放明显标注安全工作人员字样工作证件。

（四）保安力量部署

1. 看台区安保(总计____人)

安保人员：看台区安保人员总计____名。其中贵宾区____人、5号看台____人、6号看台____人、其余各看台各____人，共计____人；每看台、贵宾区小组长1名，共计____人；看台区总负责人1名。

工作职责：负责现场秩序的维护，劝说和制止无关人员进入控制区域，制止群众的不当行为。并在突发事件后按照安保工作领导小组要求实施安保预案和人群的疏散工作。

2. 内场区安保(总计____人)

A1～A4区，每个区域，设小组长1人，安保人员____人；

B1～B4区，每个区域，设小组长1人，安保人员____人；

C1～C4区，每个区域，设小组长1人，安保人员____人；

D1～D4区，每个区域，设小组长1人，安保人员____人，共____人，每东西走向4个区域为一大组，每大组设大组长1人，内场区设总负责1人。

人员职责：负责现场秩序的维护，劝说和制止无关人员进入控制区域，制止群众的不当行为。并在突发事件后按照安保工作领导小组要求实施安保预案和人群的疏散工作。

3. 艺人安保(总计____人)

安排有丰富经验的安保人员____人(其中小组长1名)专门负责艺人及其助理的安全保卫工作。

4. 演出区安保(总计____人)

安保拟定特勤人员____名(其中小组长1名)。负责演出人员休息室安保。主要负责演出人员的安全保卫，防止发生侵害事件。并负责突发事件演出人员的迅速疏散工作。

5. 舞台安保(总计____人)

安保人员____名(其中小组长1名)。主要负责制止无关群众冲撞舞台，扰乱演员的正常演出，防止和制止犯罪分子的破坏和袭扰。并在发生让突发事件后保护演出人员迅速疏散。

6. 通道安保(总计____人)

通道安保采用互补协同的方式，以达到安保人员的合理配置。看台区共有通道____个，每个通道常备安保人员____名、安检员____名，共计安保人员____名。观众进场时，由大区负责人协调，小组长在每个小组区域派驻2名安保实施支援，直到演出活动开始。通道安保人员主要配合安检员的安检工作，劝解和制止不服从安检的群众，保障安检工作的正常开展。保障通道畅通，保障活动结束后撤场群众的疏散。

内场区共有通道____个，其中进场通道____个、演员通道____个、消防通道____个。由大区负责人协调，小组长在每个小组区域派驻____名安保实施支援，直到演出活动开始。

大区负责人在发生突发事件后协调相关安保人员迅速开启各区域通道，以保障人员疏散的速度。

7. 应急备勤(总计20人)

为了确保活动的安全,成立应急备勤小组2个,每组10人,共计20人。应急小组由安保指挥小组直接指挥,负责突发事件后的处理工作,并负责无突发事件的场区巡逻任务。

三、活动场所消防安全措施

(1) 安保人员在演唱会开始前,对剧场要进行一次全面的检查,包括消防栓、灭火器的检查,在使用上是否进入良好状态,对灯光、音响设备要认真、细致地检查,不许出现消防隐患和漏洞,确保消防安全。

(2) 在演唱会进行期间,每看台1名、内场5名共15名安保员负责消防安全防控工作,工程管理人员负责检查消防的安全工作,发现吸烟人员要进行劝阻,确保演唱会期间无事故。

(3) 向每位安保人员发放突发事件应急预案、安全出口、灭火器位置图。

四、活动场所可容纳的人员数量以及活动预计参加人数

(略)

五、治安缓冲区域的设置及其标识

1. 治安缓冲区的设置

为了保障演出人员的正常演出,防止故意或蓄意破坏演出活动的行为,在演出场地外围设置缓冲区。周边道路交通管制,由公安机关处理;进入演出现场的通道设治安缓冲区,防止无关人员的恶意进入,避免发生冲突,降低发生治安事件的概率,除安保和工作人员外,严禁无关人员的进入缓冲区,隔离采取铁马圈隔离方式,群众通过隔离依次排队安检。

(1) 体育中心:体育中心内为车辆限行区,演唱会当天禁止车辆(持有演唱会通行证及治安、消防、医疗专用车辆除外)在距离体育中心田径场50米范围内行使及停泊。体育中心正东侧入口处为消防通道,禁止任何车辆占用。

(2) 场馆入口:体育中心田径场外围各入口处前10～20米区域为安全缓冲区。体育中心外围各入口处前20米设立隔离带,为第一查票口,初步检查门票,各入口处前5米设置安全检查站,各入口前1米为检票口。

(3) 观众席:外围看台区由铁栅栏隔离,距离铁栅栏看台侧1米为看台缓冲区,禁止进入。以看台各出入口为中心辐射2米为缓冲区,禁止逗留。内场观众席,距离外围看台15米以上,之间为缓冲区,禁止人员逗留。内场分为若干区块,区块之间留置至少宽5米过道,前后区块之间留置至少宽10米为缓冲区,禁止人员逗留,各区块之间用铁栅栏隔开,内场外围用铁栅栏隔开。

2. 治安缓冲区标志

治安缓冲区设置“缓冲区”及“禁止停留”字样标志。

六、入场人员票证查验和安全检查措施

此次演唱会规模大、观众人群性质复杂,风险较高,采取3级(高级)安检标准。禁止群众带入违禁品和恐怖玩偶等,并实施不低于50%的开包检查。为了确保演唱会活动的安全,所有进入场地的非工作人员必须接受安全工作检查,对拒不配合的,上报安保领导小组;对强硬闯入的,请求现场安保人员予以支援,现场保安员要及时予以劝阻,对不听从劝阻态度强硬的,带离现场,并交由现场公安机关处理。入场人员票证检查方案如下。

1. 各出入口人员配置(____入口)

承办公司工作人员：1人，专门督导检票工作，票务公司验票人员：1人，专业保安人员(见安保人员部署)，专门负责入口安全工作，防止无票人员强行进入，大学生志愿者：8人，专门负责检票，安全检查工作，并进行疏导等工作。

2. 检票方案及安全检查措施

体育中心外围各入口处前15米设立隔离带，为第一查票口，初步检查门票，凡无票者一律不得入内。

各入口处前10米设置安全检查站，每站志愿者与专业保安人员专门配备专业检测器材，专门负责安全检查工作，禁止任何人(包括持工作证等证件的工作人员)携带危险品、罐(瓶)装饮料及摄录像设备进入，有携带活动组委会发放的记者证的记者可带摄录设备进入。各入口前5米为检票口，专业检票机进行检票，撕下副券后方可让观众入场。

演唱会开始前及进行中，安保人员在各观众席巡逻，及时发现及制止危害演唱会正常进行的不安全行为。

如在演唱会间隙观众离场，工作人员确认观众是否返回，如返回继续观看，把撕下的副券发给观众，凭副券方可进入。

七、车辆停放、疏导措施

(一) 总体规划

(1) 车辆管理：使用场地所在体育场配备的停车场，共计4个。按照具体岗位分布和工作职责管理车场秩序，确保车辆出入有序。

(2) 体育场附近的交通配合公安部门加强疏导管理，保持畅通，确保观众能顺利地前来参加演唱会，演唱会结束后有序安全疏散观众，防止踩踏。

(二) 岗位分布、工作要求

<table>
<tr><th colspan="2">岗　　位</th><th>上岗人数</th><th>工 作 职 责</th></tr>
<tr><td colspan="4">车 辆 管 理</td></tr>
<tr><td rowspan="6">车辆出入口</td><td>1号岗
(1号车辆通道)</td><td>1人</td><td rowspan="2">① 由警方负责控制社会车辆进入，保安根据警方指令控制道闸，对持有车辆通行证的车辆及时放行，引导车辆有序进入；
② 散场时，根据先放人后放车的原则，控制道闸，有序放行；
③ 1号车辆通道通行演职人员车辆；8号、4号通行工作人员、贵宾车辆及其他持有通行证的车辆</td></tr>
<tr><td>4号岗
(3号车辆通道)</td><td>1人</td></tr>
<tr><td>2号岗</td><td rowspan="4">—</td><td rowspan="4">关闭道闸，不设岗。
封闭，警方负责警戒</td></tr>
<tr><td>3号岗</td></tr>
<tr><td>5号岗</td></tr>
<tr><td>8号岗</td></tr>
<tr><td>路口</td><td>体育场B通道门前</td><td>1人</td><td>① 在B至C通道口门前道路(五环路)两端、2号停车场两端设置路障，禁止车辆进入五环路，禁止车辆停入2号停车场；
② 配合B通道门口保安看护B通道门</td></tr>
</table>

续表

<table>
<tr><th colspan="2">岗　位</th><th>上岗人数</th><th>工作职责</th></tr>
<tr><td colspan="4">车辆管理</td></tr>
<tr><td>路口</td><td>冷却塔下的丁字路口—体育场C3入口的天桥下</td><td>1人</td><td>① 在会展和体育场之间路口设置路障，禁止车辆向体育场C通道区域行驶；
② 负责路口交通指挥，指引车辆的停放区域和行驶路线；
③ 车辆疏导，控制车辆长时间滞留区域、防止车辆拥堵</td></tr>
<tr><td rowspan="4">停车场</td><td>1号停车场西侧</td><td>1人</td><td rowspan="2">① 1号停车场为持通行证的其他车辆停放区、4号停车场为奥体中心工作车辆停放区、5号停车场为警用车辆停放区；
② 各停车场保安各自负责控制无关车辆停放，做好车辆安全防盗工作；
③ 散场时，控制停车场出入口，根据先放人后放车的原则，有序放行</td></tr>
<tr><td>4号停车场</td><td>1人</td></tr>
<tr><td>1号非机动车停放区(体育馆广场)</td><td>1人</td><td rowspan="2">指挥非机动车有序停放，负责看管车辆</td></tr>
<tr><td>2号非机动车停放区(1号岗东侧人行道)</td><td>1人</td></tr>
<tr><td colspan="2">保安人数</td><td>8人</td><td>—</td></tr>
</table>

八、现场秩序维护及人员疏导措施

（一）现场秩序维护总则

(1) 此次演唱会，消防及治安管理问题由唐×文化传播有限公司向唐山市公安局和消防局申报，并派出人员协助维持秩序。

(2) 观众进出场秩序、观看秩序由该场地工作人员及保安公司保安员负责。在发生突发事故时，由该场地工作人员及保安员共同负责观众疏散。

(3) 演出舞台、灯光，音响工程将由拥有技术资质的专业公司负责设计、安装，由该场馆负责全场用电安全。唐×文化传播有限公司负责现场监督。演出区域进出口由专业保安公司负责把守，唐×文化传播有限公司监督管理。

（二）场馆内秩序维护

(1) 演出后台、休息室的安全保卫工作，在执勤过程中实行全封闭管理。

(2) 按照观众席的不同区域，流动岗加固定岗维持秩序。在演出舞台下及嘉宾领导席，派出保安人员负责维持舞台下的秩序。

(3) 派出30人特勤人员专门负责艺人的安保工作。

(4) 事先做好艺人工作，请艺人不要从舞台下到观众区。

（三）场馆外秩序维护

(1) 演唱会当天实行封闭式管理，进入田径场内的每个门口派专业保安人员、志愿者及治安民警负责维持进场的秩序，观众进场后，负责维持门口秩序。

(2) 针对突发事件，由公司领导指挥，负责直接管理保安人员，应对出现的突发事件，采取果断措施，把时间控制在萌芽状态，使演唱会圆满成功。

九、应急救援预案

（一）发生爆炸预案（联系人：____）

(1) 安保人员：在爆炸事件发生后，立即向公安机关、市急救中心报告，现场应急指挥部报告，并通知现场医疗处理人员到位。

(2) 安保人员：迅速开启出入口，就近疏散人员。指定专人到路口引导120急救车到现场对受伤人员进行急救。在进行救护时，要注意尽量减少对现场的破坏。

(3) 广播人员：协助应急指挥部，稳定现场观众情绪，指示现场观众按紧急出口路线逃生。

(4) 对重点救护区：加派人员疏导，服从应急指挥部的调度，衔接好和现场救护人员的工作，对困在活动现场内无法转移的人员迅速和消防队及公安部门报告。

（二）发生火情、火灾预案（联系人：____）

(1) 安保人员：发生火情时，不要惊慌失措，应立即向应急指挥部报告，如果火势不大，应迅速利用附近的灭火器材，采取有效措施控制和扑灭火情。边救火，边适时确定实施应急疏散方案。疏散时应利用广播告诉现场观众不要惊慌，保持冷静，听从现场保安员的指挥。按照疏散路线，有秩序地迅速向场外疏散。

(2) 安保人员：发现大范围构成威胁的火势，应立即报警，同时通知现场应急指挥部及现场消防官兵进行组织灭火。安保工作协调组开始指挥调度安保人员，采取有效措施控制和扑救火灾，启动广播系统，广播员配合指挥部作现场调度工作。按疏散标志对现场群众进行有序引导、疏散，防止由于观众摔倒导致踩踏事件的发生。

（三）发生停电预案（联系人：____）

遇到突然停电，电力保障工作人员立即查明原因，向应急指挥部汇报。广播人员启用应急广播系统，在应急指挥部指导下对现场进行提示：暂时停电情况，让观众和贵宾静候供电状况。

若一时无法恢复供电，应稳定观众的情绪，防止意外事故的发生并迅速报告应急指挥部采取应急措施，启动备用发电机。如果是夜间，应急系统的照明程度维持的时间有限。工作人员在退场人较多、较拥挤的地方维持秩序，防止退场时发生混乱和口角事件。

活动是否继续行或延期举行，应由应急指挥部决定并告知来宾。

（四）工作人员和观众冲突预案（联系人：____）

当安保人员在执勤中与观众发生争执时，安全协调组要按照其工作职责，耐心冷静规劝观众，妥善处置，避免冲突，扩大事态。对个别不听劝阻的哄闹、滋事人员要强行带离现场，交公安机关审查处理，以保证活动顺利安全。

（五）场地人员超出核定容量预案（联系人：____）

若场地人员超出核定容量，出现人员拥挤，现场混乱，工作人员认真检查票据协助民警或保安人员的指挥，按疏散标志对现场群众进行有序引导、疏散。

××娱乐传媒有限公司

××保安科技有限公司

20××年×月×日

 **例文**

2009张××中国巡回演唱会苏州站
安全工作方案

由我单位承接“2009张××中国巡回演唱会苏州站”活动，为保障演唱会的安全，特制定如下安全工作方案。

一、活动的时间、地点、内容及组织方式

（1）活动时间：2009年3月28日

（2）活动地点：苏州市体育中心体育场

（3）内容：2009张××中国巡回演唱会苏州站

（4）组织方式：本次演唱会由江苏中×文化产业有限公司主办，艾×科技（北京）有限公司上海分公司承办。由艾×科技（北京）有限公司上海分公司负责大型活动治安责任，授权责任人为常×锋。本次演唱会为商业性售票组织，具体如下。

看台区域，100元票价为2348个座位（售票座位为2000个）；300元票价为13560个座位（售票座位为12200个）；500元票价为7426个座位（售票座位为6500个）。

内场区域，票价为1680元的座位为2500个（售票座位为2000个）；票价为1280元的座位为2500个（售票座位为2000个）；票价为880元的座位为2500个（售票座位为2000个）；票价为680元的座位为2500个（售票座位为2000个）。总共有4634个座位为非卖品。

二、安全工作人员的数量、任务分配和识别标志

（一）安全工作组织机构

安全责任人：常×锋　职责：对本次演出安全负总责；

现场指挥：刘×露、郭×　职责：负责本次演出的消防、安全及其他日常工作的领导和实施；

安保部：常×锋　职责：负责现场的安全保卫工作、处理突发事件、人员纠纷等事务。

（二）安保区域划分

1. 车辆出入口

1号岗：1号车辆通道（警戒通道，限演职人员车辆）；

4号岗：3号车辆通道（封闭，由警方负责警戒，限持有通行证车辆进出）。

2. 其他车辆入口

2号岗：关闭道闸，不设岗；

3号岗：关闭道闸，不设岗；

5号岗：由警方负责警戒；

8号岗：关闭道闸，不设岗（封闭，由警方负责警戒）。

3. 停车场

4号停车场：奥体工作人员车辆、警用车辆停停放区；

1号停车场西：演职人员车辆停放区。

4. 人身安检口(图略)

1 号安检口：1 号岗旁广场(看台 B 区)；

2 号安检口：2 号岗与 C 通道之间(内场观众)；

3 号安检口：2 号岗旁大楼梯一侧(看台 B、C 区)；

4 号安检口：2 号岗旁大楼梯另一侧(看台 C 区)；

5 号安检口：体育馆 3 号门前与 5 号停车场之间(内场观众)；

6 号安检口：游泳馆广场(看台 D 区)。

5. 场馆出入口

贵宾通道(E12)：贵宾、演职人员专用通道；

A、B 通道：内场观众疏散通道(散场时开启)；

C 通道：内场观众出入口；

D 通道：内场观众出入口；

B1 入口：B 区看台观众疏散通道(散场时开启)；

B2～B5 入口：B 区看台观众出入口；

C1～C3 入口：C 区看台观众出入口；

D3 入口(A 通道旁白色小门)：D 区看台观众疏散通道(散场时开启)；

D4 入口(A 通道旁大楼梯，Y25 旁边)：D 区看台观众出入口。

6. 证件管理区域

1、4、8 号岗：凭车辆通行证进入；

1～6 号人身安检口：凭外围证进入；

贵宾通道(E12)：凭全通证进入，海事处住宿人员凭专用证件进入；

C、D 通道：凭全通证、内场证进入；

看台区 B2～B5 入口、C1～C4 入口、D4 入口：凭看台证进入。

(三) 安保力量部署

本次活动拟整体配备安保人员 370 名。具体岗位工作部署及职责如下。

<table>
<tr><th colspan="4">场馆通道</th></tr>
<tr><td rowspan="8">观众通道口</td><td>贵宾通道(E12)</td><td>1 人</td><td rowspan="8">① 负责 15 个观众通道门的钥匙管理及开启和关闭(预先演练和保养，确保开、关灵活)；
② A、B 内场通道、B1 观众入口为散场疏散通道，保安应确保演出期间该通道门处于关闭状态，散场时听指令及时开启；
③ 通道门的开启和关闭时间听从公安指挥室的指令，做到开和关迅速、及时；
④ 散场时应确保所有通道门全部在开启状态，并引导观众有序离场；
⑤ 负责通道口的秩序管理，保护通道门窗玻璃等设施，防止遭到破坏；
⑥ 防止拥堵踩踏，若发生突发事件，做好疏散工作</td></tr>
<tr><td>A、B 内场通道内</td><td>2 人(各 1 人)</td></tr>
<tr><td>C、D 内场通道内</td><td>2 人(各 1 人)</td></tr>
<tr><td>B1 观众入口</td><td>2 人</td></tr>
<tr><td>B2～B5 观众入口</td><td>4 人(各 1 人)</td></tr>
<tr><td>C1～C3 观众入口</td><td>3 人(各 1 人)</td></tr>
<tr><td>D3 观众入口</td><td>1 人</td></tr>
<tr><td>D4 观众入口</td><td>1 人</td></tr>
</table>

续表

<table>
<tr><td colspan="4">场馆通道</td></tr>
<tr><td>其他通道口</td><td>游泳馆 Y21、Y22入口</td><td>6人(各3人)</td><td>① 控制场馆入口,制止人员闯入场馆;
② 保护通道门窗玻璃等设施,防止遭到破坏</td></tr>
<tr><td colspan="2">保安人数</td><td>22人</td><td>注:场馆通道口保安全部佩戴耳麦的对讲机</td></tr>
<tr><td colspan="4">内　场</td></tr>
<tr><td colspan="2">内场防爆沟看护</td><td>8人</td><td>分布在防爆沟,负责对通往场馆的门窗的检查,对区域内的设施进行看护</td></tr>
<tr><td colspan="2">内场设施看护</td><td>8人</td><td>分布在内场,负责对随地吐痰、吐口香糖、乱扔烟蒂等行为进行制止</td></tr>
<tr><td colspan="2">其他通道口保安人数</td><td>16人</td><td>注:持2部对讲机,保持与外场的联动</td></tr>
<tr><td colspan="4">场馆外围</td></tr>
<tr><td colspan="2">场馆围网看护</td><td>50人</td><td>(1) 负责场馆围网内的安全管理工作,检查门窗关闭状况,确保完好;制止人群推拉、攀爬围网,控制骚乱行为。
(2) 具体安排:分5组
① A通道至B通道之间一组,6个口(12人):中间4个口每个口安排2人,两头各安排2人;
② B通道至贵宾通道之间一组,4个口(9人):中间2个口每个口安排3人,两头按B通道一边2人、贵宾通道一边1人安排;
③ 贵宾通道至C通道之间一组,4个口(8人):中间2个口(E13、E14)每个口安排3人,两头各安排1人;
④ C通道至D通道之间一组,6个口(8人):中间4个口分别按2人、1人、1人、1人安排,两头按C通道一边1人、D通道一边2人安排;
⑤ 游泳馆D通道大楼梯旁至A通道大楼梯旁为一组,7个口(13人):中间Y2(2人)、Y5(2人)、VIP(3人)、Y7(1人)、Y10(2人)、两头按A通道一边1人、D通道一边2人安排</td></tr>
<tr><td rowspan="2">观光电梯看护</td><td>P2</td><td>2人</td><td rowspan="2">关闭并看管4个观光电梯通道门,制止人群随意拽拉,保护通道门窗、电梯设施,防止遭到破坏</td></tr>
<tr><td>二层平台</td><td>2人</td></tr>
<tr><td colspan="2">冷却塔看护</td><td>3人</td><td>阻止攀爬冷却塔的行为,保护冷却塔、锅炉间门窗玻璃不受损坏,预防发生安全事故发生</td></tr>
<tr><td colspan="2">A通道门外</td><td>2人</td><td rowspan="2">阻止观众从门外面攀爬观看,防止通道门遭到破坏</td></tr>
<tr><td colspan="2">B通道门外</td><td>1人</td></tr>
<tr><td colspan="2">景观水池外绿化带(加围网)</td><td>3人</td><td rowspan="2">① 对以上区域进行不间断巡视,制止无票观众从绿化带进入奥体区域;
② 负责对绿化带、草坪的看护,制止踩踏,破坏行为;
③ 看护景观水池的保安主要负责观察区域情况,随时呼叫机动人员增援</td></tr>
<tr><td colspan="2">斜坡绿化草坪(巡视)</td><td>2人</td></tr>
<tr><td colspan="2">三X河至网球馆之间驳岸</td><td>4人</td><td>劝阻可能冒险涉水过河的人员,保安带远光灯,巡视河道及两侧</td></tr>
</table>

续表

<table>
<tr><th colspan="4">场馆外围</th></tr>
<tr><td colspan="2">体育用品商店门前（加围网）</td><td>2人</td><td rowspan="9">① 采取固定岗与巡视相结合的办法，对以上区域进行不间断监控，制止无票观众采取破坏性手段进入场馆；
② 负责场馆设施、门窗的看护，确保不遭到破坏</td></tr>
<tr><td colspan="2">会展中心门前</td><td>10人</td></tr>
<tr><td colspan="2">体育馆周围一圈</td><td>12人</td></tr>
<tr><td colspan="2">超市门前（靠奥体的两侧）</td><td>5人</td></tr>
<tr><td colspan="2">地下车库（巡视）</td><td>2人</td></tr>
<tr><td colspan="2">物业公司门口</td><td>2人</td></tr>
<tr><td colspan="2">Y25（D4旁）</td><td>3人</td></tr>
<tr><td colspan="2">Y17～Y20通道口（D通道旁）</td><td>2人</td></tr>
<tr><td colspan="2">D1（D通道旁白色小门）</td><td>2人</td></tr>
<tr><td colspan="2">Y24、D4通道门看护</td><td>3人</td><td>① 在D通道旁的大楼梯中段加装围网；
② 保安负责看护，制止人群冲上大楼梯，确保Y24、D4通道门窗不遭到破坏</td></tr>
<tr><td rowspan="2">外场巡逻</td><td>快速机动（巡逻车）</td><td>28人</td><td>① 分4组，三辆观光车各8人，一辆巡逻车4人；
② 在场馆外围及外场公共区域巡逻，遇突发情况，听从调度，迅速到达事发现场做应急处理</td></tr>
<tr><td>机动巡逻（步行）</td><td>32人</td><td>① 7人一组，分4组；主要沿体育场、游泳馆外围巡逻，负责场馆围网外的安全管理，制止人群推拉、攀爬围网，制止骚乱行为，保护场馆设施；
② 观察现场情况，及时通知机动巡逻人员增援</td></tr>
<tr><td colspan="2">保安人数</td><td>172人</td><td></td></tr>
<tr><th colspan="4">馆内区域</th></tr>
<tr><td colspan="2">A区至D区之间的天桥（封闭）</td><td>1人</td><td>关闭连接A、D看台的通道门，禁止观众随意进入A区看台（舞台后）</td></tr>
<tr><td colspan="2">C区至D区之间的天桥</td><td>1人</td><td rowspan="2">维持C区至D区连接天桥及D区看台入口的秩序，防止人群拥堵在天桥而发生事故，引导观众有序进入看台</td></tr>
<tr><td colspan="2">C区至D区之间的通道门（D2）</td><td>1人</td></tr>
<tr><td colspan="2">B208看台入口处</td><td>3人</td><td>用不锈钢护栏隔离A、B观众休息区，禁止观众进入A区</td></tr>
<tr><td rowspan="5">内场巡逻兼机动</td><td>A区看台两侧</td><td>6人（各3人）</td><td>负责制止人员从看台翻爬进入内场。</td></tr>
<tr><td>A观众休息区</td><td>2人</td><td>不间断巡逻，防止观众进入A区看台，再通过A区看台翻爬进入内场</td></tr>
<tr><td>B观众休息区</td><td>8人</td><td rowspan="3">① 不间断巡逻，制止观众吸游烟、乱丢烟蒂和口香糖；
② 维持观众休息区秩序，保护设施，防止破坏；
③ 出现突发情况，抽调10人，5人一组，组成机动小组，听从调度，迅速到达事发现场做应急处理</td></tr>
<tr><td>C观众休息区</td><td>4人</td></tr>
<tr><td>D观众休息区</td><td>6人</td></tr>
<tr><td colspan="2">保安人数</td><td>32人</td><td>—</td></tr>
</table>

续表

安检人员		
1号人身安检口	20人(14男6女)	① 负责手探仪操作和X光机操作,出现异常情况时提示对方开包检查; ② 打火机、管制刀具等危险品、大幅标语以及严重危害公共安全的物品禁止带入; ③ 发现携带危险物品及时通知公安人员
2号人身安检口	20人(14男6女)	
3号人身安检口	20人(14男6女)	
4号人身安检口	20人(14男6女)	
5号人身安检口	20人(14男6女)	
6号人身安检口	20人(14男6女)	
保安人数	120人	—
总配备人数:370人	注:84名男性安检人员在安检结束后,与60名机动人员组成144人的机动组	

(四)识别标志

安保人员统一佩戴具有萤光标识的红色袖标,袖标上注明security。相关岗位工作人员同时需要佩戴本次活动专门制发的不同的证件上岗。

(五)活动场所消防安全措施

(1)演出前,请消防部门参加专项会议给予指导及建议,并且根据消防规定对场内各种消防设备、设施进行一次认真检查,设备设施是否齐全完好、消防安全通道是否通畅,如存在安全隐患,及时处理整改。

(2)演出期间,在各入口处安排1名工作人员维持正常秩序并负责引导观众进场,如发生突发性事件,及时组织指挥观众紧急疏散。

(3)根据消防规定,演出期间开启所有消防安全通道门锁,派专人巡视,一旦发生突发性事件,立即打开通道门,紧急疏散全部人员。

(4)现场另按消防要求,安排消防专业人员、车辆及设备随时应对突发事件。

(5)制定本次演唱会消防规定:

① 场内严禁吸烟,违反者由现场工作人员处罚;

② 不得携带瓶状、罐装等硬包装饮料、矿泉水入场;

③ 不得向场内投掷食物杂物;

④ 场内消防设备、消防通道保持通畅,周围不得堆物占用;

⑤ 严禁携带易燃易爆等危险物品进入场内;

⑥ 不得聚众闹事、打架斗殴。

(六)活动场所可容纳的人员数量以及活动预计参加人数

体育场看台部分安排座位为23334座,内场部分安排出售座位为10000座,合计总人数量为33334人,活动预计参加人数约为32000人。

(七)治安缓冲区域的设定及其标识

治安缓冲区域体育场外东侧(东侧一排入场门至西环路边小河上一排桥之间的空地)及体育场北侧直延伸至内场2号入口前的广场区域,标识为护栏、三角指示牌及指示箭头等，另有我单位安排之负责疏导的安全工作人员。

（八）入场人员的票证查验和安全检查措施

本次演唱会门票全部使用×美科技的特×捷票务系统制作的国际先进水准的防伪门票，另外每张门票上另有公安部门特别防伪标志，统一使用特×捷验票系统查验所有门票，确保杜绝假票；入场观众在场外指定地（体育场外围—通往二层楼梯下）寄存处，安排工作人员负责观众的包裹寄存，如软、硬包装饮料都不得携带入场，另有保安公司提供专业的安检设备，如有记者、工作人员必须携带物品入场则必须在指定地通过安检设备检查，确保杜绝危险品入场；所有工作人员佩戴之工作证（在公安部门审核后）根据各自工作区域严格区分（如全通证、内场工作证、看台工作证等），不得越区工作，部分工作证附带2寸的大头照片；所有的工作证附带条形码，在各入口处的特×捷验票系统检验。

（九）车辆停放、疏导措施

（1）工作车辆：统一发放经公安部门审核的车辆通行证，统一停放于体育场西广场及南广场，安排专人进行疏导，全部于××路出入口出入。

（2）社会车辆：不得进入体育场外围广场，根据公安、交通部门安排，尽可能封闭西环路靠体育场一侧（由北向南方向车道）的地面部分（高架部分畅行），设置专门的警示牌及路障，安排专人疏导。

（十）现场秩序维护、人员疏导措施

（1）本次演唱会设置体育场外围广场为缓冲区域，具体为体育场的北广场及东广场，广场上除了安排专项的疏导人员以外还设置专门的三角指示牌、指示箭头等，分别指引各个入场门。

（2）看台部分的开通的入场门分别是11、10、9……0……18号门（12、13、14、15、16、17号门封闭，不对观众开放），分别布置指示牌及箭头等方便观众寻位。

（3）内场区域开通的出入场门为2号、3号、4号，其中4号门为1680元票价座位观众的出入门，其他内场座位分左右区域分别出入2号和3号门；1号门作为封闭区域仅供演职人员出入。

（4）本次演唱会的内场门票的票套上具有与入场门相对应的颜色区分及文字标注出入号门；看台的票套上亦有著名看台区域出入门的号码，以方便所有观众提早寻找出入门位置。

（5）安排疏散引导员80人，其中内场区域为8人、看台区域为40人、广场区域为32人。

（十一）应急救援预案

（1）安排移动通信公司（包括联通、电信）信号增量车抵达现场，确保所有人员通信畅通。

（2）安排1～2部急救车辆抵达现场，应对突发的人身安全事故。

（3）安排足够数量的专业电力检修人员与器材设备于现场以及时应对电力事故。

（4）安排专业的消防人员、车辆及设备抵达现场以应对突发的消防安全事故。

（5）在场内合理安排好饮料、食品供应点、临时厕所及保洁工作以方便观众实际需求。

(6) 积极配合消防局、公安局、交通管理局、医疗等部门把所有安全工作做得尽可能完善(详细措施见《突发事件处置预案》)。

艾×科技(北京)有限公司上海分公司

20××年12月30日

任务实施

1. 仔细阅读本任务提供的两份范文,回答以下问题

(1) 方案是否符合方案撰写的规范要求?

(2) 它们之间有什么相同之处? 又有什么不同点?

(3) 分别指出两份方案中撰写得较好,值得借鉴的地方。

2. 根据下面提供的情境,撰写一份《大型活动安全工作方案》

你所在的大学即将于本年度5月31日举行一场毕业晚会,活动地点在学校体育馆。体育馆为封闭式,建筑面积为3000平方米,用于举办晚会的核心区域面积约2500平方米。体育馆有南北两个出入口,内有舞台、可伸缩看台(分为3个区域),座椅1200个,内场还可摆放300个临时座椅。参加活动的全体毕业生及学校领导、教师、相关工作人员约1400人。学校团委作为主办方,拟委托你所在专业的同学为本次活动制定一份《大型活动安全工作方案》,并根据你们制定的方案安排本次活动的安全工作。

要求:

(1) 请同学们按小组,进行分工,完成1份《大型活动安全工作方案》(以下简称《方案》);

(2)《方案》制定过程中,可前往所在学校体育馆踏勘,根据实际情况进行撰写,也可按情境要求撰写;

(3)《方案》要求结构完整,内容体现安保管理专业性,具体可行,格式规范。

3. 计算机操作

计算机具体操作步骤如下。

(1) 建立方案文档

建立一个“大型活动安全工作方案”的Word文档,然后选择自己熟悉的输入法进行文本输入,并注意及时保存。

(2) 页面设置

单击布局选项卡,单击“页面设置”组中的右下角,打开“页面设置”对话框,在纸张选项卡中选择A4,纵向;在“页边距”选项卡中将上页边距设置为2.6厘米,下页边距设置为2.6厘米,左右页边距分别为2.8厘米、3.1厘米。字号设置为三号,字体设置为仿宋。

(3) 插入页码

选择“插入”选项卡,在“页眉和页脚”组中单击“页码”按钮,再单击“页面底端”,选择“普通数字2”样式。单击“页码”后选择“设置页码格式”,打开“页码格式”对话框,在“编号格式”中选择“全角”,单击“确定”按钮。

(4) 文本设置和编辑

标题使用二号小标宋体，居中；正文使用三号仿宋体字。

(5) 制作表格

选择“插入”选项卡中的“表格”，根据内容设置行和列的数量。设置固定列宽，或者在“布局”选项卡选择“单元格大小”组中“自动调整”按钮，设置“根据窗口自动调整表格”。

任务评价

填写表5-5，完成大型活动安全工作方案评价。

表5-5　大型活动安全工作方案评价表

评价项目	权重	评价内容	评价标准				自我评分	小组评分	教师评分
			优	良	中	差			
标题拟写	5	正确标准	5		3				
形式内容	30	前言：简洁明快要求明确	5		3				
		主体：结构完整清晰，9项内容不缺项	20		10				
		落款：单位、日期书写位置、方式准确	5		3				
内容要素	40	严谨细致	10		5				
		针对性强	10		5				
		具体可行	10		5				
		专业度高	10		5				
语言	15	准确、简洁、平实	15		8				
版面设计	10	符合格式规范、清晰美观	10		5				
合　计									

任务四　突发事件应急预案的撰写

情境导入

恒卫从总经理办公室调到分公司项目部工作后，分公司准备参加一所高校的保安服务项目投标。分公司上下分工协作，抓紧时间准备投标文件。服务方案自然是重中之重。这个项目的服务方案，招标方要求必须包含一个突发事件应急预案，分公司经理把这项任务交给了恒卫。

恒卫在公司办公室工作期间，积累了不少事务文书、公务文书的撰写经验，写作能力也有很大提升。这次需要独立完成安保专业文书的写作，恒卫既紧张又兴奋，他抓紧时间投入方案撰写中。

任务分析

一些企事业单位，特别是学校、幼儿园，都高度重视日常保安服务工作中突发事件应急预案的编制与实施。一旦突发事件发生,保卫部门可以依照突发事件应急预案,及时、有序、高效地开展应急处置工作,最大限度地预防和减少突发事件造成的损失,保障学校师生生命和财产安全,维护学校安全稳定。

与此同时,各类临时性勤务项目,特别是大型活动的安保工作中,制定突发事件应急预案更是前期准备工作必不可少的一环。

那么,什么是突发事件应急预案?它有哪些类别和特点?又该如何根据项目实际情况进行撰写?今天我们就来学习安保专业文书中使用率非常高的《突发事件应急预案》的撰写。我们要了解突发事件应急预案的概念与分类;掌握编制应急预案的步骤和方法;重点解决突发事件应急预案的格式和写法。

任务准备

突发事件应急预案的撰写

一、应急预案的概念与分类

(一)突发事件应急预案的概念

应急预案是针对可能发生的事故或灾害,为依法、迅速、科学、有序应对突发事件,最大程度减少突发事件及其造成的损害而预先制定的工作方案。

2006 年 1 月 8 日《国家突发公共事件总体应急预案》发布并实施,从总体上阐述处理事故的应急方针、政策,应急组织结构及相关应急职责,应急行动、措施和保障等基本要求和程序,是应对各类事故的综合性文件。其主要内容共 6 个一级指标、38 个二级指标。

《国家突发公共事件总体应急预案》明确突发事件应急预案的种类可以分为:国家突发事件总体应急预案、专项应急预案、部门应急预案、地方突发事件应急预案、单位突发事件应急预案。

今天我们重点学习单位突发事件应急预案的编制。

(二)制定应急预案的要求

(1)强调应急预案的针对性;

(2)突出应急预案的具体性;

(3)坚持应急预案实操性;

(4)保证应急预案的参与度。

二、应急预案的编制步骤和方法

(一)应急预案的编制步骤

编制应急预案应遵循以下 9 个步骤:

(1)确定目标;

(2)成立预案编制小组;

(3)收集相关文件和资料;

(4)实地考察;

(5)危险源与风险分析;

(6) 应急能力分析;

(7) 制定预案;

(8) 演练预案;

(9) 确定最终方案。

(二) 编制方法

(1) 成立应急预案编制工作组。结合本单位部门职能分工,成立以单位主要负责人为领导的应急预案编制工作组,明确编制任务、职责分工,制定工作计划。

(2) 资料收集。收集应急预案编制所需的各种资料,包括:相关法律法规、相关应急预案、技术标准、国内外同行业事故案例分析、本单位技术资料等。

(3) 实地考察。

(4) 危险源与风险分析(安全风险评估)。排查致灾因子,分析脆弱性,确定本单位的危险源、可能发生事故的类型和后果,进行事故风险分析,并指出事故可能产生的次生灾害,形成分析报告,分析结果作为应急预案的编制依据。

(5) 应急能力评估。针对危险指数对本单位应急装备、应急队伍等应急能力进行评估。

(6) 应急预案编制。针对可能发生的事故,以及应急能力,按照有关规定和要求编制应急预案。

(7) 演练方案。根据方案进行演练,不当之处进行修改。应急演练,应注重全体人员的参与和培训,使所有与事故有关人员均掌握危险源的危险性、应急处置方案和技能。

(8) 应急预案评审与发布。应急预案编制完成后,应进行评审。评审由本单位主要负责人组织有关部门和人员进行。评审后,按规定报有关部门备案,并经生产经营单位主要负责人签署发布。

三、应急预案的结构、内容和写法

遵循上述的编制步骤和方法,我们来明确一下应急预案的结构、内容和写法。

(一) 应急预案的总体结构

安保专业的应用文书,也同样遵循应用文规范体例的要求,《突发事件应急预案》(以下简称《预案》)的总体结构,应该包括以下9个部分。其中,响应分级、组织指挥与分工、应急处置措施是《预案》的核心部分。应针对各单位的实际情况进行分析、研究,制定有效措施。

(二) 各部分具体内容和写法

(1) 任务目标。简述应急预案编制的目的、作用等。确保学校的安全稳定,这是制定应急预案的出发点,也是最终归宿。

(2) 编制依据。简述编制应急预案所依据的法律法规、规章,以及有关行业管理规定、技术规范和标准等。

(3) 适用范围。这一部分要说明应急预案适用的区域范围,以及事故的类型、级别。

学校的应急预案,适用于校园内外发生的可能危及师生生命安全的突发暴力事件,主要包括:学校外来暴力侵害事件、校园绑架事件以及其他危及师生生命安全的突发暴力事件。

(4) 处置原则。说明本单位应急处置的原则,内容应简明扼要、明确具体。结合校园安全管理需求,可以参考以下原则。

① 以人为本安全原则:把保障师生的生命安全和身体健康作为首要任务,最大限度地减少突发公共事件造成的人员伤亡和危害,切实加强对应急救援人员的安全防护。

② 快速反应原则:学校一旦发生重大突发事件,第一时间向负责人报告,第一时间赶到现场,果断处置。

③ 预防为主原则:提高全校防范突发事件的意识,落实各项安全预防措施,做好应对突发公共事件的思想准备、组织准备、物资准备等各项工作。及时对各类可能引发突发公共事件的情况进行分析、预警,做到早发现、早报告、早处置。

④ 防止激化的原则:根据犯罪嫌疑人的情绪和行为采取合理的武力等级和战术手段进行处置,正确化解事件。

⑤ 统一领导、分级负责原则:根据突发公共事件的范围、性质和危害程度,对突发公共事件实行分级处置。

(5) 事件分级。也称为"响应分级",针对事件危害程度、影响范围和单位控制事态的能力,将事件分为不同的等级。层级越高,危害程度和相应范围越大。例如,校园暴力突发事件的分级,可以分为四级,由低至高,按倒序层级排列。也就是数字越小,突发事件紧急程度越高。

四级:扰乱校园治安的一般事件;

三级:精神病人或其他可疑人员闯入校园;

二级:绑架事件、群体事件;

一级:爆炸事件、持刀歹徒闯入校园。

(6) 指挥组织与分工。《预案》要明确应急组织形式,构成单位或人员。明确应急救援指挥机构总指挥、副总指挥、应急救援工作小组,并明确工作任务及职责。以确保根据突发事件响应层级实施预案时的快速有效反应。

学校的突发事件应急处置指挥机构,可以分为领导小组和相关处置工作小组,确保学校领导和相关职能部门领导和工作人员的参与,同时,处置工作小组则按照处置工作中的不同职能分工予以划分。应明确每个小组的职责和人员分工。

(7) 突发事件处置程序及措施。作为应急预案的核心部分,应根据事件的类型和级别,在总指挥的统一领导下有序开展救援工作,主要明确救援的程序和方法。

(8) 善后处理。主要包括事故后果影响消除、秩序恢复、善后赔偿、抢险过程和应急救援能力评估及应急预案的修订等内容。例如,可以包括以下内容:

① 伤员救治、与警方沟通、媒体沟通;

② 进行事件调查,认真分析事发原因,明确相关责任,为及时有效处理事件提供准确依据;

③ 负责安排好受害人员的生活，做好沟通联系，及时反馈情况，妥善处理善后事宜。

(9) 保障措施。这部分为了保障预案的有效实施，通常从三个方面做出规定：

① 通信与信息保障。明确与应急工作相关联的单位或人员通信联系方式和方法，确保应急期间信息通畅；

② 应急队伍保障。明确各类应急响应的人力资源，包括(专)兼职应急队伍的组织与保障方案；

③ 应急物资装备保障。明确应急救援需要使用的应急物资和装备的类型、数量、性能、存放位置、管理责任人及其联系方式等内容。

 **例文**

中国××大学突发事件应急预案

一、任务目的

为有效预防、及时控制和妥善地处置学校可能发生的各类突发事件，最大限度地减少人员伤害、财产损失和社会影响，维护安全和谐的校园环境，保持学校安全稳定局面和正常的工作、学习和生活秩序，根据上级有关高校安全稳定和处置突发事件的要求，结合学校实际，制定本预案。

二、适用范围

本预案所指的突发事件主要包括：校园内外涉及师生的各类非法集会、游行、示威、请愿以及集体罢餐、罢课、上访、聚众闹事等群体性事件；因用水、用电、饮食等引发的群体性事件；师生非正常死亡、失踪事件；重大治安、刑事案件；火灾、爆炸和重大交通事故；严重食物中毒事故和有毒有害气体、液体泄漏事故；网络和信息安全类事件；邪教组织严重非法活动事件；拥挤践踏、建筑物坍塌等事故以及传染病疫情和自然灾害等。

三、工作方针和原则

1. 处置突发事件方针

预防为先，沉着应对，区别对待，妥善处置，维护稳定。

2. 处置突发事件原则

(1) 统一领导，协调配合。在预防和处置突发事件过程中，要求在党委领导下，坚决贯彻中央、教育部、北京市有关安全稳定工作的精神，统一思想和行动，坚定正确方向，把握工作大局。各部门、各单位和有关工作人员，要在校处置突发事件领导小组以及各学院领导小组或有关牵头职能部门的统一指挥下，既要分工负责，又要相互配合、协同作战。

(2) 预防为先，注重疏导。及时收集和掌握师生的思想动态，认真开展矛盾纠纷排查调处工作，争取早发现、早报告、早控制、早解决。一旦发生突发事件，教育引导在先，注重说服、劝阻和疏导，按照“动之以情、晓之以理，可散不可聚，可顺不可激，可分不可结”的工作原则，及时化解矛盾，防止情绪激化和事态扩大。

(3) 因事施策，区别对待。根据突发事件的性质、规模、严重程度、影响大小，采取不同的策略和方法进行处置。要严格区分和正确处理两类不同性质的矛盾，做到合情合理、依法办事，维护师生的合法权益。

(4) 快速反应，果断处置，将突发事件消灭在萌芽中，解决在校园内。一旦发生突发事件，立即做出反应，行动要迅速，采取处置措施要果断，力争在初期解决在基层，把事态控制在校园内。

四、组织领导与工作机构及职责

1. 学校处置突发事件领导小组

组长：党委书记、校长

副组长：分管安全稳定工作、学生工作的校领导（主持日常工作）和分管后勤保障工作的校领导

成员：党委校长办公室、保卫部（处）、宣传部、学生工作部（处）、研究生工作部、外事处、人事处、工会、团委、后勤处、校医院、后勤服务总公司、各学院主要负责人

领导小组办公室设在党委校长办公室，党委校长办公室主任为主任，保卫部（处）部（处）长为副主任（主持日常工作）。

学校处置突发事件领导小组的职责如下。

(1) 全面负责对全校安全稳定工作和应对突发事件的组织和领导，及时传达贯彻中央、教育部、北京市有关安全稳定工作的文件和会议精神。

(2) 组织开展政治形势和维护学校稳定的宣传教育，动员和依靠广大师生员工做好维护校园稳定工作。

(3) 了解掌握师生员工的思想动态，对影响学校安全稳定的因素进行分析和预测，并对重大问题及时做出决策。

(4) 组织领导和现场指挥处置发生的各类重大突发事件。

2. 各二级学院处置突发事件领导小组

组长：党总支书记和院长

副组长：副书记、副院长

成员：党政办主任、分团委书记、政治辅导员、班主任

各二级学院处置突发事件领导小组的职责如下。

(1) 按照“谁主管谁负责”的原则，各学院全面负责做好本单位的各项安全稳定工作，及时传达贯彻学校有关安全稳定工作的文件和会议精神。

(2) 负责收集各种信息，随时掌握本单位师生员工的思想动态和不稳定因素，对一般问题做好教育、疏导和矛盾转化工作，发现重大情况及时向学校处置突发事件领导小组报告。

(3) 对本单位发生的有关师生安全和影响稳定的一般突发事件及时进行处理；对本单位发生的重大治安事件、治安灾害事故和突发群体事件，要按照学校处置突发事件领导小组的统一指挥，立即组织相关工作组积极协助学校处置工作组的工作，尤其是对群体性事件，要积极采取有效措施妥善处理，控制事态发展，防止形成规模和波及全校，努力把问题解决在本单位范围内，力争不走出校园，一旦走出校园，组织全部领导小组成员随队工作，并做好学生返校后的有关工作。

(4) 配合学校相关职能部门做好重点人员的帮教、监控工作，严防反动宣传品的散发。

3. 相关处置工作组

(1) 信息联络组。由党委校长办公室牵头，宣传部、保卫部、学生处、研究生工作部、外事处、团委、工会等部门配合。负责全面了解、掌握突发事件和事件处置的相关情况，及时向校领导小组及指挥部报告，并提出分析预测的意见；负责与相关部门协调有关事宜；

负责向校内通报情况及向上级主管机关报告；拟定对外报道的口径，协调管理有关新闻机构对突发事件的采访；严密掌握师生对事件的反映及动态。

(2) 现场处置组。由保卫处牵头，相关单位配合。负责相关突发事件的处置、人员抢救和疏散、现场警戒和秩序维护，同时加强门卫盘查和校园巡逻，对重点要害部位(水、电、气、热)加强保卫等。

(3) 后勤保障组。由后勤处牵头，后勤服务总公司、校医院配合。根据现场实际情况，按照指挥部的要求，负责对水、电、气、热进行控制，为现场处置提供必要的物资、车辆、通信、饮食等保障，积极开展现场救护等。

(4) 安抚善后组。由党委校长办公室牵头，学生工作部、研究生工作部、后勤总公司、社科学院等相关单位配合。负责妥善安置疏散人员和受伤受害人员及家属的医疗、安抚和心理援助工作，有针对性地开展思想政治工作和矛盾排查调处工作，做好饮食、住宿等后勤保障工作，恢复学校正常工作秩序和生活秩序。

(5) 调查处理组。由保卫处牵头，相关单位配合。负责查明事件基本情况和原因，追查有关责任人并提出处理意见，总结经验教训，提出改进措施。

五、各类突发事件的处置

处置突发事件的一般程序是：接报—先期处置—成立现场指挥部及相应工作组—现场处置及救援—善后与恢复

1. 各类重大治安事件的处置

处置各类重大治安事件，主要由保卫部负责处理，有关部门、单位及相关学院配合，必要时成立指挥部和相关工作组。

(1) 对发生的一般治安事件，主要由保卫部负责，按常规办法处理，有关学院和有关部门积极配合，防止处理不当引发不稳定事端。

(2) 对聚众斗殴、行凶伤害、打砸抢等严重扰乱校园秩序、侵害人身安全的案件，应立即向公安机关报告，并迅速组织保卫力量赶到现场，采取果断措施制止违法犯罪行为，抓获违法犯罪嫌疑人，控制事态发展，并积极配合公安人员依法处理。造成人员伤亡的，要立即把受伤人员护送医院抢救治疗，同时要立即向学校领导小组报告和向有关部门和单位通报，有关领导根据病情去往医院看望，并安排好善后事宜。

(3) 对持刀、持枪抢劫和劫持人质等重大案件，要立即报告公安机关，同时组织保卫力量进行妥善处置，防止轻率行事，以避免造成受害当事人和其他人员的更大伤害。要坚持生命安全第一的原则，依情采取妥当措施，公安人员赶到现场后要以公安人员为主，配合公安人员处置。

(4) 对精神病人滋事和伤人事件，要立即组织保卫力量采取强有力果断措施进行制止和控制，但要注意自身安全和避免造成精神病人的人身伤害。对造成严重后果的要立即向公安机关报告，并配合公安机关处理。精神病人是本校学生或教工的，通知其所在学院或部门领导以及其家属协助处理。

2. 火灾、爆炸、交通伤亡事故的处置

发生火灾、爆炸、交通伤亡事故，主要由保卫部负责处理，有关学院和有关部门配合。事故发生后，要立即向校领导小组报告和向相关部门通报，学校领导应当赶到事故现场，成立指挥部和各相关处置工作小组，组织开展救人抢险。并及时做好善后与恢复工作。

(1) 接到爆炸恐怖信息或发现可疑爆炸物,在向公安机关报告的同时,要立即疏散人员,划定安全控制区,维护现场秩序,等待公安排爆人员处理,并依现场情况同时采取断气断电等措施。危险排除后配合公安人员调查处理。

(2) 发生火灾、爆炸、交通伤亡事故,要立即分别打电话119、110、122报警,并迅速组织保卫力量和相关人员赶到现场,果断采取抢救人员、灭火抢险、划定控制区等措施。造成人员伤亡的,要立即把受伤人员护送医院抢救治疗。公安、消防人员赶到后,积极配合公安、消防人员进行救人抢险、现场保护、事故调查,并做好善后处理与恢复工作。火灾事故的具体处置预案,按照《中国××大学灭火及应急疏散预案》(见附件)执行。

3. 食物中毒事故的处置

发生食物中毒事故主要由后勤处及后勤服务总公司负责处理,相关单位配合。发生大范围食物中毒事故,应立即向校领导小组报告,学校领导应当赶到事故现场指挥,相关处置工作组迅速开展救人抢险工作。

对食物中毒事故,应立即通知学校医务人员赶到现场抢救人员,后勤部门立即安排车辆将中毒人员护送到医院抢救,或打电话120、999报急救中心来校救援。同时积极配合卫生防疫部门和公安机关做好现场保护、事故调查处理工作。相关单位做好善后和恢复工作。

4. 有毒气体、液体泄漏及中毒事故的处置

发生有毒气体、液体泄漏和中毒事故,相关单位和保卫部门要立即报告公安机关,同时立即向校领导小组报告和向相关部门通报,学校领导应当赶到事故现场指挥,相关处置工作组迅速开展救人抢险工作。

对有毒气体泄漏及中毒事故,要立即疏散人员,划定和控制安全区,在保证营救人员安全的条件下迅速抢救中毒人员,做好医务人员、车辆、水电等一切人员、物质准备,积极配合、协助公安等专业人员处置泄漏和事后事故调查处理。相关单位做好善后和恢复工作。

六、突发事件的预防与预警

1. 加强思想政治工作,及时掌握师生思想动态

认真学习和传达贯彻中央、教育部、北京市有关安全稳定工作的文件和会议精神,切实把师生思想认识统一到中央的决策部署上来。

开学和重大事件发生后,宣传部、学生处分别组织对教职工和学生思想动态的调查,并根据调查结果制定思想工作方案,进一步加强法制教育、维护稳定重要性的教育和安全防范教育。

充分发挥辅导员、班主任和学生干部的作用。辅导员、班主任要经常深入学生中去,及时了解学生思想状况,有针对性地做好政治思想工作。进驻学生公寓的辅导员要坚持在公寓值班,发现问题及时处理和报告。

对学生关注的国内外重大突发事件,学校和学院按照上级精神,将真实情况迅速向同学们讲清楚,坚持内紧外松的原则,对学生的思想进行正确引导,防止各种谣言和不实之词在学生中传播,以免造成学生思想混乱或恐慌。

加强宣传阵地建设和管理。对学校广播台、有线电视台和宣传栏要加强管理,掌握正确舆论导向,及时清除宣传栏上的大小字报和不良内容。

2. 加强预测研究,及时化解突发事件因素

根据学校的具体情况和各学院人员及活动,定期或不定期地进行行分析、研究、预测,对可能引发突发事件的性质、形式、特点、规模、趋势、后果做出比较准确的预测、判断,做到心中有数,并有针对性地制定预防措施,为化解突发事件打下基础。

3. 加强值班工作,保证信息畅通

党委校长办公室及校值班室和保卫部有专人负责信息工作,坚持24小时值班制度,保证与教育部、教工委、公安机关和校内各单位的信息畅通。各学院领导小组和有关部门也要明确安全稳定工作信息员,并保持24小时与党、校办和保卫部的通讯联络。建立团的系统信息员队伍,强化团的系统(团委、分团委、学生班级团干部)的信息工作,保证团的系统信息畅通。

4. 建立情况通报制度,组织应对突发事件小分队

平时利用学生工作例会和辅导员、班主任例会通报有关情况。特殊时期,根据学校的安全稳定形势,随时召开会议通报情况。除平时建立校园110应急小分队并进行演练外,必要时还应临时组建由相关部门、单位人员组成的应急小分队。

5. 加强校园治安环境综合治理,努力创造安全稳定的校园环境

经常开展安全法制宣传教育,提高广大师生的安全意识和法制观念。深入开展安全大检查,及时消除事故隐患,防止重大案件和灾害事故的发生,减少影响稳定的因素。及时妥善处理治安事件,防止因治安问题引发事端。加强门卫和校园巡逻工作,及时发现和处理突发事件。

6. 加强后勤保障工作,防止因生活服务问题引发突发事件

加强供水、供电、供暖和食堂的管理,提高服务质量和水平,防止与学生发生矛盾而引发事端。加强卫生管理,防止食物中毒事故发生和传染病传播。

7. 加强校内大型活动的管理,认真做好各类大型活动的安全保卫工作

严格执行开展大型活动的报告审批制度,制定详细安全保卫工作预案,认真落实各项安全保卫措施,确保活动现场安全和正常秩序。

(部分内容有删减。)

简析:

这是高校遵循《突发事件应急预案》的编制步骤和方法,根据应急预案的结构、内容和写法,结合本校实际,撰写的应急预案。这份预案突出了预案的适用范围,组织机构,责任人员,以及不同类型突发事件发生后的处置流程,具有很强的针对性和可操作性性。

任务实施

请根据你所在学校的实际情况,为学校制定一份突发事件应急预案。

你所在的大学,即将于5月31日举行一场毕业晚会。活动地点在学校体育馆。该体育馆为封闭式,建筑面积为3000平方米,用于举办晚会的核心区域面积约2500平方米。体育馆有南北两个出入口,内有舞台、可伸缩看台(分为3个区域)、座椅1200个,内场还可摆放300个临时座椅。拟参加活动的全体毕业生及学校领导、教师、相关工作人员约1400人。学校团委作为主办方,拟委托你所在专业的同学为本次活动制定一份《突发事

件应急预案》。

要求：

(1) 根据应急预案的编制步骤事前进行相应的评估和资料收集；

(2) 根据突发事件的等级针对性制定不同等级的应急处置措施；

(3) 根据应急预案的主体结构和内容进行撰写；

(4) 积极咨询学校相关部门，提升预案制定的参与度。

任务评价

填写表 5-6，完成突发事件应急预案评价。

表 5-6　突发事件应急预案评价表

评价项目	权重	评价内容	评价标准				自我评分	小组评分	教师评分
			优	良	中	差			
文种选择	5	正确标准	5		3				
形式内容	30	标题：要素齐全 前言：简洁明快、提纲挈领 主体：总体结构完整清晰 结尾：恰当简要 落款：单位、日期书写位置、方式准确	5 5 15 3 2		3 3 8 1.5 1				
内容要素	40	目标：具体明确 内容：具备 9 项内容 要求：针对性强、具体有效	15 15 10		8 8 5				
语言	15	准确、简洁、平实	15		8				
版面设计	10	符合格式规范、清晰美观	10		5				
合　计									

任务五　简报的写作

情境导入

恒卫所在的安保集团所属分公司，中标成为某著名大型展示会活动安全服务提供商。经过分公司上下的努力，圆满完成了本次活动的安全服务任务。为更好地宣传工作业绩，分享工作经验，分公司拟向集团公司报送系列工作简报。恒卫因为在文书撰写方面能力突出，承担了这次简报的撰写任务。

任务分析

简报是各类机关、企事业单位常用的事务文书。出于不同的写作目的，简报具有不同的类型，也具有不同的特点和具体写作方法。

本教学任务，重点帮助学生了解简报的含义、特点、作用与种类，掌握简报的结构和写作方法和语言特点，能针对具体的工作任务，写出具有较好创意的简报。

任务准备

简报的制作

一、简报的含义和用途

简报是各行政机关之间用来下情上报、上情下达和互通情况、交流信息的一个文种，是信息类公文中最重要、最常用的一种。它是一种机关文书。

机关、团体、企事业单位或私人企业内部用来汇报工作、交流经验、反映情况、沟通信息、报道动态的应用文体叫简报。简报把丰富的内容进行缩编，文体简约，语言精要，篇幅不宜过长，一般情况下不超过2000字，是简短的情况报道。

二、简报的特点

(1) 反映情况。通过简报，可以将工作进展情况以及工作中出现的新情况、新问题、新经验，及时反映给各级决策机关，使决策机关了解下情，为决策机关制定政策、指导工作提供参考。

(2) 交流经验。简报体现了领导机关的一定指导能力，通过组织交流，可以提供情况、借鉴经验、吸取教训，这样对工作有指导和推动作用。

(3) 传播信息。简报本身即是一种信息载体，可以使各级机关及从事行政工作的人互相了解情况，吸收经验、学习先进、改进工作。

三、简报的种类

按时间分，有定期和不定期简报；按内容分，有工作简报、学习简报、生产简报、科技简报等；按性质分，有专题简报、综合简报；按使用范围分，有业务简报、中心工作简报、会务简报等。

通常使用的简报有以下3种。

(1) 工作简报。配合中心工作，有计划、有目的地反映工作进展情况，便于领导机关对工作的指导监控。这类简报常常反映工作中出现的问题，解决的办法，工作的质量要求和进度等。

(2) 动态简报。及时反映机关单位一个时期的内部状况，员工生产、生活中的思想动态，精神状况等。这类简报文字简练，新闻式的消息较多，形式灵活，不拘一格。

(3) 会议简报。在较为重大的会议中，报道会议的进展情况，宣传会议的基本精神和有关领导的重要指示，反映会议代表在会议上的发言、表态，评价会议的意义和影响。这种简报为会议服务，在会议召开时编发，会议结束时终止，密切配合会议进展情况，编写速度快，内容精短，形式活泼。

四、简报的格式要求

简报的种类尽管很多，但其结构却不无共同之处，一般都包括报头、标题、正文和报尾四个部分。有些还由编者配加按语，成为五个组成部分。

(一) 报头

简报一般都有固定的报头，设在第一页的上方，约占全页1/3的篇幅。报头部分与标题和正文之间，一般都用一条粗线拦开。通常报头有4个方面的内容，包括简报的名称、期号、编发单位和印发日期。

(1) 简报名称。印在简报第一页上方的正中处，为了醒目起见，字号宜大，尽可能用套红印刷。

(2) 期号。位置在简报名称的正下方居中，一般写成"第1期"。期号使用阿拉伯数字书写，不编虚位。期号一般按年度依次排列期号，有的还可以标出累计的总期号。属于"增刊"的期号，要单独编排，不能与"正刊"期号混编。

(3) 编发单位。在期号之下，红色间隔横线之上居左书写。注意左侧需与页边距有1个字符的空隙。编发单位通常应标明全称。

(4) 印发日期。以领导签发日期为准，应用阿拉伯数字标明具体的年、月、日，位置在期号之下，红色间隔横线之上居右书写。注意右侧同样需与页边距有1个字符的空隙。

有些简报根据需要，还应标明密级，如"内部参阅""秘密""机密""绝密"等，位置在简报名称的左上方。

(二) 报核

报核包括按语、标题和正文。

简报如果有按语，应先写按语，再写标题，后写正文。正文一般由导、主体和结尾构成。

(1) 按语：简报的按语就是简报的编者针对简报的某些内容所写的说明性或评论性的文字。按语一般写在标题之前，并在这段文字的开头之处写上"编者按""按语"或"按"等字样。转发式简报一般都会加上编者按语；其他重要的简报，也可以加上编者按语。简报的按语通常是根据领导的意见起草的，但按语不是指示、命令，其特点是把简报的内容和现实工作联系起来，表明领导的意见，帮助阅读者加深认识，正确把握工作的方向，对下级的工作起到督促、指导的作用。简报的按语一般有两类：一类是说明性按语，常常是对简报的内容、作用和现实意义等作一些说明。这类按语一般文字很短，有时仅一句话。

例文

编者按：根据集团公司领导意见，现将××分公司承担该安保服务任务的工作情况和经验制发简报，供集团公司各单位参阅。

另一种是批示性按语，常常是针对一些有典型意义的事件和当前工作中存在的问题作出评论，表达领导机关的看法、意见或者对下级单位的要求等。

(2) 标题：如果简报有按语，则写在按语之下空一行，居中书写。多行标题需要分行书写。如果没有按语，则在红色分割线下空一行，居中书写。

(3) 正文：正文是简报的中心部分，通常在标题下空一行，首行悬垂缩进两个字符开始书写排列。

(三) 报尾

报尾部分印在简报末页的下端，用横线与正文分隔开。主要包括简报的发送范围和印数。

(1) 发送范围。简报的发送范围，即报、送、发单位。书写在横线下方左侧，距离左页边距空1字符。

报，指简报呈报的上级单位；

送，指简报送往的同级单位或不相隶属的单位；

发，指简报发放的下级单位。

如果简报的报、送、发单位是固定的，而又要临时增加发放单位，一般还应注明“本期增发×××(单位)”。

(2) 印数。报尾还应包括本期简报的印刷份数，以便于管理、查对。印数写在报尾下方横线外，居右侧，右侧距离页边距仍留有1个字符。

简报格式模板见表5-7。

表5-7　简报格式模板

提　示	模　板
1. 报头 报头约占全页1/3篇幅，用横线与报核隔开。 简报名称用大号字体印刷，位置居中。期号写在简报名称下一行，左顶格列编印单位，右顶格标明印发日期。	(密级与缓急程度) ××简报 (第×期) ×××××××××　　××××年××月××日
2. 报核部分 (1) 按语(也可无)； (2) 标题； (3) 正文。 ① 开头：有叙述式、结论式、提问式。 ② 主体：主体的常用写法有以下几种方式： 一是按时间顺序陈述； 二是按空间变换的顺序陈述； 三是归纳分类陈述； 四是夹叙夹议陈述； 五是对照比较陈述。 ③ 结尾：可以用一句话结束全文，或者概括全文，或者提出打算，也可以主体叙述完毕结束全文。	编者按：________ 标题 正文 ________。
3. 报尾 用横线与正文隔开。横线下方左侧顶格注明报、送、发单位。印刷份数在右侧，用横线将其与“报送发单位”隔开。	报：×××，×××，×××，×××。 送：×××，×××，×××，×××。 发：×××，×××，×××，×××。 (本期共印：××份)

五、简报的写作方法

形式永远是为内容服务的，简报规范的格式固然重要，但掌握其写法才是重点。简报的写法，重点需要掌握三个内容：标题的制作，导语的撰写，主体的写作。

事实上，单就工作简报，特别是动态性的工作简报来说，它的写法和新闻写作中，消息的写作是有很多相通之处的。

（一）标题的制作

在新闻写作中，我们常常把标题称为新闻的眼睛，把制作标题称为“点睛”的艺术。写作简报时，必须要有标题。标题的类型，分为单行标题和多行标题。

1. 单行标题

单行标题就是将报道的核心事实或其主要意义概括为一句话。例如，这次的海×盛筵安保工作简报，可拟一个单行标题，“中×卫北京分公司圆满完成××展示会护卫任务”。清晰简练。

2. 多行标题

多行标题可以是三行标题，也可以是双行标题。简报中多数使用双行标题。当使用单行标题感觉缺乏意义的深化，少了点吸引力，则可以选择制作双行标题，如《全程守护，迈向巅峰——中×卫北京分公司圆满完成××展示会护卫任务》。原本公司喜欢的主标题是《××展示会，王者驾到》，但编者认为《全程守护，迈向巅峰》更加合适。因为标题应尽量全面准确地概括事件的内容和性质，另外，如果在主题和副题中同时出现××展示会，违背了惜言如金，杜绝重复的标题制作原则。此外，如果要报送行业协会的话，使用王者这样的字眼，也容易引起反感。

（二）导语的撰写

好的开始是成功的一半。新闻界流行一句话：“如果你写的第一句话打动不了读者，也就没有必要写第二句了。”导语要以简明的文字概括简报中最主要的事实，帮助读者了解事件的整体情况，同时也能吸引读者的阅读兴趣。

怎样最有效地概括事件的整体情况呢？我们需要抓住事件的六要素。它也是源自西方新闻写作原理，被称为“5个W+1个H”的写法。所谓五个W，就是指五个W字母打头的单词的缩写，即：Who（何人）、Where（何地）、When（何时）、What（何事）、Why（为何）。1个H指的是“HOW”，也就是如何。

注意，在写作导语时，并不是全部的六要素都要齐备，可以根据工作、事件的具体情况选用。但是Who（何人）与What（何事）这两个要素是必备要素。

在写作导语的时候，应该提炼以上的六要素，并用适当的语体表述出来。导语的语言需要符合应用文语体的特点，要力求精练、新颖，在变化中求稳健，体现庄重、严谨、简练的语体风格。特别是事件性工作简报，通常使用较多的表达方式是叙述、说明和议论。导语较少甚至不使用抒情和描写等表达方式。

请指出下面这段导语存在的问题，并提出修改意见：

中×卫北京分公司开启××展示会护卫任务

11月的海南三亚，依旧蓝天碧海，风和日丽。中×卫北京公司20余名精锐特卫队员，在26日天蒙蒙亮时，就从北京乘飞机抵达了美丽三亚。××展示会是世界知名的高端时尚会展，能够参与这次为期4天的安保护卫任务，队员们都十分兴奋。但想到必须把完成任务、确保安全的责任放在首位。因此，当天下午全体队员就分组奔赴会展现场，进行现场勘查。

修改稿可写在下方空白处：

（三）主体部分结构写法

在安保职业领域，我们最常使用的简报类型是动态简报，其结构与新闻中的消息类似，大多使用“倒金字塔结构”。与我们平时习惯的按照时间顺序来叙述事件不同，它是根据事实的重要性程度或受众关心的程度，把最重要的写在前面，然后将各个事实按其重要性程度依次递减写下去。

请根据简报主体“倒金字塔”的结构要求，对下列材料进行选用和排序：

1. 中×卫北京分公司圆满完成××展示会项目安保任务，包括：要人保护、贵重物品押运与守护、展示游艇的守护、会展活动安保管理等，服务品质高，反响强烈。
2. 本次项目投标过程中，所经历的曲折过程和付出的艰辛努力。
3. 为确保本次项目的顺利实施而采取的有效措施、表现出的良好精神风貌等。
4. 活动进行期间，中×卫集团布置专门展台展示了公司的主营业务和新技术。
5. 借助该项目公司稳步向高端安保临勤市场迈进。
6. 本次××展示会举办单位简介。

排序及理由，可写在下方空白处：

在对材料的取舍时要坚持的原则是,不使用与主要事件基本无关的背景材料。同时,因为各自写作目的不同,对重点的素材也有不同的处理。通常,与工作相关的核心材料,例如这次项目活动的核心内容,可以彰显业绩、交流经验和做法的,都可以选用。如果出于对这份简报在行业内的宣传效果的考虑,可以选用一些关于项目重要性的背景材料。但是如果简报不仅仅在公司内部交流,而是报送更大范围,那有些涉及具体商业操作的工作方法和经验就不太适合选用,否则有泄露商业机密的可能。如果这些经验做法需要进一步内部交流,可以单独另写一个简报,在一定保密范围内交流。

知识拓展

简报在形式上和报纸有类似之处,但它属于内部交流的小报,因此和报纸公开发行的性质是不同的。

简报在格式上与公文有些类似,都有规范的格式,但它并不具备公文共同的八项必备内容,而只是事务文书的一种。

简报在写法上和消息有很多共通之处,但简报在新闻性和趣味性之外,更注重专业性和保密性,因此决定了它在材料的选择和语体风格上都更加庄重、简朴和务实。

 **例文**

北京西站安保大比武保障暑运安全

7月26日上午,北京市公安局西站分局指导北京市保安服务总公司西站分公司组织80余名保安员,在西站分局进行了业务技能训练比武,这是西站分局和西站分公司深化"从难从严摔打队伍,全力奋战暑运安保"活动的一项重要举措。

这次汇报演练的科目包括班队列、安检专业技能、消防技能、警犬训练、反恐处突等五大类22项,既有警棍盾牌术、擒敌配套对抗等执勤处突必备的基本功,也有棍术、拳术、硬气功等中华武术传统项目。科目设置结合实际紧密,贴近实战需要,攻、防、打兼备,封、控、守兼顾,融进攻性、防守性于一体,具有很强的操作性、实战性。

近年来每到暑期,北京西站客流持续攀升,学生流、旅游流、探亲流多重叠加,每日客流逼近35万人次,加上地铁客流25万,每天客流高达60余万人次,安保任务异常繁重。为切实做好暑运安保工作,确保旅客安全出行,北京市公安局西站分局把充分发挥保安员队伍的辅助作用,作为有效补充警力缺口、确保站区安全稳定的重要手段,取得了良好效果。7月份以来,保安员队伍共协助分局民警疏导客流200余万人次,服务群众1700余人次,协助民警抓获嫌疑人10余人、警告罚款300余人次。

为全面打造政治可靠、素质优良、作风过硬的保安员队伍,从年初开始,西站分局和西站分公司从政治教育、业务训练、作风养成、内务秩序等细节抓起,循序渐进推行军事化管理,保安员队伍建设水平全面提升,战斗力不断增强。为进一步提高履职能力,从6月初起,开展了以"强化大练兵、苦练基本功"为主题的全员大练兵活动,广大保安员在执勤之余,冒着高温酷暑,从难从严从实战需要出发,进行大强度业务技能训练,苦练执勤处突本领。这次汇报演练的目的,就是检验"大练兵"活动及推行军事化管理的成效。

参训的保安员精神饱满、士气高涨，全心投入、作风顽强，彰显了无所畏惧、战无不胜的龙虎声威，抒发了拼搏进取、勇往直前的壮志豪情。

资料来源：北京市公安局网站，http://gaj.beijing.gov.cn/xxfb/jwbd/201912/t20191220_1366913.html，收入本书时标题有改动。

简析：

这是一则工作动态简报。动态简报虽经常在单位内部参考流通，但这则简报获得了多家媒体的转发。简报的标题突出了北京西站、大比武、暑运等元素，具有了更加吸引社会关注的效果。导语部分使用叙述式写法，突出了时间、地点、活动主体、活动内容和开展活动的原因等要素。主体部分采用“倒金字塔”结构，按照受众关注信息的重要程度，从大比武的项目内容，到活动开展的背景，最后写有关单位开展本次活动的一些做法和效果，逐层展开。最后结尾部分对参训队员精神状态的描述，带有较浓的主观色彩，因此本着新闻客观性的特点要求，很多媒体在转载时删去了。

例文

实行星级保安模式　激发队员工作热情

编者按：“没有流动的水就没有活力，缺少春风的大地就缺少生机。”对一个优秀的保安中队而言，同样也需要管理者去营造“你追我赶、力争上游”的良性竞争氛围。浙江省宁波市大榭开发区保安公司在中队管理中积极探索了保安员绩效管理的新办法，有效激发了基层保安队员的工作积极性和发展动力，形成了一套完整的考核标准、程序和考核结果运用机制。相关做法和经验值得有关单位参考借鉴。

浙江省宁波市大榭开发区保安公司在沪杭甬高速公路宁波管理处保安中队试点推出了《保安员岗位星级评定标准》的工作要求，并按星级待遇发放不同的星级津贴。这一举措不是强行把保安员拉开档次，而是要打破用工分配“大锅饭”的格局，激励队员按照星级评定标准去提升自我素质。

由于沪杭甬高速公路宁波管理处的收费员是实行星级员工制，为了使保安员与收费员工作合二为一，公司对该派驻队的保安员也实行星级保安员制。公司制定《保安员岗位星级评定标准》前，专门与客户单位领导及该中队所有队员召开工作会议，统一思想认识，在充分听取参会人员的建议及意见后，进行梳理汇总。根据高速公路运营管理的需要，被评为三星级的保安员可以通过考试，优先选拔进入宁波管理处正式工作人员编制，一方面可让保安员实现工作多元化，提高队伍的激励机制，使整个保安队伍处于一种良性竞争状态，通过自身的努力和公司与客户单位搭起的这种平台，进入一个工作稳定、收入提高的工作环境；另一方面让客户单位的劳务派遣人员配置精简化，节约了成本，提高了可操作性和工作效率。

一是准确定位星级评审标准。引入保安员岗位星级评定机制，能够合理设定要求保安员所达到的职责效果目标，有利于公平、公正、公开地开展星级评定。评审标准按照保安员服务质量、身体素质、作风纪律、多元化综合业务技能、年龄结构、文化程度、工作年限等指标进行量化考核。以绩为主，结合定性、突出定量的原则，用数字说话。公司制定的《保安员星级达标打分标准》《星级保安员测评表》，按照思想品德、工作能力、工作态度、工作状况及业绩等四方面内容设置 20 项岗位测评标准，全面覆盖了保安员岗位的各项履职要求和职责标准。

二是规范星级评审程序。星级评定采取考试和评审相结合的方法，遵循“统筹兼顾、分级管理、严格标准、公平公正”的原则，做到全面、科学、客观、公开。主动打破过去评审主体单一的局限性，按照个人自荐、班组、各收费所、保安公司、沪杭甬高速公路宁波管理处等五方综合意见评定相结合的方式进行量化考评。保安员星级评审每年评定一次，平时按月进行分级测评，各级考核管理者需对被考核保安员的工作情况、个人表现进行信息收集，从中提炼出岗位中的共性和特性考核指标，并充分结合被考评保安员的自荐条件，通过组织专人实地了解和沟通，综合比较做出最终考核评定结果，存入个人考核档案，作为年度考核分析的依据。

三是应用考评奖惩分配结果。符合参评的保安员经公示后，依据考核成绩从高到低依次被授予“三星保安员、二星保安员、一星保安员”。此外对获得星级保安员给予佩戴星级标志，星级保安可上可下，未连续评上星级保安的个人自动降低星级等级直至取消星级等级，对于严重违反规章制度的保安员个人直接取消星级等级或给予解聘。星级保安评定与工资、奖金、员工升迁相结合，为促进竞争激励机制，对取得星级的保安员，在星级有效期内享受星级津贴。

四是建立考评沟通谈话机制。在具体的岗位服务星级评定工作中，不仅按规定完成各种表格的填制、多方征求意见、综合审定、日常监督和年度评星等一系列流程，还必须建立起一套行之有效的信息反馈和沟通的例行谈话机制，这是完善星级评定工作中极其重要的一步。每次岗位星级评定结果公布后，公司保安部要找降级保安员谈话，在沟通的过程中肯定成绩，并就实际工作中存在的问题与其交流讨论，帮助其完善、提升和胜任本岗位能力。

沪杭甬高速公路宁波管理处保安中队试行保安员岗位星级评定工作后，全中队学习气氛变得十分浓厚。后进队员主动找骨干要求强化训练，不少人还利用业余时间学习文化知识，服务质量和工作能力明显提高，整个中队工作迈入了良性轨道，客户单位对保安工作非常满意。客户单位领导称，其他省市高速公路有收费员兼任道口安全员的例子，但保安员替代收费员的日常工作，这种保安多元化工作则开全国高速公路先例。

历经三个月的筹划，两个月的试点考核，大榭保安公司试点开展保安员岗位星级评定活动，将保安员的职级、待遇标准进行了一定程度的提升，激发了队员的工作热情。目前，公司保安岗位星级评定工作尚处于试行阶段，还在不断完善中，公司将充分认识此项工作的长期性和重要性，持之以恒地做下去，并在其他中队相继展开，促进公司的整体全面发展。

简析：

这是一则反映工作经验的专题性情况简报，反映了某保安中队在管理工作中的创新做法和成效。简报采用了单行标题，揭示了此项工作的意义。报核部分增加了批示性按语，对简报反映的工作经验和做法进行了正面评论。不同于一般的动态简报的叙述式“六要素”写法，这则专题工作简报的开头部分采用的是结论式写法，写出了这项改革工作的原因和取得的成效。主体部分则按照此项工作启动的背景原因、标准确定、评审程序和结果运用等几个层次逐一说明具体做法，结尾则提出了工作的后续工作展望和打算。简报整体逻辑严谨、结构清晰、叙述明确简练、用语规范，体现了作者对工作整体情况的全面把握和较强的文字表达能力。

资料来源：中国保安网：http://www.zgba.org/newsitem/276647107，本书收入时有改动。

任务实施

20××年第×届××展示会于11月27日至30日在三亚××广场隆重举行。此次活动的安保设备、人员全部由中×卫保安集团公司北京分公司中标提供。借此契机，公司在活动期间搭建专门展台用于展示该公司人脸识别、综合管理平台等先进技术装备，同时还现场演示了最新的无人机技术。通过××展示会这一平台向高端消费领域市场充分展现了中×卫的品牌价值和企业风貌，也标志着中×卫公司向着高端安保临勤市场稳步迈进。

请以中×卫北京公司临勤部经理助理的身份，为公司承担本次××展示会安全服务项目撰写一份简报，上报集团总公司，抄送中国保安协会、北京保安协会，下发公司各部门。

计算机具体操作步骤如下。

1. 页面设置

(1) 建立一个Word文档，将此文档命名为《××展示会安全服务项目简报》。

(2) 选择“布局”选项卡，单击“页面设置”组右下角的箭头，打开“页面设置”对话框。默认选项卡为“页边距”，设置上页边距为3厘米，下页边距为3厘米，左页边距为2.8厘米，右页边距为2.6厘米；在“页面设置”对话框中单击“布局”选项卡，将“页眉和页脚”中“奇偶页不同”选项处打“√”；在“页面设置”对话框中单击“文档网格”选项卡，选中“指定行网格和字符网格”：将“字符数”设置成“43”个字符，“行数”设置成“22”行，然后单击“确定”。

(3) 选择“开始”选项卡，“字体”设置为“仿宋”，“字号”设置成“三号”，单击“确定”按钮。

2. 插入页码

选择“插入”选项卡，在“页眉和页脚”组中单击“页码”按钮，再单击“页面底端”，选择“普通数字3”样式。单击“页码”后选择“设置页码格式”，打开“页码格式”对话框，在“编号格式”中选择“全角”，单击“确定”按钮。双击页码，在页码两边各加上一条全角方式的短线，并将页码字号设置成“四号”，字体任意。

3. 简报名称制作

选择“插入”选项卡中的“文本”组，单击“文本框”按钮，选择“简单文本框”样式，出现一个文本框，在该文本框内输入发文机关“简报”或“公司动态”，输入完成后，选中该文本框，在“形状格式”选项卡中设置红头的属性。

(1) “形状样式”组中单击“形状填充”按钮，选择“无填充”；

(2) 选择“文本框”附签，左、右、上、下都设置成“0cm”，单击“确定”完成。文本框属性全部设置完成，单击“确定”按钮。

(3) 选中文本框内的全部文字,将颜色设置成“红色”,字体设置成“小标宋体”,字号根据文本框的大小设置成相应字号,但要尽量充满该文本框。

(4) 简报名称下方空一行,输入“第×期”,居中。

4. 红色分隔线制作

(1)“插入”选项卡选择“插图”组中“形状”,然后选择“直线”,鼠标会变成“＋”,拖动鼠标从左到右画一条水平线。

(2) 选中直线,在“形状格式”选项卡下进行如下设置:

① “形状样式”中选择为红色,或者在“形状轮廓”按钮中选择红色;

② 在“形状轮廓”按钮中选择“粗细” 设置为“2.25 磅”;

③ 在“大小”组中,“高度”为 0 厘米,“宽度”设置为“15.5 厘米”。

④ 单击“大小”组右下角的箭头,打开“布局”对话框,在“位置”选项卡中进行设置。水平 “对齐方式”设置成“居中”,“相对于”设置成“页面”; 垂直 “绝对位置”设置成“7 厘米”,单击“确定”按钮。

5. 文本设置

标题使用二号小标宋体字,居中显示,加粗。正文全部使用三号仿宋体。

6. 简报根尾制作

在插入选项卡中插入一行一列的表格,按照在表格工具的布局选项卡中,自动调整设置为“自动按照窗口调整”,然后单击绘制组中的“橡皮擦”,将表格左右两条擦除,在表格中填写具体的内容: 报上级、送平级、发下级。

任务评价

填写表 5-8,完成简报写作评价。

表 5-8　简报写作评价表

评价项目	权重	评价内容	评价标准				自我评分	小组评分	教师评分
			优	良	中	差			
文种选择	5	选择恰当简报种类进行撰写	5		3				
形式内容	30	报头: 完整、规范	10		5				
		报核: 要素齐全	10		5				
		报尾: 规范	10		5				
内容要素	40	按语: 选择正确,表述精当	5		3				
		标题: 揭示主题、简洁明快	10		5				
		导语: 要素齐全,简明恰当	15		8				
		正文: 符合倒金字塔结构,选材恰当,顺序合理	10		5				
语言	15	准确、简洁、平实	15		8				
版面设计	10	符合格式规范、清晰美观	10		5				
合　计									

项目六　公务文书的写作

本项目以公文写作基础理论知识为指导，以《党政机关公文处理工作条例》和《党政机关公文格式》(GB/T 9704—2012)为依据，训练学生根据安保职业岗位实际工作任务要求，按照相应的文种格式，规范进行公文写作和文书处理的能力。

学习目标

知识目标：

(1) 了解党政机关公文的性质、特点及行文规则；

(2) 掌握党政机关公文的种类及各自的适用范围；

(3) 了解党政机关公文的制发和管理程序；

(4) 掌握党政机关公文的格式要素与要求。

能力目标：

能够根据安保职业岗位实际工作任务要求，按照相应的文种格式，规范进行公文写作和文书处理。

素养目标：

(1) 理解不同党政机关公文的情感色彩；

(2) 把握党政机关公文的语体风格和语气特点；

(3) 真实感受党政机关公文办理的程序性和细节要求，树立严谨、细致、规范、合法合理行文的意识。

任务一　了解公文写作基础知识

了解公文写作基础知识

情境导入

最近，恒卫所在的安保集团某项目部一名保安员在岗执勤期间及时发现火灾隐患，扑灭了初起火灾，得到了甲方的高度认可。为此，项目部将此事上报给公司，希望给予这名保安员相应的嘉奖。总公司经研究，同意了项目部的建议，并任命该保安员为项目部班长。同时，发文与甲方联系，就此事邀请甲方相关部门领导到公司出席表彰大会。表彰活动结束后，公司将表彰大会的会议纪要下发全公司。恒卫发现，本次突发事件处理的全过程中，公司上下需要制发数份公文，每一个工作环节该选用哪类公文、哪个文种，该如何撰写和制发，都有相应的规范要求。

任务分析

安保企业虽然不是党政机关，但在集团化、市场化经营管理的过程中，公司的行政管理都逐步参照国家机关、企事业单位执行的《党政机关公文处理工作条例》和《党政机关公文格式》对公务文书进行制发和管理，这是企业逐步实施现代企业规范化管理的必然要求。要完成上述任务，需要了解：

(1) 在工作中如何选用恰当的公文文种进行公务请示、协商和发布；

(2) 这些常用公文的行文有何规则；

(3) 如何撰写这些常用文书。

任务准备

党政机关公文简称公文，或称公务文书，是人类在治理社会、管理国家的公务实践中使用的具有法定权威和规范格式的应用文。它是特殊规范化的文体，具有其他文体所没有的权威性，有法定的制作权限和确定的读者，有特定的行文格式、行文规则和办理办法。

一、公文的概念与种类

公文，是党政机关实施领导、履行职能、处理公务的具有特定效力和规范体式的文书，是传达贯彻党和国家方针政策，公布法规和规章，指导、布置和商洽工作，请示和答复问题，报告、通报和交流情况的重要工具。

党政机关公文作为管理国家、治理社会的重要公务工具，具有自己独特的、鲜明的特点和作用。一般来说，只有具备以下条件才能被称为行政公文。首先，是在公务活动中使用形成的，是为了处理公事，而不是私物。其次，使用范围一般限于党政机关，人民团体、企事业单位、个人不得使用行政公文。再次，具有特定的格式，从标题到落款、从内容到文面 ，从用纸到标记，都有特定的要求。既不同于普通的文字材料，也不同于公务活动中使用的其他材料。

我国现行的党政机关公文，一律按照中共中央办公厅和国务院办公厅 2012 年 4 月 16 日联合发布，2012 年 7 月 1 日正式实施的《党政机关公文处理工作条例》写作和办理。该《条例》规定党政机关公文共有 15 种。

(1) 决议。适用于会议讨论通过的重大决策事项。

(2) 决定。适用于对重要事项做出决策和部署、奖惩有关单位和人员、变更或者撤销下级机关不适当的决定事项。

(3) 命令(令)。适用于公布行政法规和规章、宣布施行重大强制性措施、批准授予和晋升衔级、嘉奖有关单位和人员。

(4) 公报。适用于公布重要决定或者重大事项。

(5) 公告。适用于向国内外宣布重要事项或者法定事项。

(6) 通告。适用于在一定范围内公布应当遵守或者周知的事项。

(7) 意见。适用于对重要问题提出见解和处理办法。

(8) 通知。适用于发布、传达要求下级机关执行和有关单位周知或者执行的事项，批转、转发公文。

(9) 通报。适用于表彰先进、批评错误、传达重要精神和告知重要情况。

（10）报告。适用于向上级机关汇报工作、反映情况，回复上级机关的询问。

（11）请示。适用于向上级机关请求指示、批准。

（12）批复。适用于答复下级机关请示事项。

（13）议案。适用于各级人民政府按照法律程序向同级人民代表大会或者人民代表大会常务委员会提请审议事项。

（14）函。适用于不相隶属机关之间商洽工作、询问和答复问题、请求批准和答复审批事项。

（15）纪要。适用于记载会议主要情况和议定事项。

根据不同的标准，可以将公文分为上行文、平行文、下行文三类。

上行文：是下级机关向上级机关报送的公文，包括请示、报告；

平行文：是同级机关或不相隶属机关之间来往联系的公文，包括函和议案；

下行文：是上级机关向下级机关下达的公文，如命（令）、决定、决议、公告、公报、通告、通知、通报、批复。

15种公文中，意见和纪要，既可以用于上行，也可以用于下行。

二、行政公文的格式

具有法定的规范体式是公文区别于其他文字材料的显著标志。我国现行公文一律执行国家标准《党政机关国家公文格式》(GB/T 9704—2012)。

公文一般由份号、密级和保密期限、紧急程度、发文机关标志、发文字号、签发人、标题、主送机关、正文、附件说明、发文机关署名、成文日期、印章、附注、附件、抄送机关、印发机关和印发日期、页码等组成。

公文格式各要素划分为版头、主体、版记三部分。公文首页红色分隔线以上的部分称为版头；公文首页红色分隔线（不含）以下、公文末页首条分隔线（不含）以上的部分称为主体；公文末页首条分隔线以下、末条分隔线以上的部分称为版记。页码位于版心外。

（一）版头部分

（1）份号。公文印制份数的顺序号。涉密公文应当标注份号。如需标注份号，一般用6位3号阿拉伯数字，顶格编排在版心左上角第一行。

（2）密级和保密期限。公文的秘密等级和保密的期限。涉密公文应当根据涉密程度分别标注“绝密”“机密”“秘密”和保密期限。如需标注密级和保密期限，一般用3号黑体字，顶格编排在版心左上角第二行；保密期限中的数字用阿拉伯数字标注。

（3）紧急程度。公文送达和办理的时限要求。根据紧急程度，紧急公文应当分别标注“特急”“加急”，电报应当分别标注“特提”“特急”“加急”“平急”。如需标注紧急程度，一般用3号黑体字，顶格编排在版心左上角；如需同时标注份号、密级和保密期限、紧急程度，按照份号、密级和保密期限、紧急程度的顺序自上而下分行排列。

（4）发文机关标志。由发文机关全称或者规范化简称加“文件”二字组成，也可以使用发文机关全称或者规范化简称。发文机关标志居中排布，上边缘至版心上边缘为35mm，推荐使用小标宋体字，颜色为红色，以醒目、美观、庄重为原则。联合行文时，发文机关标志可以并用联合发文机关名称，也可以单独用主办机关名称。如需同时标注联署发文机关名称，一般应当将主办机关名称排列在前。如有“文件”二字，应当置于发文机关名称右侧，以联署发文机关名称为准上下居中排布。

(5) 发文字号。由发文机关代字、年份、发文顺序号组成。联合行文时，使用主办机关的发文字号。发文字号通常编排在发文机关标志下空二行位置，居中排布。年份、发文顺序号用阿拉伯数字标注；年份应标全称，用六角括号“〔〕”括入；发文顺序号不加“第”字，不编虚位(即1不编为01)，在阿拉伯数字后加“号”字。

上行文的发文字号居左空一字编排，与最后一个签发人姓名处在同一行。

(6) 签发人。上行文应当标注签发人姓名。由“签发人”三字加全角冒号和签发人姓名组成，居右空一字，编排在发文机关标志下空二行位置。“签发人”三字用3号仿宋体字，签发人姓名用3号楷体字。

如有多个签发人，签发人姓名按照发文机关的排列顺序从左到右、自上而下依次均匀编排，一般每行排两个姓名，回行时与上一行第一个签发人姓名对齐。

需要注意的是，上行文的版头部分与下行文和平行文的版头部分格式不同，主要区别在于发文机关标志上边缘至版心上边缘距离更大，为80mm，签发人则是上行文才会有的格式要素。上行文版头部分格示如图6-1所示，下行文和平行文版头部分的格式如图6-2所示。

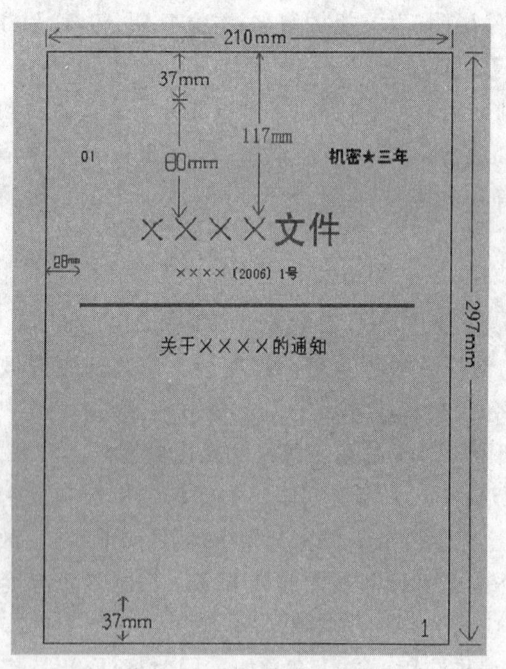

图6-1　上行文版头部分格式示意图

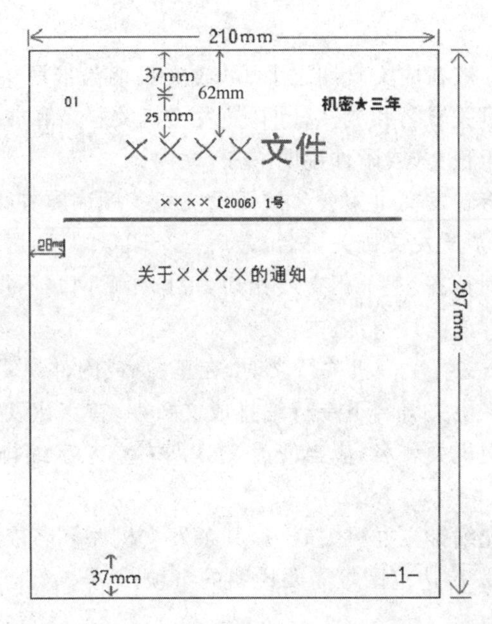

图 6-2　下行文和平行文版头部分格式示意图

（二）主体部分

主体部分主要包括公文标题、主送机关、正文、附件说明、落款、附注、附件等。

(1) 标题。由发文机关名称、事由和文种组成。一般用 2 号小标宋体字，编排于红色分隔线下空二行位置，分一行或多行居中排布。回行时，要做到词意完整，排列对称，长短适宜，间距恰当，标题排列应当使用梯形或菱形。

(2) 主送机关。公文的主要受理机关，应当使用机关全称、规范化简称或者同类型机关统称。要求编排于标题下空一行位置，居左顶格，回行时仍顶格，最后一个机关名称后标全角冒号。如主送机关名称过多导致公文首页不能显示正文时，应当将主送机关名称移至版记部分。

(3) 正文。公文的主体，用来表述公文的内容。公文首页必须显示正文。一般用 3 号仿宋体字，编排于主送机关名称下一行，每个自然段左空二字，回行顶格。文中结构层次序数依次可以用“一、”“(一)”“1.”“(1)”标注；一般第一层用黑体字、第二层用楷体字、第三层和第四层用仿宋体字标注。

(4) 附件说明。指公文正文的说明、补充或者参考资料。如有附注，应左空两字加圆括号，编排在成文日期下一行。如有附件，在正文下空一行左空二字编排“附件”二字，后标全角冒号和附件名称。如有多个附件，可使用阿拉伯数字标注附件顺序号(如“附件：1.×××××”)；附件名称后不加标点符号。附件名称较长需回行时，应与上一行附件名称的首字对齐。

(5) 落款发文机关署名、成文日期和印章。

① 加盖印章的公文。成文日期一般右空四字编排，印章用红色，不得出现空白印章。成文日期中的数字须用阿拉伯数字将年、月、日标全，年份应标全称，月、日不编虚位(即

1 不编为 01)。

单一机关行文时,一般在成文日期之上、以成文日期为准居中编排发文机关署名,印章端正、居中下压发文机关署名和成文日期,使发文机关署名和成文日期居印章中心偏下位置,印章顶端应当上距正文(或附件说明)一行之内。

联合行文时,一般将各发文机关署名按照发文机关顺序整齐排列在相应位置,并将印章一一对应、端正、居中下压发文机关署名,最后一个印章端正、居中下压发文机关署名和成文日期,印章之间排列整齐、互不相交或相切,每排印章两端不得超出版心,首排印章顶端应当上距正文(或附件说明)一行之内。

② 不加盖印章的公文。单一机关行文时,在正文(或附件说明)下空一行右空二字编排发文机关署名,在发文机关署名下一行编排成文日期,首字比发文机关署名首字右移二字,如成文日期长于发文机关署名,应当使成文日期右空二字编排,并相应增加发文机关署名右空字数。

联合行文时,应当先编排主办机关署名,其余发文机关署名依次向下编排。

(6) 附注。公文印发传达范围等需要说明的事项。

(三) 版记部分

版记部分主要包括抄送机关、印发机关和印发日期等要素。版记中的分隔线与版心等宽,首条分隔线和末条分隔线用粗线(推荐高度为 0.35mm),中间的分隔线用细线(推荐高度为 0.25mm)。首条分隔线位于版记中第一个要素之上,末条分隔线与公文最后一面的版心下边缘重合。

(1) 抄送机关。除主送机关外需要执行或者知晓公文内容的其他机关,应当使用机关全称、规范化简称或者同类型机关统称。如有抄送机关,一般用 4 号仿宋体字,在印发机关和印发日期之上一行、左右各空一字编排。“抄送”二字后加全角冒号和抄送机关名称,回行时与冒号后的首字对齐,最后一个抄送机关名称后标句号。

如前文所说情形,需把主送机关移至版记,除将“抄送”二字改为“主送”外,编排方法同抄送机关。既有主送机关又有抄送机关时,应当将主送机关置于抄送机关之上一行,之间不加分隔线。

(2) 印发机关和印发日期。公文的送印机关和送印日期。印发机关和印发日期一般用 4 号仿宋体字,编排在末条分隔线之上,印发机关左空一字,印发日期右空一字,用阿拉伯数字将年、月、日标全,年份应标全称,月、日不编虚位(即 1 不编为 01),后加“印发”二字。版记中如有其他要素,应当将其与印发机关和印发日期用一条细分隔线隔开。

(3) 页码。公文页数顺序号。一般用 4 号半角宋体阿拉伯数字,编排在公文版心下边缘之下,数字左右各放一条一字线;一字线上距版心下边缘 7mm。单页码居右空一字,双页码居左空一字。公文的版记页前有空白页的,空白页和版记页均不编排页码。公文的附件与正文一起装订时,页码应当连续编排。

上述公文的版式排列,可扫码参阅本教材附录 2《党政机关公文格式》(GB/T 9704—2012)中的版式模板。

三、公文的行文规则

党政机关公文行文应当确有必要，讲求实效，注重针对性和可操作性。行文关系根据隶属关系和职权范围确定，一般不得越级行文。特殊情况需要越级行文的，应当同时抄送被越过的机关。

（一）向上级机关行文的规则

(1) 原则上主送一个上级机关，根据需要同时抄送相关上级机关和同级机关，不抄送下级机关。

(2) 党委、政府的部门向上级主管部门请示、报告重大事项，应当经本级党委、政府同意或者授权。属于部门职权范围内的事项应当直接报送上级主管部门。

(3) 下级机关的请示事项，如需以本机关名义向上级机关请示，应当提出倾向性意见后上报，不得原文转报上级机关。

(4) 请示应当一文一事。不得在报告等非请示性公文中夹带请示事项。

(5) 除上级机关负责人直接交办事项外，不得以本机关名义向上级机关负责人报送公文，不得以本机关负责人名义向上级机关报送公文。

(6) 受双重领导的机关向一个上级机关行文，必要时抄送另一个上级机关。

（二）向下级机关行文的规则

(1) 主送受理机关，根据需要抄送相关机关。重要行文应当同时抄送发文机关的直接上级机关。

(2) 党委、政府的办公厅(室)根据本级党委、政府授权，可以向下级党委、政府行文，其他部门和单位不得向下级党委、政府发布指令性公文或者在公文中向下级党委、政府提出指令性要求。需经政府审批的具体事项，经政府同意后可以由政府职能部门行文，文中须注明已经政府同意。

(3) 党委、政府的部门在各自职权范围内可以向下级党委、政府的相关部门行文。

(4) 涉及多个部门职权范围内的事务，部门之间未协商一致的，不得向下行文；擅自行文的，上级机关应当责令其纠正或者撤销。

(5) 上级机关向受双重领导的下级机关行文，必要时抄送该下级机关的另一个上级机关。

(6) 同级党政机关、党政机关与其他同级机关必要时可以联合行文。属于党委、政府各自职权范围内的工作，不得联合行文。党委、政府的部门依据职权可以相互行文。部门内设机构除办公厅(室)外不得对外正式行文。

课堂练习

判断下列行文方式的对错并说明原因。

1. 北京市华×安保集团向北京政法职业学院发一份关于代为培训高级安保经理的请示。(　　)

2. 请示一般只写一个主送机关，重要文件可以同时抄送下级机关。（ ）
3. 某单位业务处主动向主管局长上报一份情况报告。（ ）
4. 某单位向上级主管部门报送一份《关于增拨基建项目专款的请示报告》。（ ）

四、公文拟制的步骤

公文拟制包括公文的起草、审核、签发等程序。

（一）公文起草

公文的起草应该做到：

（1）符合国家法律法规和党的路线方针政策，完整准确体现发文机关意图，并同现行有关公文相衔接；

（2）一切从实际出发，分析问题实事求是，所提政策措施和办法切实可行；

（3）内容简洁，主题突出，观点鲜明，结构严谨，表述准确，文字精练；

（4）文种正确，格式规范；

（5）深入调查研究，充分进行论证，广泛听取意见；

（6）公文涉及其他地区或者部门职权范围内的事项，起草单位必须征求相关地区或者部门意见，力求达成一致；

（7）机关负责人应当主持、指导重要公文起草工作。

（二）公文审核

公文文稿签发前，应当由发文机关办公厅（室）进行审核。审核的重点如下。

（1）行文理由是否充分，行文依据是否准确。

（2）内容是否符合国家法律法规和党的路线方针政策；是否完整准确体现发文机关意图；是否同现行有关公文相衔接；所提政策措施和办法是否切实可行。

（3）涉及有关地区或者部门职权范围内的事项是否经过充分协商并达成一致意见。

（4）文种是否正确，格式是否规范；人名、地名、时间、数字、段落顺序、引文等是否准确；文字、数字、计量单位和标点符号等用法是否规范。

（5）其他内容是否符合公文起草的有关要求。

（6）需要发文机关审议的重要公文文稿，审议前由发文机关办公厅（室）进行初核。经审核不宜发文的公文文稿，应当退回起草单位并说明理由；符合发文条件但内容需作进一步研究和修改的，由起草单位修改后重新报送。

（三）公文签发

公文应当经本机关负责人审批签发。重要公文和上行文由机关主要负责人签发。党委、政府的办公厅（室）根据党委、政府授权制发的公文，由受权机关主要负责人签发或者按照有关规定签发。签发人签发公文，应当签署意见、姓名和完整日期；圈阅或者签名的，视为同意。联合发文由所有联署机关的负责人会签。

任务实施

（1）判断课前任务导入情境中，需要使用哪些文种。

最近，恒卫所在的安保集团某项目部一名保安员在岗执勤期间及时发现火灾隐患，扑灭了初起火灾，得到了甲方的高度认可。为此，项目部将此事上报给公司，希望给予这名保安员相应的嘉奖。总公司经研究，同意了项目部的建议，并任命该保安员为项目部班长。同时，发文与甲方联系，就此事邀请甲方相关部门领导到公司出席表彰大会。表彰活动结束后，公司将表彰大会的会议纪要下发全公司。

（2）为你选择的文种拟写标题。

（3）思考你选用的文种，分别属于上行文、平行文和下行文的哪一类？他们各自的发文机关和主送机关是什么？请按照这些文件制发的时间顺序，填入表 6-1。

表 6-1　公文文书应用

序号	文件标题	公文类别	发文机关	主送机关

任务评价

填写表 6-2，完成公文基础知识任务评分。

表 6-2　公文基础知识任务评分表

评价项目	评价指标	分值							评分标准
文种选择	能够根据行政工作任务的实际需要选择恰当的文件	6	5	4	3	2	1	0	每个选择正确的文种加 1 分，请在相应分值下打勾
标题拟写	能够按照公文标题的书写要求拟定相应文种的标题，要素完整、表述简洁明确	18	15	12	9	6	3	0	每个文种拟写完全正确加 3 分，不正确不得分。请在相应分值下打勾
分类	能够准确判断所选择文种属于哪一类别，并据此判断行文规则	12	10	8	6	4	2	0	每个文种分配判断完全正确加 2 分，不正确不得分。请在相应分值下打勾

续表

评价项目	评价指标	分值							评分标准
行文规则	准确判断所选文种的发文机关和主送机关	14	12	10	8	6	4	0	每个文种能够准确判断发文机关和主送机关的,完全正确加2分,不正确不得分。请在相应分值下打勾
合计									

注:本表针对任务实施中的相关训练任务制定。

案保常用公文的拟写

任务二 上行文的拟写与制发——请示与报告

【任务情境】

最近,恒卫所在的安保集团某项目部一名保安员在岗执勤期间及时发现火灾隐患,扑灭了初起火灾,得到了甲方的高度认可。为此,项目部将此事上报给公司,希望给予这名保安员相应的嘉奖。

任务分析

通过学习公文的种类、功能与行文规则,我们能够分析出,当本部门发生突发事件或者典型事迹时,如果需要将有关情况上报给上级单位时,需要报送一份报告。而与此同时,本部门就这次保安员先进事迹希望上级寄予有关人员嘉奖时,则需要单独撰写一份请示。请示和报告都是上行文,他们在格式、功能和行文要求上,有相同点也有不同点。本任务就针对这一任务,学习上行文中两个代表性文种——请示和报告的写法。重点需要掌握两个上行文文种不同的适用范围和不同的写法。

任务准备

一、请示的写法

(一)请示的适用范围

按照《党政机关公文处理工作条例》中的规定,请示是“适用于向上级机关请求指示、批准”的公文。具体说来,请示的用途如下。

1. 请求指示

下级机关在实际工作中,遇到新情况、新问题,因为在政策上没有明文规定,处理起来没有把握,需要上级给以指示的时候,要用请示。

2. 请求批准

下级机关在处理较为重要的事件或问题时,政策规定在处理前必须经上级批准的,如机构设置、人事安排、重大决策等,要用请示。

3. 请求帮助

下级机关遇到无权或者无力解决的问题,需要上级机关授权或者在人力、物力、财力等方面给以帮助时,要用请示。

4. 请求解答

下级机关在执行政策时遇到困难或执行中遇到新的情况时,对方针政策吃不准时,对上级机关的某个决定有不同看法时,要用请示。

5. 请求协调

下级机关的工作涉及其他机关或部门,在处理工作时与其他机关或部门意见出现分歧,需要上级裁决或协调时,要用请示。

(二) 请示的特点

1. 请求性

本机关、本部门打算办理某种事情或解决某个问题,而自己却无权去做,或者没有能力去做,或者不知应不应该办理及怎么办理,在这种情况下,才请求上级指示或帮助。这种祈请上级机关的特点,是请示最突出的特点。

2. 对应性

在公文体系中,请示是为数不多的双向对应文体之一。与其相对应的文体是批复。下级机关的请示报送给上级机关,上级机关无论是否同意请示的事项,无论能不能给予解决或说明,都要给下级机关一个回复。下级机关是在遇到比较重大的应该办理的事项,而又拿不准或无力办理的情况下才请示的,所以上级机关有义务、有责任尽快予以答复。这不仅是下级机关请求的需要,也是请示这种文体法定的特性。

3. 单一性

公文的一个突出特点就是一文一事,而请示和其他文种相比,这种特性更加突出。在一份请示中,只能就一项工作、一种情况或一个问题进行请示,不得在一份请示中包含几个需要请示的内容。如果需要请示上级机关的问题较多,那就要一个事项发一个请示,各自独立成为一个文件。

4. 时效性

请示内容所反映的事项或问题,一般都是近期需要办理的,所以,文秘人员应该根据领导的安排及时地写作和发文,以便尽早得到上级机关的批复,及时解决应该解决的问题。相应地,上级机关在处理下级机关的公文时,要注意请示的时效性,及时地给予批复。

(三) 请示的写法

请示的结构包括标题、主送机关、正文三部分内容。

1. 标题的写法

请示的标题由发文机关名称、事由和文种三部分构成。如《××省人民政府关于增拨防汛抢险救灾用油的请示》。

拟订请示的标题要注意两个问题：一是要把事由概括准确、精练，保证标题简短，事由明确；二是避免出现同义动词的重复出现，如《关于请求批准购买×××的请示》。这个标题里的“请求批准”是多余的，应该删去。

2. 主送机关的写法

主送机关就是受文对象，它回答“请示谁”的问题。主送机关要写全称或规范化简称。主送机关只能是一个，绝对不能多头主送。如果需要其他上级机关知晓，可以用抄送的形式。

3. 正文的写法

请示的正文一般分三个层次，即事由、请示事项和结尾。

1）事由

事由写在请示的开头。所谓事由，就是要写明请示的原因、背景、依据，回答清楚“为什么要请示”的问题。这部分内容在很多情况下是请示的主要部分，而下文的请示事项则很简单，有了事由的铺垫，要求上级机关做什么，写清楚就可以了。因此，这部分内容要写得充分、恰当、具体、明了。

如果请示仅仅是按照规定履行程序，那开头的事由部分可以简略一些。

2）请示事项

请示事项即要求上级给予指示、批准的具体问题。回答的是“请示什么”的问题。这是请示最核心、最重要的部分。请示的事项要清楚、直接地表述。分条来写，可以保证清晰明了。在请示的事项中，不能含糊其词，即使是对拿不准的问题，也要表达本级机关对此问题的认识、看法，对准备办理的工作，如果有几种不同的各有利弊的方案，要逐一列出，以便上级机关选择确定。决不能只摆情况和问题，没有自己的态度，把矛盾推给上级机关。

3）结尾

请示的结尾一般都用程式化的结尾用语，如“妥否，请批示”“以上请示，请予审批”“以上请示，请予批复”等。结束语，既要表达紧迫的意思，又要用语谦和，不宜用“请从速批复”“请尽快拨款，以解急需”等类结尾用语。

请示因为是一文一事，特别是基层工作中所写的请示，正文一般不应太长，只要把请示的缘由交代清楚，把请示的具体事项表述清楚即可。

二、报告的写法

（一）报告的适用范围和特点

1. 报告的适用范围

《党政机关公文处理工作条例》将报告的适用范围定义为“向上级机关汇报工作，反映情况，答复上级询问”的公文。注意，报告没有“提出意见和建议”的功能。从这个定义中可以看出，报告的作用很单一，那就是向上级机关汇报工作，反映情况，答复询问。

根据这个定义，可以将报告分为三类：

(1) 工作报告,是向上级机关汇报工作的报告;

(2) 情况报告,是向上级机关反映重大情况、重大事故或具有倾向性的问题的报告;

(3) 答复报告,是答复上级机关询问的报告。

另外,还有一种报告,虽然《党政机关公文处理工作条例》中没有列出,但在实际工作中经常用到。这种报告上级机关报送材料、物品的报告,行政工作中,有些材料或物件按规定要向上级机关报送。那么,就需要用报告行文,向上级机关报送,而所报送的材料或物品则作为附件附于文后。

作为行政机关公文的报告,与一些专业部门从事业务工作时所使用的标题中也带有"报告"二字的文书,如"稽核报告""调查报告""评估报告"等,不是同一个概念。这些文书性的报告,不属于公文的范畴。

2. 报告的特点

(1) 单向性。报告是下级机关向上级机关报告工作、反映情况、答复上级机关询问的上行文,在报告中只要将工作或事件的汇报清楚即可。其作用是供上级了解情况,即使在报告中对工作提出了什么意见和建议,那也只是作为工作体会来反映的,而不需要上级机关就此报告作答复或批示。至于上级机关通过报告发现什么带有倾向性的问题,从而对下级机关作出什么指示,那是另外的事情。从报告的法定功能上看,报告不要求受文机关作出答复或批示。所以,有些报告中的结尾习惯上用"以上报告妥否,请批示",这是不对的。

(2) 陈述性。因为报告是专门用来汇报工作、反映情况、答复询问的,因此,在报告中一般都是直述其事。按照上级什么指示,做了什么工作,取得了什么成绩,有哪些经验、体会,存在什么问题,今后有什么打算;反映情况,要把时间、地点、人物、事件、原因、结果写清楚;答复询问,要问什么答什么,把上级机关询问的事项回答明白即可,所以行文语言基本上都是叙述性的。

(3) 事后性

无论是汇报工作、反映情况,还是答复询问,都是对已经发生了的事情进行反映,因此,报告具有事后性。这是报告的一个突出特点。特别是《党政机关公文处理工作条例》没有设立报告的"提出意见和建议"的功能,使报告的事后性更加明显。即使是汇报正在进行中的工作,那也只是对已经做过的那段工作情况的报告。

(二) 报告的写法

根据《党政机关公文处理工作条例》对报告的定义,将报告区分为四种类型。这几种类型的报告,在结构上都分别包括标题、主送机关、正文等几个部分。在写法上,无论哪种报告,其标题和主送机关的写法、要求都是基本一致的。

1. 报告的标题

报告的标题原则上不能简单地仅以文种为题。因为作为公文的报告,是要以"红头"文件的形式向上级报送的,所以,报告的标题可以省略发文机关的名称,如工作报告的标题《关于进一步加强我市公共场所防火工作的报告》、情况报告的标题《关于完成全面勘界工作任务情况的报告》《关于工商银行工会干部待遇的报告》《关于报送××××年工作计划的报告》。这几种报告，除了报送材料的报告外，从标题上很难看出区别，要在具体写作中，根据报告内容恰当地拟订标题。

2. 主送机关

报告是上行文，是专门为特定的上级写作和报送的，因此，不能普发性地上送，也要按照上行公文的要求，只能有一个主送机关，如果还需要让其他相关的上级机关知晓，要用抄送的形式。

3. 正文

报告的正文因种类的不同，在写法上有些差异，下面分别介绍。

1）工作报告

工作报告是向上级报告工作的，根据报告的内容又可以分为综合工作报告和专题工作报告。

（1）综合报告的写作方法如下。

综合工作报告是对某一阶段全面工作的各种主要情况的综合性报告。

综合工作报告的开头要概括地说明全文的主旨，即把一定时期内总的工作情况作以梗概的介绍，如主要工作内容、对整个工作的估价等。然后用“现将××情况报告如下”之类的过渡语句引起下文。

主体，即全文的核心部分。这部分要就各方面工作的主要情况即工作完成情况、主要做法、取得的成果、存在的问题、今后努力的方向等进行表述。因为全面工作是由各方面工作组成的，那就要对各个方面的工作进行总结回顾。因此，这部分的结构形式通常是按照工作的方面来划分层次，并利用序号来标明。书写的顺序一般按照各方面工作对整个工作的重要程度来安排，先写对全局工作影响最大的，然后依次进行。

也有的综合报告在对全部工作进行综合后，按照工作情况概述、取得成绩、存在的问题或困难、今后工作的意见等几大部分来写。这种结构方式需要较强的综合能力，否则会造成空洞抽象的后果。

综合报告写作的难度在“综合”上。写作前不仅需要全面了解工作的各方面情况，占有大量的资料，把握工作的全貌，而且要对资料进行深入细致的由此及彼、由表及里的分析、归纳和总结，厘清工作脉络，从中概括出工作的本质性的东西，选好切入点。

在综合报告的写作中，最容易出现的问题是平铺直叙，泛泛道来。虽然综合报告是全面的总结，但是在写作上也不能平均用力，要把整个工作中的那些影响全局的工作当作重点来写，把那些对本地区、本部门带有普遍意义的做法、经验、教训当作重点来写。在突出重点的前提下，以点带面，使文章具有应有的广度和深度。

报告的结尾也不是一成不变的，要按文章的整体需要来确定。如果需要，或者归纳重点，照应全文，或者重申意义，展望未来。也可以采用程式化的报告结尾，如“特此报告”“以上报告，请审阅”等。

（2）专项工作报告的写作方法如下。

专项工作报告，是就某一专项工作向上级机关作的报告，一般是针对重大工作或上级交办的某一项任务的完成情况而写作的。如银行在开展某项上级布置的工作任务完成后,应该向上级报告任务完成情况。再如企业建设一个大型项目,每进行一个阶段,都要及时向上级报告进展,以利于上级了解工程情况,作出下一阶段的工作部署。在实际工作中,专项报告的写作是经常的、大量的,掌握其写法对实际工作会有很大帮助。

专项工作报告的标题和综合工作报告的标题,在形式上是一样的。如《国家民族事务委员会关于进一步做好少数民族语言文字工作的报告》,由发文机关名称、工作内容(也可以称作事由)和文种组成。

专项工作报告的开头方式较多,下面介绍几种类型供学习参考。

① 背景式开头。在开头交代报告产生的现实背景,例如:

一九七八年以来,我们对少数民族语言文字问题进行了广泛深入的调查研究,听取了中央、地方有关部门以及民族语文工作者和有关专家的意见。最近,根据党中央、国务院关于民族工作的指示精神,对今后我国民族语文工作的指导方针、主要任务和措施又作了进一步研究。现报告如下。

② 根据式开头。就是交代报告产生的根据,例如:

根据省委、省政府领导同志的指示,我厅于去年冬派人到××市和×县,与市、县的同志一道,对城镇贫困户的情况作了调查。××市委、市政府和×县县委、县政府对此十分重视,在调查研究的基础上,立即采取措施,着手解决这一问题。现将两地城镇贫困户的情况及采取的措施报告如下。

③ 目的式开头。就是将发文的目的明确地阐述出来作为开头。例如:

为认真贯彻落实《国务院批转林业部关于进一步加强森林防火工作的通知》(国发〔19××〕42号)精神,切实做好我市防火工作,保护和发展森林资源,更好地为改革开放和经济建设服务,结合我市的实际情况,就进一步加强森林防火工作制订了具体措施。现将措施报告如下。

④ 结果式开头。就是将工作的结果概括地写在第一段,正文再详写具体过程。例如:

我县外经委等10个部门共40多人参加了省山区利用外资洽谈会,带去项目36个,要求投资总额7000万美元,8000万元人民币。洽谈结果,实现14个项目,投资总额为4000万美元,1500万元人民币。现将洽谈过程中我们认为值得注意的问题报告如下。

⑤ 直接导入式开头。就是用过渡句直接导入主体。例如:

现将我省完成全面勘界工作任务情况报告如下。

专项工作报告的主体部分通常采用三段式的结构,即工作情况、经验和不足、今后的打算三个部分。

① 工作情况,包括某一方面或某一项工作的依据、工作的大体进展情况、取得的成效等。这一部分内容要尽可能地把工作情况反映清楚、全面。可以按照工作的进程顺序写,这样写按照其内在的逻辑关系来划分层次就可以了。也可以按照工作的不同方面来写,这样写,可以用序数词来显示,层次能够比较清楚。

② 经验和教训是一个问题的两个方面,可以分别分条表述。经验包括工作中的所采取的做法或取得的经验,教训包括工作中的失误和工作中存在的问题。写经验体会,应基

于对某方面工作的全面、深刻的分析，把其中带有规律性的指导性的东西加以归纳、提炼，使之上升到理论的高度。但是，总结经验一定要从实际出发，不能人为地拔高。另外，有几条写几条，不能为了凑数勉强硬写。写存在的问题和工作中的教训，应该实事求是，如实反映，不能文过饰非，遮遮掩掩，要力求具体、深刻。

③ 今后的打算，是针对存在的问题来写的，重点要写出如何发扬成绩，汲取教训，解决存在的问题，把工作做得更好。这部分内容要具体，措施要得当，方法要可行、有效。

专项工作报告的结尾一般用程式化的结尾用语，如前所述的"特此报告""以上报告，请审阅"等来结束。

2）情况报告

情况报告主要用于向上级机关反映重要情况、重大事故或具有重大倾向性问题的报告。重要情况是指在工作中出现了意想不到的、对工作造成了影响的问题，例如在金融体制改革建立现代商业银行运行机制过程中遇到的问题和阻力等，就应该适时地向上级机关如实报告。重大事故是指出现了突发事件、案件等，例如银行发生了重大的火灾、失窃、诈骗、抢劫等事故，就要迅速地向上级报告，有必要时还可以根据上级指示，越级报告。重大倾向性的问题是指已经发现苗头，还没有形成气候，但是很可能对今后的工作造成影响的问题。例如在银行减员增效政策出台后，银行员工的思想动态和社会各阶层的反映等，基层银行有责任向上级及时报告。

情况报告的作用是让上级机关及时了解情况：一是供领导机关决策参考；二是让上级机关了解重大情况解决的是否妥善；三是让上级机关在必要时作出指示，给予指导。

情况报告的开头要视报告的内容来定。反映重要情况的报告，开头一般要写明因为什么原因、出现了什么情况，然后用"现将出现的情况报告如下"这样的过渡句来引入主体部分的叙述。反映重大事故报告的开头一般先写在什么时间、什么地点、发生了什么事故，然后也用一句过渡性的语句引入报告的详细内容介绍。反映重大倾向性问题报告的开头，一般要先写明在什么情况下、发现了什么苗头、为什么引起了注意，然后也是用过渡性的语句引起下文。

主体部分。这类报告反映的事项一般比较单一。反映重大情况的报告在写作中把重大情况叙述清楚，然后把情况发生的背景、造成的影响和损失以及采取的措施和处理的结果交代清楚。反映重大事故的报告要写明事故的具体时间、地点、原因、人物、结果、损失程度等。然后说明已经采取的补救办法和善后措施。反映重大倾向性的报告要把倾向性的问题说清楚，并分析、预测其发展趋势以及可能带来的后果。

结尾。如果是反映重大情况和反映重大事故的报告，可以用"特此报告"之类的惯用语收尾。如果是反映重大倾向性的报告，可以用"特此报告，供参考"之类的用语来收尾。

3）答复报告

答复报告是为回答上级机关的询问而撰写的报告。这种报告的特点一是具有被动性，是在上级询问之后而撰写的，二是针对性很强，上级问什么，就答复什么，不能所答非所问，也不能回答没有询问的问题。

值得注意的是：一是对待上级询问的事项，一定要慎重，如果情况不够清楚，一定要深入实际认真调查，掌握真实情况后再作回复；二是如果上级是函询，本来是可以复函回答的,但是为了表示对上级机关的尊重,一般还是用报告作答为好;最后就是要及时回复,不得拖延。

4）报送报告

报送报告,是向上级机关报送材料或物品的报告。其写法非常简单,一般只需写明“现将××××报上。请审阅(或请查收)”即可。报送的材料、物品的数量要在附件说明里写清楚。

（三）报告行文应该注意的事项

(1) 确属必要。对常规性的工作,要按照常规要求及时向上级报告工作。对上级没有要求要写的报告,发文机关一定要考虑是否需要行文。如果确系重大情况和问题,要毫不犹豫地迅速行文,而一些无关紧要的事情,则没有必要行文。不能大事小事均向上级报告,分散上级机关的注意力,增加上级的工作量。

(2) 质量要高。高质量的报告首先要保证情况属实,不能有半点虚假,包括对材料的分析、对情况的看法都要力求准确;其次中心要突出,条理要清晰;最后是报送要及时,否则,事过境迁,报告就没有意义了。

(3) 报告一般不能越级,不能夹带请示事项。

知识拓展

请示与报告的区别

请示和报告都是工作中使用频率较高的上行文,但是二者承担了不同职能,各有各的适用范围。很多机关不能准确把握二者的区别,该用请示的用报告,该用报告的用请示,甚至将两种文体合用,称为“请示报告”。据一研究者对某一沿海城市的调查,1988年该市政府收到请示类公文1930篇,竟有1489篇用“报告”或“请示报告”行文。尽管最近几年国家和加大了公文规范的力度,很多理论工作者和实际工作者不断呼吁要区分使用,但是,误用两种文体的现象还是时有发生,造成行文混乱,给办文带来了很多麻烦,以致影响效率,给工作带来了不应有的损失。

报告和请示的区别,在分析二者各自的特点时,已经涉及,为了更清楚地了解和更准确地把握二者的用途和特点,现将二者区别归纳如下。

1. 行文的时机不同

大多报告具有事后性,即使是在一项工作进行到某一阶段(事中)向上级作的报告,那也是报告前一阶段的工作,因此,报告是事后行文的文种。而请示则必须事前行文,因为请示所涉及的工作或事项,必须经过上级机关批准才能进行。先斩后奏,做完才请示是不符合组织原则和管理规定的。

2. 行文的目的不同

报告是汇报工作,反映情况的公文,其目的是让上级机关了解下级机关的工作情况,掌握动态,为做出决策和指导工作提供依据。而请示则是用于向上级机关请求批准的事项,其目的是通过上级机关的决策和指示,解决工作中亟待处理而又无权或无力解决的具体事项。

3. 结构和内容构成不同

报告的结构相对于请示来说更为自由,结构安排不拘一格,根据不同的内容可以采取不同的结构方式;其内容也可以比较广泛,可以一文一事,也可以一文多事(如综合工作报告)。而请示在结构上要求比较严格,其组成部分必须有请示的缘由、请示的事项和惯用的结尾用语;在内容上必须一文一事,决不可以一文多事。

4. 办文的方式不同

报告的目的是供上级机关了解情况的,那么,上级机关接到报告后,没有法定的义务予以回复,因此,报告中不能夹带请示事项,否则,贻误工作发文的下级机关要负责任。而请示则要求受文的上级机关及时地给予批复,或者同意,或者不同意,都不能不了了之。

任务实施

(1) 指出下面这篇请示的错误

关于申请增设×××派出所的请示

××市公安局王局长:

我分局下属的枣阳派出所管辖战线长、地域广,近年来由于城市经济的快速发展,人口迅猛增多。该派出所辖区又系城郊接合部,治安情况极为复杂。

据此,我分局向市局请示,拟增设×××派出所。管辖原属于枣阳派出所管辖的部分地段,这样可以加大管理力度,缓解枣阳派出所警员的压力,从而提高工作效率,确保一方平安。请局长尽快研究,早日答复。

当否,请批示。

××分局(公章)

二〇一八年十二月五日

(2) 请根据任务情境的要求,撰写一份请示。

要求:格式按照上行文格式要求规范书写;标题拟写完整标准;内容符合情境设置;语言典雅简练,符合公文语体要求。

恒卫向项目部行政人员学习如何撰写请示,并且按照公文要求进行排版。具体计算机操作如下。

1. 页面设置

(1) 建立一个 Word 文档,将此文档命名为"××项目部关于给予保安员嘉奖的请示"。

(2) 选择"布局"选项卡,单击"页面设置"组右下角的箭头,打开"页面设置"对话框,默认选项卡为"页边距",按照国家标准设定版心规格:上页边距为 3.7 厘米,下页边距为 3.5 厘米,左页边距为 2.8 厘米,右页边距为 2.6 厘米,如图 6-3 所示;在"页面设置"对话框中单击"布局"选项卡,将"页眉和页脚"中"奇偶页不同"选项处打"√",如图 6-4 所示;在"页面设置"对话框中单击"文档网格"选项卡,选中"指定行网格和字符网格":将"字符数"设置成"43","行数"设置成"22",然后单击"确定"按钮,如图 6-5 所示。

页面设置
页边距　纸张　布局　文档网格
页边距
上(T): 3.7厘米　下(B): 3.5厘米
左(L): 2.8厘米　右(R): 2.6厘米
装订线(G): 0厘米　装订线位置(U): 靠左
纸张方向
纵向(P)　横向(S)
页码范围
多页(M): 普通
预览
应用于(Y): 本节
设为默认值(D)　确定　取消

图 6-3　页边距设置

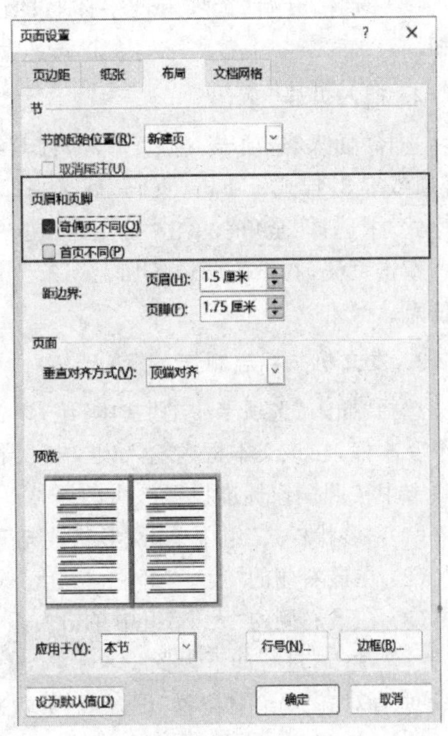

图 6-4　布局设置

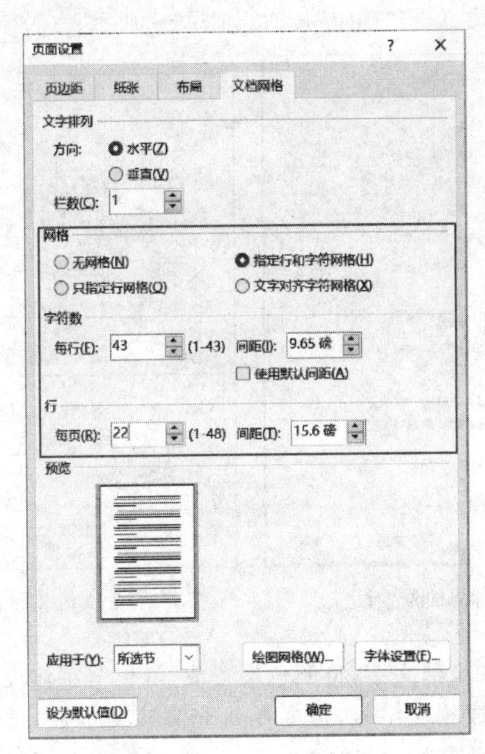

图 6-5　文档网格设置

（3）选择“开始”选项卡，“字体”设置为“仿宋”，“字号”设置成“三号”，单击“确定”按钮。

2．插入页码

选择“插入”选项卡，在“页眉和页脚”组中单击“页码”按钮，再单击“页面底端”，选择“普通数字 3”样式。单击“页码”后选择“设置页码格式”，打开“页码格式”对话框，在“编号格式”中选择“全角”，单击“确定”按钮。

双击页码，在页码两边各加上一条全角方式的短线，并将页码字号设置成“四号”，字体任意。

3．发文机关标志制作

选择“插入”选项卡中的“文本”组，单击“文本框”按钮，选择“简单文本框”样式，出现一个文本框，在该文本框内输入发文机关标志，输入完成后，选中该文本框，在“形状格式”选项卡中按照国家标准设置红头的属性。

（1）“形状样式”组中单击“形状填充”按钮，选择“无填充”。

（2）在最右侧的“大小”组中，“高度”设置成 2 厘米，宽度设置成 15.5 厘米。

（3）在最右侧的“大小”组中单击右下角的箭头启动按钮，打开“布局”对话框，默认为“位置”选项卡，进行如下设置。水平：“对齐方式”设置成“居中”，“度量依据”设置成“页面”；垂直对齐：“绝对位置”设置成“页边距”，“下侧”设置成“3.5cm”，然后单击“确定”按钮，如图 6-6 所示。选择“文本框”附签，左、右、上、下都设置成“0cm”，单击“确定”完成。文本框属性全部设置完成，单击“确定”按钮，如图 6-7 所示。

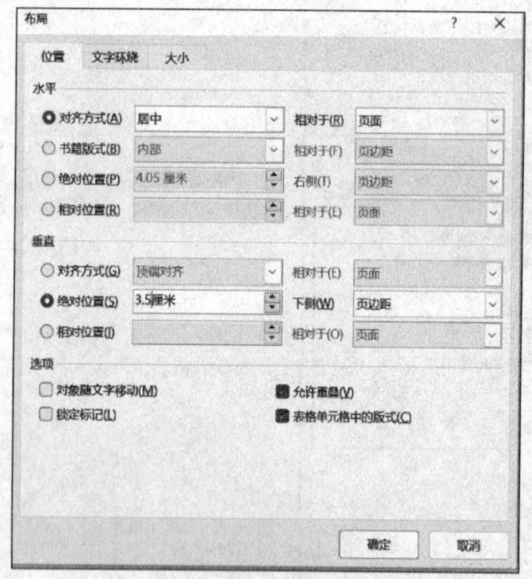

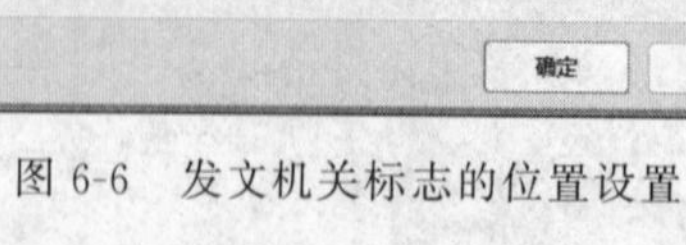

图 6-6　发文机关标志的位置设置

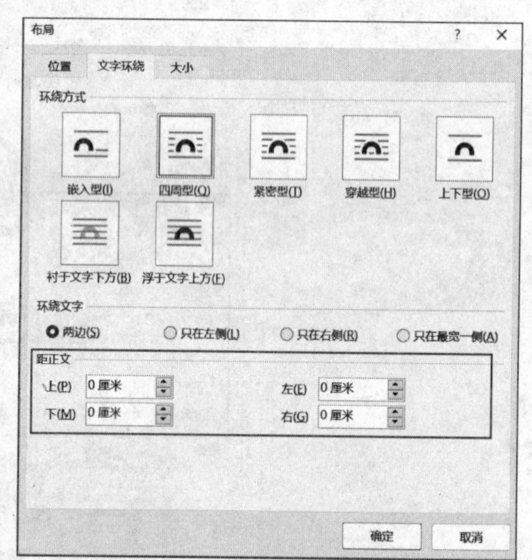

图 6-7　发文机关标志的文本框属性设置

（4）选中文本框内的全部文字，将颜色设置成“红色”，字体设置成“小标宋体”，字号根据文本框的大小设置成相应字号，但要尽量充满该文本框，这样，宽为 155mm、高为 20mm、距上 35mm 的红头制作完成。

4. 红色分隔线制作

(1) “插入”选项卡选择“插图”组中“形状”,然后选择“直线”,鼠标会变成“+”,拖动鼠标从左到右画一条水平线。

(2) 选中直线,在“形状格式”选项卡下进行如下设置:

① “形状样式”中选择为红色,或者在“形状轮廓”按钮中选择红色;

② 在“形状轮廓”按钮中选择“粗细” 设置为“2.25 磅”;

③ 在“大小”组中,“高度”为 0 厘米,“宽度”设置为“15.5 厘米”。

④ 单击“大小”组右下角的箭头,打开“布局”对话框,在“位置”选项卡中进行设置。水平“对齐方式”设置成“居中”,“相对于”设置成“页面”; 垂直 “绝对位置”设置成“7 厘米”(平行文标准)或“13.5 厘米”(上行文标准),单击“确定”按钮,如图 6-8 所示。

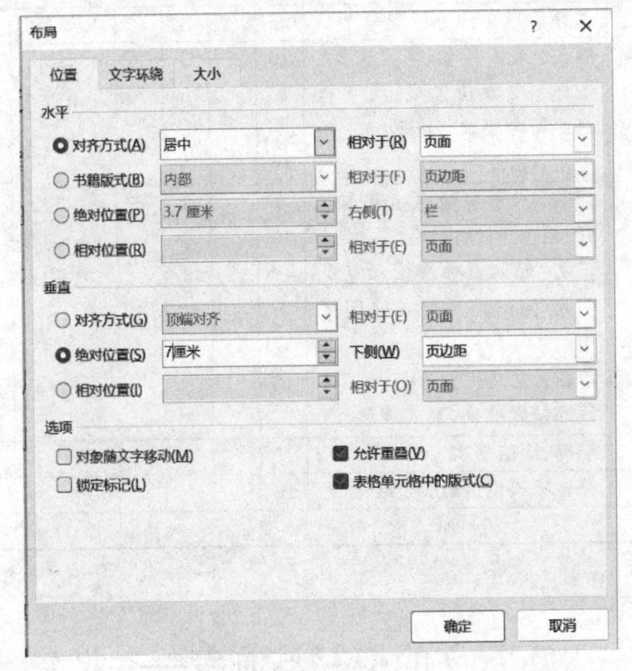

图 6-8 红色分隔线的位置设置

5. 发文字号制作

发文字号使用三号仿宋体字,左空一个字的距离;“签发人”使用三号仿宋体字,右空一个字的距离,签发人姓名使用三号楷体。右击软键盘标点符号,在符号大全中找到六角括号“〔〕”,双击该符号即可以插入。

6. 抄送机关制作

(1) 选择“插入”选项卡,“表格”按钮按照内容需要绘制表格。

(2) 选中表格,“对齐方式”选择单击“水平居中”按钮。

(3) 在“布局”选项卡中,使用“橡皮擦”工具,将表格的左右两条线擦除,在表格中填写具体内容:抄送、抄送单位、印发单位及印发日期,用四号仿宋体字。

7. 文本设置

标题使用二号小标宋体字，居中显示。

主送机关使用三号仿宋体字，顶格，冒号使用全角方式。

正文全部使用三号仿宋体字，成文日期的位置要右空四个字的距离。

任务评价

填写表6-3，完成请示的写作评价。

表6-3 请示的写作评价表

评价项目	权重	评价内容	评价标准				自我评分	小组评分	教师评分
			优	良	中	差			
文种选择	5	选择恰当文种进行撰写	5		3				
形式内容	30	版头：要素齐全、完整规范	10		5				
		主体：要素位置规范、字号行距符合要求	10		5				
		版记：规范	10		5				
内容要素	40	标题：揭示主题、简洁明快	5		3				
		开头：说明缘由	10		5				
		正文：请示具体事项和意见明确可行，请示要求使用惯用语	15		8				
		落款：发文机关署名、盖章、日期位置准确，形式规范	10		5				
语言	15	准确、简洁平实	15		8				
版面设计	10	符合格式规范、清晰美观	10		5				
合计									

任务三 下行文的拟写与制发——批复、通知

情境导入

恒卫所在的项目部将一名基层保安员及时处置初起火灾，得到甲方充分肯定的事迹以专题报告形式上报给集团公司后，又专门就给予该名保安员嘉奖的事项，上报了一份请示。总公司收到请示后，经研究，同意了项目部的建议。与此同时，鉴于该名保安员长期优异的表现，下发任命通知，提拔该保安员为项目部某班长。

任务分析

根据公文的行文规则，当上级单位收到下级单位上报的请示后，当认为在职权范围内需要正式给予回复或者指导时，应及时下发批复。此外，在公司做出重要决策，或是日常工作安排，甚至职务任免时，都可以用通知部署或知照。批复和通知，是国家机关和企事

业单位使用频率较高的下行文。本任务需要掌握这两个文种的功能和写法，能够针对具体的工作任务，依照规范的公文格式和行文要求，撰写这两种公文。

任务准备

一、批复的写法

（一）批复的含义和用途

批复是答复下级机关的请示事项时使用的文种，是机关应用写作活动中的一种常用公务文书。

批复既是上级机关指示性、政策性较强的公文，又是对下级单位请求指示、批准的答复性公文，因此，撰写批复要慎重及时，根据现行政策法令及办事准则，及时给予答复。撰写时，不管同意与否，批复意见必须十分清楚明白，态度明朗。不能含糊其词，模棱两可，以免下级无所适从。

同时批复必须有针对性地一文一批复，请示要求解决什么问题，批复就答复什么问题。

需要指出的是，在全面推进依法行政的今天，“批复”应当慎用。有的人说，只要收到下级的请示就一定要批复。这样的说法并不准确。依法行政讲究职权法定，各级单位都有自己独立的法定职责，需要经过“请示”而为的事项通常是几类已经明确了的重大事项。因此，上级机关面对请示，要看是否有必要“批复”。对于应当由下级机关“依法独立行使职权”并独立承担责任的事项，虽有请示也不应批复（即使需要指导也应采用其他方式）。这一是便于明晰职权，分清责任，推进依法行政的需要，二是避免文牍主义，有利于提高行政效率。

（二）批复的特点

1. 行文具有被动性

批复的写作以下级的请示为前提，专门用于答复下级机关请示事项，先有上报的请示，后有下发的批复，一来一往，被动行文。这一点与其他公文有所不同。

2. 内容具有针对性

批复要针对请示事项表明是否同意或是否可行的态度，批复事项必须针对请示内容来答复，而不能另找与请示内容不相关的话题。因此批复的内容必须明确、简洁，以利下级机关贯彻执行。

3. 效用的权威性

批复表示的是上级机关的结论性意见，下级机关对上级机关的答复必须认真贯彻执行，不得违背，批复的效用在这方面类似命令、决定，带有很强的权威性。

4. 态度的明确性

批复的内容要具体明确，不能有模棱两可的语言，以免请示单位不知道如何处理。

（三）批复的种类

根据批复的内容和性质不同，可以分为审批事项批复、审批法规批复和阐述政策的批复等三种。

（四）批复的写法

批复一般由标题、主送机关、正文、落款构成。

1. 标题

批复标题的写法最常见的是完全式的标题，通常由“发文机关＋表态词＋请示事项＋文种”四个要素构成。如：《×集团公司关于同意给予优秀保安员嘉奖的批复》。

2. 主送机关

主送机关一般只有一个，是报送请示的下级机关。其位置同一般行政公文，写于标题之下，正文之前，左起顶格。批复不能越级行文，当所请示的机关不能答复下级机关的问题而需要向更上一级机关转报“请示”时，更上一级机关所作批复的主机关不应是原请示机关，而是“转报机关”。如果批复的内容同时涉及其他的机关和单位，则要采用抄送的形式送达。

3. 正文

正文包括批复引语、批复意见和批复要求三部分。

(1) 批复引语要点出批复对象，一般称收到某文，或某文收悉。要写明是于何时、何发文字号、关于何事的请示的答复，行文时，根据实际需要，时间和文号有时也可省略。

(2) 批复意见是针对请示中提出的问题所做的答复和指示，意思要明确，语气要适当，什么同意，什么不同意，为什么某些条款不同意，注意事项等都要写清楚。

(3) 批复要求相当于批复的结尾，是从上级机关的角度提出的一些补充性意见，或是表明希望、提出号召。如果同意下级请示，这里可写要求；如果不同意，也可提供其他解决办法。

4. 落款

写在批复正文右下方，署成文日期并加盖公章，成文日期用阿拉伯数字。

 **例文**

关于增补党总支委员的批复

丰台分公司党总支：

2021年×月×日你总支的请示中所提出的增补党总支委员的事项我们已经收到。经集团公司党委七名常委在×月×日的常委会上反复讨论决定，并举手表决，最终一致通过。现将决定告之你们，我们原则上同意你们上报的两名同志为你总支委员。

此决定。

中共××集团公司委员会
二〇二一年×月×日

简析：

这则批复并不是一个规范的批复。存在以下的问题值得注意。

(1) 标题不规范

批复的标题一般采用“发文机关＋表态词＋请示事项＋文种”的形式，该公文标题过于简单，表意不清。可改为《中共××集团公司委员会关于同意增补党总支委员的批复》。

(2) 表述不严密

一是在批复引语中没有写明是针对何时、何发文字号、关于何事的请示的答复。通常应表述为“你总支于2021年×月×日上报的《关于增补党总支委员的请示》(文号)收悉”。

二是批复意见中，没有对有关请示事项进行单独、完整的表述。对批复事项的表述中既要避免有些文种经常使用的指代形式，如“你总支的请示中所提出的增补党总支委员的事项……”的表述就不够准确和郑重，应表述为“你总支提出的增补×××、×××同志为党总支委员……”，都是对批复内容准确而郑重的表述形式。此外，不可使用文学作品中常用的承前省、蒙后省等表述方法。在该文中，“同意你们上报的两名同志为你总支委员”中“两名同志”必须写明具体姓名。

(3) 批复的意见不明确

本文中“原则上同意”，表现了上级机关的含糊态度，并不合适。

批复意见在“批复”中是核心内容，所以要特别注重表达方式是否全面、准确地反映了首长、机关的意图。从批复的内容上表达批复意见主要有以下几种类型：

① 同意请求批准的事项；

② 不同意请求批准的事项；

③ 部分同意请求批准的事项等。

在表达批复意见时应简要、明确地表明上级领导的意见，如“同意……”或“不同意……”，态度要十分鲜明，对于同意的事项通常应补充一些简短而必要的要求性语句。在不同意下级请示事项的批复中，则需用恳切的语词，简要讲明道理。对下级的请求意见，部分同意或部分不同意的批复，则更需要明确具体地讲清同意事项和不同意事项，并分别讲清原因理由，提出相应要求，同时还应把需要修改、补充、调整、说明的内容讲清。对尚不十分明确的问题，要尽量给予态度鲜明的答复，不能含糊其词、模棱两可。

(4) 语言啰唆不简洁

批复应力求做到篇无累段，段无累句，句无累字。即每一段、每一句、每个字都有其存在的价值。本文“经集团党委七名常委在×月×日的常委会上反复讨论决定，并举手表决，最终一致通过”一句中多有累赘之词。可直接表述为“经集团党委会研究决定，同意……”

(5) 结束语使用错误

批复的结束语只用“此复”或“特此批复”。有些批复以“此复”作结语，更多的批复不专设结语，仅以“要求”“希望”代之。

(6) 落款的时间书写不规范

落款时间使用汉字书写，不符合2012年颁布的《党政机关公文格式》规定，应使用阿拉伯数字书写为“2021年×月×日”。

二、通知的写法

（一）通知的含义和用途

通知适用于批转下级机关的公文，转发上级机关和不相隶属的机关的公文，传达要求下级机关办理和需要有关单位周知或者执行的事项。通知也可用于任免人员。

通知在行政公文中的使用频率极高，无级别限制，适用范围极宽。

（二）通知的特点

(1) 使用范围的广泛性。通知不受发文单位级别高低、职权大小的限制，各级机关单位都可以用通知行文。并且不受行文内容轻重的限制，无论是重要决策，还是日常工作安排，都可以用通知部署或知照。

(2) 编写的灵活性。因其内容的广泛性，通知的写作方法和写作方式可以不拘一格，根据不同的情况和需要制发相应的通知。

(3) 行文的时效性。通知是为解决现实问题而制发的，所以不能拖延，应快写、快发、快办。

（三）通知的种类

(1) 发布性通知：是上级机关发布一般行政法规、条例、办法等规章时所使用的通知。

(2) 批示性通知：这类通知分为两种，一是批转下级机关的公文的通知，称为批转性通知；二是转发上级机关、同级机关和不相隶属机关公文时所用的通知，称为转发性通知。

例文

国务院办公厅转发国务院体改办等部门
关于城镇医药卫生体制改革指导意见的通知

各省、自治区、直辖市人民政府，国务院各部委、各直属机构：

国务院体改办、国家计委、国家经贸委、财政部、劳动保障部、卫生部、药品监管局、中医药局《关于城镇医药卫生体制改革的指导意见》已经国务院同意，现转发给你们，请认真贯彻执行。

（国务院办公厅印）

××××年×月×日

附件：《关于城镇医药卫生体制改革的指导意见》（略）

简析：

这篇通知，内容是国务院办公厅转发国务院体改办等部门关于城镇医药卫生体制改革指导意见，表明了“同意”态度，提出了“认真贯彻执行”的要求。最后附上《关于城镇医药卫生体制改革的指导意见》文件做进一步的说明。

(3) 指示性通知：上级机关对下级机关的某项工作有所指示，要求办理或执行。而根据公文内容又不适用于命令时，则使用指示性通知。

例文

××学院关于做好网上传递文字信息工作的通知

各部门、各教研室：

学院决定从20××年3月1日起正式启用办公信息网。办公信息网开通以后，学院的文件、校讯、事务通知等文字信息将通过该网发送，不再制成纸质材料。为保证这一工作的顺利进行，现将有关事项通知如下。

一、学院服务器内为全校每位教职员工设立了一个邮箱，并为教研室主任以上的干部开设了WWW账户，每个邮箱都有自己的账户名和密码(WWW账户的用户名和密码同邮箱是共用的)。账户名的命名规则是使用人的名字的汉语拼音全拼，如“杨光”的账户名为“yangguang”，该账户名是不可更改的。为了保证信息的安全，每个账户都有对应的密码作为用户口令，用户要使用邮箱和WWW账户必须知道自己账户的密码，账户密码可自行更改。用户有责任保护自己账户密码不被他人盗用，因账户密码丢失造成的后果一律由本人负责。新建或丢失账户密码的用户可与计算机系×××联系(电话××××××××)。

二、学院办公信息网与国际互联网连接。为做好保密工作，学院要求所有下发的文件必须直接发送到教研室主任以上干部邮箱中，其他文字信息可网上发布。

三、网上传送有关文件等文字信息是一项要求标准高的全新工作。各部门要落实责任。学院要求各部门、各教研室指定一名兼职信息员具体负责此项工作，确保网上传送的文字信息及时准确，万无一失。

四、各部门、各教研室的信息员应保证本部门的计算机随时处于可用状态，严禁用办公用计算机进行与工作无关的操作，防止计算机病毒的感染与扩散。对因非工作原因造成系统或硬件损坏影响正常工作的，学院将追查当事人的责任。

五、各部门、各教研室信息员每天至少打开邮箱两次(上午9点、下午3点)。各部门发布开会通知，必须有一定提前量，避免误事。

六、各部门、各教研室信息员必须保证发布和接收信息的及时和严谨，并通知有关人员及时阅文、按时参加会议以及切实掌握有关文件、通知要求等。同时要及时清理无效信息，保证网络信息的真实和有效。

七、要求各部门将信息员名单于3月10日前报学院办公室。

八、在实行网上传送文字信息工作中遇到的具体问题，请及时与学院办公室和计算机信息工程系联系。

××学院办公室
××××年×月×日

简析：

这是一则指示性通知，用于布置下级机关正确进行某项工作。指示性通知的主体部分要写通知事项，主要是布置工作任务，阐述工作意见、措施、办法以及应注意的问题，一般是分段或分条列项写。例文主体部分的内容和结构正是如此。此文体现了以下几个特点。

① 主旨明确。例文的主体部分共写了八个事项，这八个事项都与全文的主旨即标题中的事由——“做好网上传递文字信息工作”密切相关，没有一个事项游离于这个中心。因此，文章的主旨并未因事项较多而变得模糊。

② 具体可行。例文中的八个事项都是具体、明确的说明和要求，没有任何抽象的说明、空泛的议论和缺乏可操作性的要求，因而便于受文单位贯彻执行。

③ 条理清楚。例文中的八个事项并不是随意排列的。第一个事项说明邮箱的使用方法，因为会使用邮箱是做好网上文字信息工作的基础条件。

④ 措施周密。通过前面对八个事项排列顺序的分析，可以看出例文所提措施之周密。第一个事项的主要内容是说明邮箱的使用方法，随后，例文又提醒用户保护账户密码，并以丢失密码后果自负相警告。有了这样的提醒和警告，并不能绝对保证用户不丢失账户密码，那么一旦丢失了怎么办？另一种情况是，用户有保护密码的意识，未丢失也要新建一个自己认为更可靠的密码，这又怎么办？这段的最后一句说明解决这两个问题的具体方式，可见其周密性。

上述特点决定了这则通知是一个实用性很强的文件，必能对××××院的网上传递文字信息工作切实起到指导作用。

(4) 会议通知：上级机关召开比较重要的会议，不宜用电话或者其他形式通知，可提前向所属有关单位下发会议通知。

 **例文**

北京市数学会
关于召开第六届研讨会的通知

市各高等院校：

为了交流近一年来我市各高校在数学教学方面的先进经验，共同提高我市高校的数学教学质量，根据市教委大力搞好高校基础教育的精神，我会拟主持召开“第六届北京市高等院校数学教学与科研研讨会”。现将有关事项通知如下。

一、会议主题

1. 交流各高等院校数学学科在教学与科研管理、专业建设、课程建设等方面的经验；

2. 学习一年来在科学研究方面的新成果。

二、与会人员

各高校数学教学的相关工作者，各院校限3人参加。

三、会议时间、地点

20××年7月18日至21日，会期四天；会议在北京××大学召开。

四、会议要求

1. 请于7月5日前将回执寄回，报名截止于此日，以便安排住宿；

2. 请于7月17日17:00前在北京××大学办公楼101室报到；

3. 请携带本通知作为入场凭证；

4. 请与会人员携带与本会议主题相关的教学材料；

5. 每人收取会务费人民币50元，食宿由主办方承担，交通费自理；

6. 如有疑问请电话咨询：010—××××××××　王老师

附件：会议回执单

北京市数学会

20××年6月29日

简析：

本文是一篇典型的会议通知，文章层次分明，语言简洁、准确。

会议通知是一种用来知照各相关人员召开某一会议的时间、地点及参加会议要求的专用通知。

在结构上主要分为两个部分：制发通知的缘由和通知事项，其中制发缘由部分要写召开会议的目的、依据和会议名称；文中承启语后，在通知事项部分要写清会议的主题、与会人员、时间、地点及相关注意事项。

在写作会议通知时，标题一般写成《××关于召开……会议的通知》。会议主题要写得集中而明确，让参加会议人员可以在会前做好相应的准备，这样可以较好地达到召开会议的目的。与会人员部分要明确指出要求哪些人来参加会议，以便指派相关人员出席。会议时间地点要写得具体且准确，以免给参加会议人员造成不必要的麻烦。会议要求可以根据会议的具体情况提出，如会议规模的大小、规格的高低等来相应地增减要求中的内容。

会议通知通常采用分条列项式写法。如果是供机关、单位内部张贴的会议通知，可不写受文对象，只需在文中说明会议时间、地点、内容、准备材料及出席人员等。

(5) 任免通知：上级机关在任免下级机关的领导人或上级机关的有关任免事项，需要下级机关知道时，要发任免通知。

 **例文**

××学院关于×××同志等职务任免的通知

××字〔2021〕15号

各系、部、处、馆：

经院长办公会议研究决定，任命王××同志为法律系主任，免去刘××同志系主任的职务；任命汪××同志为中文系主任，免去李××代主任的职务。

××学院

2021年×月×日

简析：

这是一则关于人事任免的通知。整篇通知虽然篇幅短小，却要素齐全，由标题、主送机关、正文、落款四部分构成。写作上开门见山，简洁利落，符合人事任免通知比较规范和常用的写作格式和方法。

(6) 知照性通知：上级机关的有关事项需要使下级机关知道或者办理时，如启用印章，成立、调整或撤销某个机构，催报材料、报表，变更作息时间等，可使用的通知。

例文

北京市教育委员会关于公布

2021年北京地区高校大学生优秀创业团队评选结果的通知

京教函〔2021〕353号

各普通高等学校及研究生培养单位：

为全面贯彻落实国家和北京市关于“大众创业、万众创新”的精神和要求，深入实施《北京高校高质量就业创业计划》，切实对高校大学生创业给予支持，树立大学生创业典型，营造良好的创新创业氛围，按照《北京市教育委员会关于评选2021年北京地区高校大学生优秀创业团队的通知》(京教函〔2021〕153号)要求，今年4月至6月，我委组织开展了2021年北京地区高校大学生优秀创业团队评选工作，61所高校及研究生培养单位共推荐了1920支创业团队参加此次评选。经团队报名、高校初评、专家网络评审、复赛现场答辩和决赛现场答辩等环节，评选出北京地区高校大学生优秀创业团队149支，其中一等奖30支，二等奖51支，三等奖68支(附件1)。评选结果经公示无异议，现予公布。

按照评选文件要求，依据2021年各高校获奖团队数量，评选出北京工业大学等15所高校荣获“最佳组织奖”(附件2)。以各高校推荐团队数量超过总体平均数为标准，评选出北京体育大学等13所高校荣获“优秀组织奖”(附件3)。其中，已获评“最佳组织奖”的高校不再重复获评“优秀组织奖”。

附件1：2021年北京地区高校大学生优质创业团队获奖名单

附件2：2021年北京地区高校大学生优秀创业团队评选“最佳组织奖”获奖高校名单

附件3：2021年北京地区高校大学生优秀创业团队评选“优秀组织奖”获奖高校名单

北京市教育委员会

2021年7月15日

资料来源：北京市教育委员会. http://jw.beijing.gov.cn. 2021

简析：

这是一篇关于竞赛结果的告知性通知。按照“目的”“依据”“时间”“结果”的线索行文，内容简洁明确，条理清晰。

(四) 通知的正文写作

通知的正文一般可以包括三个部分,即通知缘由、通知事项和通知结语。如果通知缘由后有承起语,如现将有关事项通知如下,通知结语可以省略。

(1) 通知缘由。要写明制发通知的原因、目的、依据或意义。

(2) 通知事项。要写明要求主要受文单位承办、执行或应予知晓的事项。通知事项多应分条列项写出,条目分明。

(3) 通知要求。有的在通知事项中一并提出要求,也有的在事项之后另提出几点执行要求。

任务实施

1. 改错题

请指出下则通知中存在的错误,并改正。

××学院召开布置学术研讨工作会议的通知

各学院、教务处、科研处:

为顺利开展今年学术研讨工作,学院准备召开布置学术研讨工作的会议。现将有关内容通知如下。

一、会议时间

2009 年 3 月 2 日。

二、会议地点

行政楼 2 楼会议室。

三、参加人员

各学院负责科研工作的院长和相关人员。

四、会议内容

1. 布置学校今年科研总体工作。
2. 听取各学院今年科研工作设想。

二〇〇九年二月二十四日

2. 根据任务情境,按照下行文规范格式,完成一则会议通知的写作

北京华×安保集团公司决定于 20××年 7 月 10 日上午 9:00—11:00,在集团公司办公楼一楼报告厅召开优秀保安员表彰大会。于 6 月 28 日发出会议通知。会议的内容是对处置初期火灾的集团×项目部优秀保安员李××同志进行嘉奖,并进行事迹报告和经验交流。集团公司所属各分公司、各项目部、各职能部门领导及本部门至少 1 名员工代表参加会议。由于会邀请甲方单位有关领导出席,因此会议要求与会人员:着装整齐,提前 10 分钟入场,按指定区域就座,会议期间遵守会场纪律,保持通讯设备安静,不随意出入会场。

3. 计算机操作

恒卫所在安保集团准备召开表彰大会,办公室按照会议的要求撰写并排版了会议通知，传达给各个部门。具体计算机操作步骤如下。

（1）页面设置

① 建立一个 Word 文档，将此文档命名为“部关于召开优秀保安员表彰大会的通知”，并且在编辑的过程中即时保存。

② 选择“布局”选项卡，单击“页面设置”组右下角的箭头，打开“页面设置”对话框，默认选项卡为“页边距”，上页边距为 3 厘米，下页边距为 2 厘米，左页边距为 2.8 厘米，右页边距为 2.6 厘米；在“页面设置”对话框中单击“布局”选项卡，将“页眉和页脚”中“奇偶页不同”“首页不同”选项处打都“√”；

③ “插入”选项卡中单击“形状”按钮，然后选择直线，鼠标会变成“＋”，拖动鼠标从左到右画一条水平线。选中直线，在“形状格式”选项卡中，单击“形状样式”组右下角的箭头，打开“设置形状格式”对话框，在其中设置宽度为“4.5 磅”，“复合类型”选择上粗下细的样式，颜色选择红色，如图 6-9 所示；

④ 在“大小”组中，“高度”为 0 厘米，“宽度”设置为“17 厘米”。

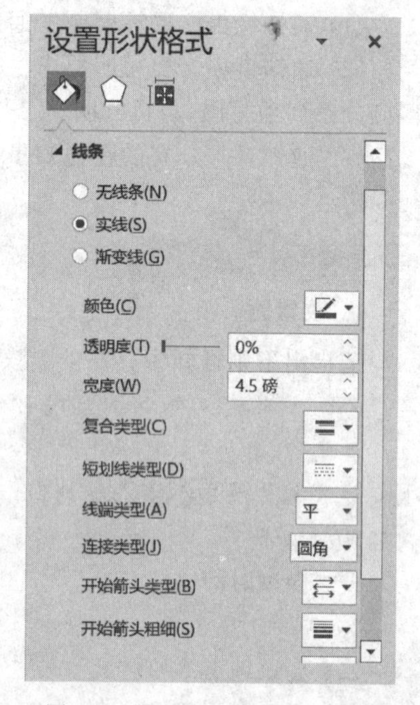

图 6-9 设置水平线的形状格式

（2）插入页码

选择“插入”选项卡，在“页眉和页脚”组中单击“页码”按钮，再单击“页面底端”，选择“普通数字 3”样式。单击“页码”后选择“设置页码格式”，打开“页码格式”对话框，在“编号格式”中选择“全角”，单击“确定”按钮。

双击页码，在页码两边各加上一条全角方式的短线，并将页码字号设置成“四号”，字体任意。奇数页的页码设置为右空一个汉字，偶数页的页码设置为左空一个汉字。首页不显示页码。

（3）发文字号设置

输入发文字号，括号要是用六角括号。将发文字号使用“退格键”移动到首条红色双线下右侧顶格第一行位置。

方法一：右击软键盘标点符号，在符号大全中找到六角括号“〔〕”，双击该符号即可以插入。

方法二：选择“插入”选项卡符号组，单击“符号”按钮，在其他符号中找到六角括号后，将光标置于准备插入的地方，单击“插入”按钮。

（4）文本设置

标题使用二号小标宋体字，居中显示。正文使用三号仿宋体字，表格内文字设置为小四号楷体。

（5）成文日期的编辑制作

在正文之后，根据安保公司印章的大小确定成文日期的位置，因为只有一个印章，一般在正文之后按“回车”键，回车 4 行后，输入年月日，最后的“日”字，要与版心右侧保持

4 字的位置。

任务评价

填写表 6-4，完成通知的写作评价。

表 6-4　通知的写作评价表

评价项目	权重	评价内容	评价标准				自我评分	小组评分	教师评分
			优	良	中	差			
文种选择	5	选择恰当文种进行撰写	5		3				
形式内容	30	版头：要素齐全、完整规范 主体：要素位置规范、字号行距符合要求 版记：规范	10 10 10		5 5 5				
内容要素	40	标题：揭示主题、简洁明快 开头：说明缘由 正文：内容完整，包括会议名称、时间、地点、会议内容、会议要求等 落款：发文机关署名、盖章、日期位置准确，形式规范	5 10 15 10		3 5 8 5				
语言	15	准确、简洁、平实	15		8				
版面设计	10	符合格式规范、清晰美观	10		5				
合　计									

任务四　平行文的拟写与制发——函、会议纪要

【任务情境】

最近，恒卫所在的安保集团某项目部一名保安员在岗执勤期间及时发现火灾隐患，扑灭了初起火灾，得到了甲方的高度认可。集团公司在给予这名保安员通报嘉奖的同时，希望进一步宣传相关经验，激发基层员工增长本领、积极进取的精神面貌，决定召开优秀保安员表彰奖励大会。集团公司发文与该保安员服务的甲方单位联系，邀请甲方相关部门领导到公司出席表彰大会。表彰活动结束后，公司将表彰大会的会议纪要下发全公司。

任务分析

当两个没有隶属关系的单位联系、商洽事宜时，通常使用平行文，最主要的文种就是“函”。我们应通过学习，了解函的性质、功能和文种特点，掌握函的格式和写法，并特别

注意一般书信与函的异同。此外，会议纪要根据主送机关与发文机关的关系，既能够做上行文，也能够做下行文。函与会议纪要的格式，与一般公文有所不同，需要特别掌握。

任务准备

一、函的写法

（一）函的含义和用途

函是党政部门、企事业单位、机关团体之间商洽工作、询问和答复问题，或是向有关主管部门请求批准某种事项时使用的公文文种。函属于平行文。作为公文的函，与一般的信函不同，用于不相隶属机关之间的公务往来，也适用于不属于行政组织系统中上下级关系的有关业务主管部门的公务往来。函也称为公函。

（二）函的特点

1. 行文的多向性

公文中只有函具有多种行文方向，大部分用于平行机关或不相隶属机关之间，有时也可用于上行或下行。

2. 功能的多用性

函的用途广泛，使用频率高。主要用于不相隶属机关之间商洽工作，询问、答复问题，周知事项，也可以向业务主管部门请求批准有关事项，还可以用于上下级之间的公务联系。

3. 写作的灵活性

篇幅短小，轻捷简便，写法灵活，不受公文格式的严格限制。

（三）函的种类

（1）商洽函。联系、商洽、协商某项工作，用于不相隶属机关之间。例如人事调动，业务交往等。提出商议事宜和要求的函称为致函，给予答复的函称为复函。

（2）询答函。用于部门单位之间询问政策性和业务性的问题，或用于需要搞清楚的事项。提出询问的函称为致函，给予解答的函称为复函。这类函既可以用于不相隶属机关之间，在特殊情况下，也可以用于有行政组织关系的上下级之间。

（3）请批函。这类公函用于不相隶属机关之间，一方向另一方业务主管部门请求批准某些事项。提出请求的函称为致函，即请求批准的函；另一方主管部门审批后所做的答复称为复函，即审批事项的函。

（四）函的格式与写法

公函包括标题、主送机关、正文、发文机关、日期等。

（1）标题。一般由“发文机关＋事由＋文种”组成。一般发函为《关于××（事由）的函》；复函为《关于××(答复事项)的复函》。

(2) 主送机关。函的行文对象一般情况下是明确、单一的，所以多数函的主送机关只有一个。

(3) 正文。无论是商洽函、询答函还是请批函，正文写法都是相同的，即开头、主体、结尾三部分。只是致函和复函有所区别。

① 致函的写法。开头交代去函的原因和目的，要简明扼要，意思明确。主体言明询问或商洽的内容，要写得条理明晰，语言准确，遵循一文一事的原则，把所要说明的问题写透彻。切忌过多的分析评价，适当使用议论。结尾要用语得体，以平等的态度表述意见，提出要求。常用“盼复”“以上意见，请函复为盼”等公文专用语。

② 复函的写法。开头先引叙来文，例如使用“你局《关于××问题的报告》(×发〔200×〕×号)收悉，经研究回复如下”等语。表现为平级机关之间或不相隶属机关之间的平等关系，体现出礼貌平和。主体针对致函所商洽或询问的事项，作出答复。如果内容较多，要列出条目，一一解答。复函的用语，要明确具体，准确平实，态度诚恳，朴实亲切。结尾一般常使用“特此专复”“特此复函”等词语作结。

(4) 发文机关。

(5) 日期。

(五) 写作注意事项

1. 一函一事，简练行文

函作为平行文，不管是致函还是复函，都采取一文一事的写法，避免啰唆繁杂，不得要领。写致函时，本着一事来写，或咨询，或商洽，或请求；写复函时，本着致函来答，不另生枝节。

2. 语气平缓，态度平等

函用于不相隶属机关时，写作态度要保持平等的关系。作为下级向不相隶属的上级机关行文，不必低声下气；作为上级机关给非主管单位的函，也不可颐指气使。双方保持平等关系，既要尊重对方，又须使用平和用语。

3. 开门见山，直陈其事

与日常生活中往来的信函不同，公文的函不必使用问候语，更不必赘述其他内容，而是开门见山，直陈其事，主题鲜明，文意严密。

函的例文如下。

例文

1. 商洽函

关于商洽委托培训高级安保经理人的函

××职业学院：

华×安保集团公司由于近年来业务领域不断拓展，新引进、提拔使用的高级安保经理人数量较多，其中一些同志是从其他行业引进的职业经理人，缺乏专门的安保理论知识和职业技能的培训,迫切需要及时开展技能提升培训。

在目前国内针对高级安保职业经理人的职业资格证书培训开展尚不普遍的情况下,我们自网络查询到贵校的安全保卫管理专业办学水平居全国领先水平,且具备完善的安保专业实训资源和培训保障条件。为此,我公司特提出通过校企合作,由贵院针对我司需求,为我司订制高级安保职业经理人能力提升培训整体解决方案,并承担相应的培训项目组织与教学。有关培训方案及所需费用,由校企双方协商并通过协议明确。我司迫切希望于5月底前与贵校有关专业所属二级学院及业务部门对接,启动此项工作,并就校企双方今后的深度战略合作进行会商。

恳请函复为盼。

×××集团公司(印章)

20××年5月15日

简析:

这是一份商洽函。正文分四个层次:其一写本单位相关人员素质和技能亟待提高,这是行文的缘由、背景;其二,写知悉对方在专业领域的影响力和办学水平,萌生了合作意愿;其三,提出了具体的合作意向、方式,并提出了具体的商洽事项。最后,请求对方答复。

文章思路清晰,环环相扣,逻辑性强。"贵校""请函复为盼"一类具谦敬意味的词句,体现了商洽函的语体特征。

例文

2. 询答函

关于给××超市总公司商租商场一事的复函

上海××超市总公司:

贵公司《关于商租××商厦五楼的函》(沪×超函〔×××〕20号)收悉,经研究,现答复如下。

贵公司欲租我商厦五楼闲置的楼面开设超市,这是方便顾客的购买需求,有利于盘活我商厦的闲置资源、扩大我商厦的经营规模与商品种类的好事,本商厦欢迎贵公司来我商厦五楼开设超市。具体租金请贵公司来人面洽。

特此复函。

上海××商厦

××××年4月1日

简析:

这是答复对方商洽事项的函。正文开头引述对方来函标题及发文字号,以作复函缘由,继而用"经研究,现答复如下"一语过渡到主体部分。主体部分先概括对方来函所商洽的事项及意义,既是对来函的回应,又表达了自己的态度。紧承这句,做出"欢迎"合作的表态,并提出面谈要求。文章针对性强,态度诚恳,表述严谨,行文规范。

二、会议纪要的写作

（一）会议纪要的含义和用途

会议纪要是根据会议记录和会议文件以及其他有关材料加工整理而成的，是反映会议基本情况和精神的纪实性公文。有的需要下发执行的会议纪要，可以“通知”形式发出。

（二）会议纪要的特点

（1）综合性。会议纪要是在对会议中各种材料、与会人员的发言以及会议简报等进行综合分析和概括提炼基础上形成的，具有整理和提要的基本特点。

（2）指导性。这一特性包含两层含义：一是会议本身的权威性；二是会议纪要集中反映了会议的主要精神和决定事项。因而纪要一经下发，将对有关单位和人员产生约束力，起着类似于指示、决定或决议等指挥性公文的作用。会议纪要还可以作为与会同志向单位领导汇报、向群众传达的文字依据。

（3）备考性。一些会议纪要主要不是为了贯彻执行，而是向上汇报或向下通报情况，必要时可作查阅之用。

（三）会议纪要的种类

按照会议性质来分，会议纪要大致有办公会议纪要、专题会议纪要、联席（协调）会议纪要、座谈会议纪要等。

办公会议纪要是记述机关或企业、事业单位等对重要的、综合性工作进行讨论、研究、议决等事项的一种会议纪要。办公会议纪要一般有例行型办公会议纪要，即记述例行办公会议情况及其议决事项的会议纪要，以及现场办公会议纪要，即为解决某重大问题而召集有关方面和有关单位在现场研究、议决或协商的办公会议纪要。

专题会议纪要是专门记述座谈会讨论、研究的情况与成果的一种会议纪要。其主要特点是主题的集中性与观点意见的分呈性相结合，既要归纳比较集中、统一的认识，又要将各种不同观点和倾向性意见都归纳表达出来。

（四）会议纪要的格式与写法

会议纪要一般分两大部分。开头第一部分一般应写明会议概况，包括会议进行的时间、地点、届次、组织者、出席和列席人员名单、主持人、会议议程和进行情况以及对会议的总体评价等。第二部分是纪要的中心部分，反映会议的主要精神、讨论意见和议决事项等。根据会议性质、规模、议题等不同，大致可以有以下三种写法。

（1）集中概述法。这种写法是把会议的基本情况，讨论研究的主要问题，与会人员的认识、议定的有关事项（包括解决问题的措施、办法和要求等），用概括叙述的方法，进行整体的阐述和说明。这种写法多用于召开小型会议，而且讨论的问题比较集中单一，意见比较统一，容易贯彻操作，写的篇幅相对短小。如果会议的议题较多，可分条列述。

（2）分项叙述法。召开大中型会议或议题较多的会议，一般要采取分项叙述的办法，即把会议的主要内容分成几个大的问题,运用标号或小标题,分项来写。这种写法侧重于横向分析阐述,内容相对全面,问题也说得比较细,常常包括对目的、意义、现状的分析,以及目标、任务、政策措施等的阐述。这种纪要一般用于需要基层全面领会、深入贯彻的会议。

(3) 发言提要法。这种写法是把会上具有典型性、代表性的发言加以整理,提炼出内容要点和精神实质,然后按照发言顺序或不同内容,分别加以阐述说明。这种写法能比较如实地反映与会人员的意见。某些根据上级机关布置,需要了解与会人员不同意见的会议纪要,可采用这种写法。

例文

全国城市经济体制改革试点工作座谈会纪要

(××××年×月×日)

××××年×月×日至×日,国家发改委在××省××市召开了全国城市经济体制改革试点工作座谈会。三十一个省、自治区、直辖市发改委的负责同志,五十八个试点城市的负责同志,以及中央、国务院有关部门的负责同志共二百多人参加了会议。会上传达学习了中央领导同志最近的重要讲话,交流了试点城市改革的情况和经验,研究了新形势下继续推进城市经济体制改革等工作。

(1) 统一认识,明确今年改革的方针和主要任务。(略)

(2) 进一步精简机构,政企分开,搞活企业。(略)

(3) 健全的完善市场经济机制,理顺经济关系。(略)

(4) 精心指导,保证改革健康发展。(略)

与会同志一致表示,当前改革进入攻坚阶段,我们要坚定地贯彻党中央和国务院的部署,精心组织,精心指导,搞好调查研究,把城市经济体制改革引向深入,为建立有中国特色的社会主义市场经济做出新贡献。

简析:

例文是用于发表的会议纪要,不遵循会议纪要特定格式,而用题注标明成文时间。标题由会议名称和文种两个要素构成,这是会议纪要标题最常见的写法。正文的开头部分(第一自然段)简要介绍会议情况,主要包括召开会议的时间、地点、与会人员等。主体部分具体写明会议内容,归纳为四个方面介绍。结尾部分(最后一个自然段)既是对会议内容的总结,又是对会后工作的展望和希望。

小贴士

会议纪要与会议记录的区别

会议纪要与会议记录既有区别,又有联系。会议记录是会议纪要的基础,做好详尽准确的会议记录,对写好会议纪要很有帮助。但会议纪要不等于会议记录,前者要对回忆记录进行提炼加工,在写作上有更高要求。在格式上二者也有区别。会议纪要是公文,有自己的标准格式要求,会议记录则是会议文书,有其作为一般事务文书的格式要求。

任务实施

1. 请指出下面这则会议纪要存在的问题，并进行修改

××学院产学研讨会议

时间：2006年2月16日上午

主持人：王大龙

出席人：吴立峰、王玉珍、陈嘉星、陈运能、李福良、黄炜、刘朝丰

列席人：略

一、会议决定，王梅珍同志协助王大龙同志主持学院行政日常工作。各单位、部门要及时向分管领导请示汇报工作，分管领导要在职权范围内大胆工作，不要前怕狼后怕虎。如有重要问题需要学院解决，则提交办公会议研究。

二、××同志传达了全国第×次产学研讨会议精神和20××年全省教育工作要点。

三、会上大伙一致决定，要进一步关心学生的生活问题。(略)

四、会议决定，要规范学生的技能鉴定工作。(略)

记录人：李晓东

20××年3月20日

2. 请根据任务情境中的有关材料，写一份函

最近，恒卫所在的安保集团某项目部一名保安员在岗执勤期间及时发现火灾隐患，扑灭了初起火灾，得到了甲方的高度认可。集团公司在给予这名保安员通报嘉奖的同时，希望进一步宣传相关经验，激发基层员工增长本领、积极进取的精神面貌，决定召开优秀保安员表彰奖励大会。集团公司发文与该保安员服务的甲方单位联系，邀请甲方相关部门领导到公司出席表彰大会。表彰大会时间为20××年7月10日上午9:00—11:00，地点在在集团公司办公楼一楼报告厅。

要求：(1) 根据《党政机关公文格式》中函的标准格式进行撰写；

(2) 标题、发文字号等要素具体内容可自拟。

3. 计算机操作

恒卫所在安保集团准备召开表彰大会，邀请甲方相关部门领导出席，办公室拟定邀请函内容，并且进行排版，具体计算机操作步骤如下。

(1) 页面设置

① 建立一个Word文档，将此文档命名为“华×安保集团关于邀请参加优秀保安员表彰大会的函”，并且在编辑的过程中即时保存；

② 选择“布局”选项卡，单击“页面设置”组右下角的箭头，打开“页面设置”对话框，默认选项卡为“页边距”，设置上页边距为3厘米，下页边距为2厘米；

③ “插入”选项卡中单击“形状”按钮，然后选择直线，鼠标会变成“+”，拖动鼠标从左到右画一条水平线。选中直线，在“形状格式”选项卡中，单击“形状样式”组右下角的箭头，打开“设置形状格式”对话框，在其中设置宽度为“4.5磅”，“复合类型”选择上粗下细的样式，颜色选择红色；

④ 在“大小”组中，“高度”为0厘米，“宽度”设置为“17厘米”。

(2) 插入页码

选择“插入”选项卡,在“页眉和页脚”组中单击“页码”按钮,再单击“页面底端”,选择“普通数字 3”样式。单击“页码”后选择“设置页码格式”,打开“页码格式”对话框,在“编号格式”中选择“全角”,单击“确定”按钮。双击页码,在页码两边各加上一条全角方式的短线,并将页码字号设置成“四号”,字体任意。奇数页的页码设置为右空一个汉字,偶数页的页码设置为左空一个汉字。首页不显示页码。

(3) 发文字号设置

输入发文字号,括号要是用六角括号。将发文字号使用“退格键”移动到首条红色双线下右侧顶格第一行位置。

方法一:右击软键盘标点符号,在符号大全中找到六角括号“〔〕”,双击该符号即可以插入。

方法二:选择“插入”选项卡符号组,单击“符号”按钮,在其他符号中找到六角括号后,将光标置于准备插入的地方,单击“插入”按钮。

(4) 文本设置

标题使用二号小标宋体字,居中显示。正文使用三号仿宋体字,表格内文字设置为小四号楷体。

(5) 成文日期的编辑制作

正文之后,根据公司印章大小确定成文日期的位置。因为只有一个印章,一般在正文之后按“回车”键,回车 4 行后,输入年月日,最后的“日”字与版心右侧保持 4 字的距离。

任务评价

填写表 6-5,完成函的写作评价。

表 6-5 函的写作评价表

评价项目	权重	评价内容	评价标准				自我评分	小组评分	教师评分
			优	良	中	差			
文种选择	5	选择恰当文种进行撰写	5		3				
形式内容	30	版头:要素齐全、完整规范	10		5				
		主体:要素位置规范、字号行距符合要求	10		5				
		版记:规范	10		5				
内容要素	40	标题:揭示主题、简洁明快	5		3				
		正文:内容完整,写清缘由、商洽事项的具体内容和要求	25		13				
		落款:发文机关署名、盖章、日期位置准确,形式规范	10		5				
语言	15	准确、典雅、简洁	15		8				
版面设计	10	符合格式规范、清晰美观	10		5				
合计									

项目七　商务文书的写作

商务文书是商贸经济事务中的应用文书，是企业在生产经营管理活动中产生的，按照严格的、既定的生效流程和规范的格式制作的，具有贯彻方针政策、指导工作、传递信息以及内部沟通和外部联络等功能的重要载体。规范严谨的制作商务文书，已经成为现代企业管理的基础和提高企业持续竞争力不可或缺的一项工作。

由于商务文书的撰写必须严格依照政策、法律法规规定，又涵盖了市场营销、管理学、会计分析等多种学科知识，要求撰写者同时要具备相关的商务专业知识和相关行业的专业知识，广博性和专业性要求都很高，因此它也成了应用写作的难点。

商务文书的种类比较多，分类方法各不相同。一些种类在本书其他项目中已经进行了详细的介绍。针对行业企业应用广泛、需求迫切的商务文书写作要求，本项目专门针对安保行业商务营销运作类文书中，"安保项目投标文件"的制作要求进行专项学习和训练。

学习目标

知识目标：

(1) 了解招标与投标的基本概念、特点及其程序；

(2) 理解招标书、投标书的概念、种类及特点；

(3) 识记招标文件、投标文件的内容和格式要求。

能力目标：

能够遵照安保项目招投标工作流程，结合项目实际，按照投标文件的要求，规范制作安保项目投标文件。

素养目标：

(1) 理解招投标文件的情感色彩；

(2) 把握投标文件恰当的语体风格和语气特点；

(3) 真实感受招投标活动的程序性和细节要求，树立严谨、细致、规范、不怕困难、精益求精的精神。

任务一　招投标项目的管理

招投标项目的管理

情境导入

恒卫经过在项目部的安保一线实践锻炼，对一般安保服务项目的日常管理和运营有了进一步的认识。为了充分发挥他专业技能和写作能力双突出的优势，也为了让他对安保企业的业务运行和行业市场发展趋势有进一步的认识，总公司再次对恒卫的岗位进行了调整，将他调往市场部任商务专员。

来到市场部后，恒卫加入了一个安保项目的投标工作。他首先就得弄明白什么是招标投标，那厚厚的招标文件怎么解读，投标文件又怎么撰写，整个团队奋战后的投标文件能不能带来理想的投标结果，等等。这让他感受到了前所未有的压力和挑战。

任务分析

伴随着安保行业管理和市场化活动日益规范，目前许多大型活动的安保服务项目，国家机关、企事业单位、社区物业的安保服务项目等，都需要通过招投标的方式进行激烈竞争才能拿到项目合同。了解招投标程序，掌握招投标中各种文书的写法，是安保企业业务发展的要求，也是一名安保职业人才必须具备的能力。具备良好的安保商务文书写作能力，无疑具备了更大的就业竞争力和职业发展空间。要完成投标任务，顺利拿到项目，就需要了解：

(1) 招标与投标的概念；

(2) 招标与投标的基本程序；

(3) 参与投标的注意事项。

任务准备

一、招标与投标概述

招标投标是一种国际上普遍运用的、有组织的市场交易行为，是贸易中的一种工程、货物、服务的买卖方式。在这种方式采购中，买方（招标人）通过事先公开的采购要求，吸引众多的卖方（投标人）平等参与竞争，按照规定程序并组织技术、经济和法律等方面专家对众多的投标人进行综合评审，从中择优选定中标人。其实质是买方穷其办法选择卖方的过程。

招投标通过事先公布采购条件和要求，众多的投标人按照同等条件进行竞争，招标人按照规定程序从中选择订约方这一系列程序，真正实现了“公开、公平、公正”的市场竞争原则，有利于打破行业垄断，进行正常的市场竞争。而这对于促进企业的改革和管理、增强企业的活力、提高企业的经济效益，无疑具有十分重要的作用。

安保行业属于现代服务业。安保行业的招标投标，是在市场经济条件下进行安保服务经济活动的一种竞争形式，是引入竞争机制订立合同的一种法律形式，逐步成为安保行业项目管理流程中的重要一环，如图 7-1 所示。安保项目的招投标活动，同样要严格遵循《中华人民共和国招标投标法》《中华人民共和国政府采购法》《中华人民共和国招标投标法实施条例》等相关法律，依法依规开展，维护良性的市场竞争秩序。

二、招标与投标的概念

招标和投标是一种贸易方式的两个方面。所谓“标”，是用比价方式进行货物、工程发包或服务采购时，各竞争供货商、服务商所标出的价格。

1. 招标

招标是指招标人（买方）发出招标公告或投标邀请书，说明招标的工程、货物、服务的

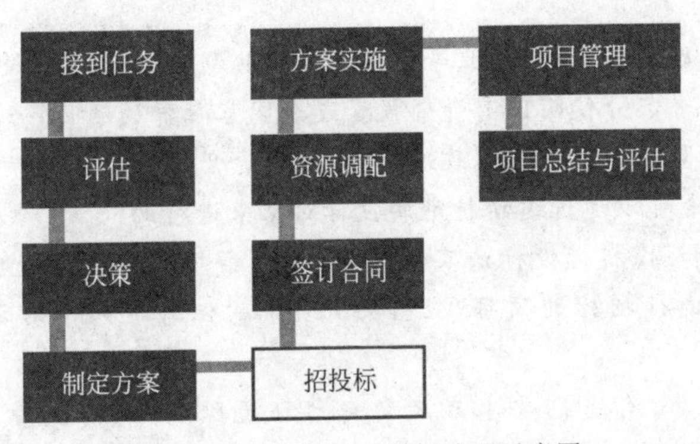

图 7-1　安保服务项目管理流程示意图

范围、标段(标包)划分、数量、投标人(卖方)的资格要求等,邀请特定或不特定的投标人(卖方)在规定的时间、地点按照一定的程序进行投标的行为。

招标的方式分为公开招标和邀请招标。

(1) 公开招标是指是指招标人以招标公告的方式邀请不特定的法人或者其他组织投标(投标单位不足 3 个,应重新招标)。

(2) 邀请招标是指招标人以投标邀请书的方式向 3 个以上具备承担招标项目的能力、资信良好的特定的法人或者其他组织发出投标邀请书,邀请其参与投标的活动。

2. 投标

投标是与招标相对应的概念,是投标人对招标的响应,竞争做承包者的行为。具体是指投标人应招标人特定或不特定的邀请,按照招标文件规定的要求,在规定的时间和地点主动向招标人递交投标文件并以中标为目的的行为。

知识拓展

什么项目必须进行招投标?

凡是在中国境内进行的招标投标活动,不论招标主体的性质,招标采购的资金性质、招标采购项目的性质如何,都适用《招标投标法》的有关规定。从招标主体上说,包括政府机构、国有企事业单位、集体企业、私人企业、外商投资企业以及其他非法人组织等的招标;从项目资金来源上说,包括利用国有资金、国际组织或外国政府贷款及援助资金,企业自有资金,商业性或政策性贷款,政府机关或事业单位列入财政预算的消费性资金进行的招标;从采购对象上说,包括工程(建造、改建、拆除、修缮或翻新以及管线敷设、装饰装修等),货物(设备、材料、产品、电力等)服务(咨询、勘察、设计、监理、维修、保险等)的招标采购,且不论采购金额或投资额的大小。招标又分为自愿招标和强制招标。自愿招标的程序要求相对灵活,但法律规定的强制招标,则要求非常严格。那么什么项目必须要进行强制招标?

中华人民共和国《招标投标法》第三条规定如下。

在中华人民共和国境内进行下列工程建设项目包括项目的勘察、设计、施工、监理以及与工程建设有关的重要设备、材料等的采购,必须进行招标:

（一）大型基础设施、公用事业等关系社会公共利益、公众安全的项目；

（二）全部或者部分使用国有资金投资或者国家融资的项目；

（三）使用国际组织或者外国政府贷款、援助资金的项目。

但也有些标是可以通过邀请特定的投标对象来进行的。

中华人民共和国《招标投标法实施条例》第八条规定，国有资金占控股或者主导地位的依法必须进行招标的项目，应当公开招标；但有下列情形之一的，可以邀请招标：

（一）技术困难、有特别要求或者受自然环境限制，只有少量潜在投标人可供选择；

（二）采纳公开招标方式的费用占项目合同金额的比例过大。

三、招标与投标的基本程序

《招标投标法》第三章第41条，规定了招标投标程序，并在第五章规定了违反这些程序性规则应承担的法律责任。一个完整的招标投标过程，包括招标、投标、开标、评标和定标五个环节，如图7-2所示。招标作为起始步骤，其程序规范与否，直接关系到以后各个环节能否顺利进行，对于整个招投标过程有着非常重要的意义。

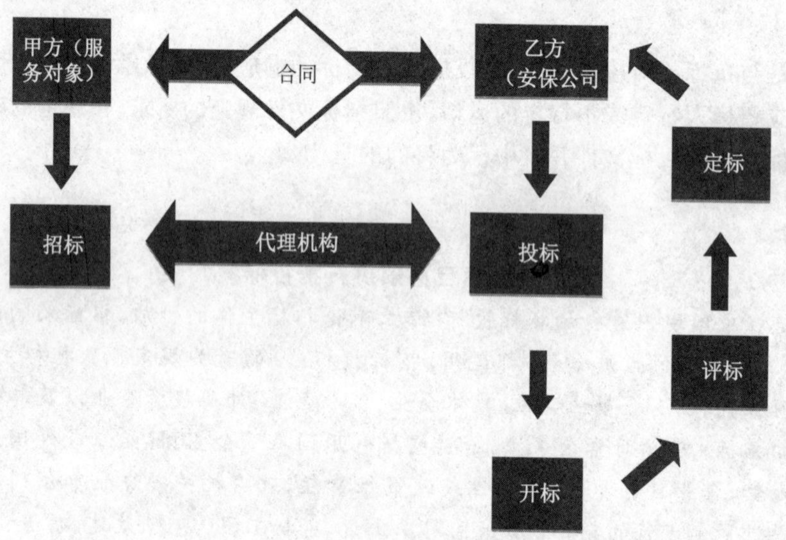

图7-2　安保项目招投标双方整体工作程序示意图

招标与投标的一般程序如下。

（1）招标资格与备案。招标人自行办理招标事宜，按规定向相关部门备案；委托代理招标事宜的应签订委托代理合同。

（2）确定招标方式。按照法律法规和规章确定公开招标或邀请招标。

（3）发布招标公告或投标邀请书。实行公开招标的，应在国家或地方指定的报刊、信息网或其他媒介发布招标公告；实行邀请招标的应向3个以上符合资质条件的投标人发送投标邀请。

(4) 编制、发放资格预审文件和递交资格预审申请书。采用资格预审的，编制资格预审文件，向参加投标的申请人发放资格预审文件。

(5) 资格预审，确定合格的投标申请人。审查、分析投标申请人报送的资格预审申请书的内容，招标人如需要对投标人的投标资格合法性和履约能力进行全面的考察，可通过资格预审的方式来进行审核。

招标人可按有关规定编制资格预审文件并在发出三日前报招标投标监督机构审查，资格预审应当按有关规定进行评审，资格预审结束后将评审结果向相关机构备案。备案三日内招标投标监督机构没有提出异议，招标人可发出"资格预审合格通知书"，并通知所有不合格的投标人。

(6) 编制、发出招标文件。根据有关规定、原则和工程实际情况、要求编制招标文件，并报送招标投标监督机构进行备案审核。审定的招标文件一经发出，招标单位不得擅自变更其内容，确需变更时，须经招标投标管理机构批准，并在投标截止日期前通知所有的投标单位。招标人按招标文件规定的时间召开发标会议，向投标人发放招标文件、施工图纸及有关技术资料。

(7) 踏勘现场。招标人按招标文件要求组织投标人进行现场踏勘，解答投标方提出的问题，并形成书面材料，报招标投标监督机构备案。

(8) 编制、递交投标文件。投标人按照招标文件要求编制投标书，并按规定进行密封，在规定时间送达招标 文件指定地点。

(9) 组建评标委员会。招标方负责组织评标专家，组建评标委员会，准备评标。

(10) 开标。招标人依据招标文件规定的时间和地点，开启所有投标人按规定提交的投标文件，公开宣布投标人的名称、投标价格及招标文件中要求的其他主要内容。开标由招标人主持，邀请所有投标人代表和相关人员在招标投标监督机构监督下公开按程序进行。从发布招标文件之日起至开标，时间不得少于 20 天。

(11) 评标。评标是对投标文件的评审和比较，可以采用综合评估法或经评审的最低价中标法。评标委员会根据招标文件规定的评标方法，借助计算机辅助评标系统对投标人的投标文件按程序要求进行全面、认真、系统地评审和比较后，确定出不超过 3 名合格中标候选人，并标明排列顺序。

评标委员会推荐中标候选人或直接确定中标人应当符合：

首先，能够最大限度地满足招标文件中规定的各项综合评价标准；

其次，能够满足招标文件的实质性要求，并且经评审的投标价格最低，但低于企业成本的除外。

(12) 定标。招标人根据招标文件要求和评标委员会推荐的合格中标候选人，确定中标人，也可授权评标委员会直接确定中标人。

使用国有资金投资的项目，招标人应当确定排名第一的中标候选人为中标人。排名第一的中标候选人放弃中标，因不可抗力提出不能履行合同，或者招标文件中规定内容未满足的，招标人可以确定排名第二的中标候选人为中标人，以此类推。所有推荐的中标候选人未被选中的，应重新组织招标。不得在未推荐的中标候选人中确定中标人。招标人授权评标委员会直接确定中标人的应按排序确定排名第一的为中标人。

(13) 中标结果公示。招标人在确定中标人后,对中标结果进行公示,时间不少于3天。

(14) 中标通知书备案。公示无异议后,招标人将工程招标、开标、评标、定评情况形成书面报告备案。发中标通知书。

(15) 合同签署、备案。签订合同5日内报招标投标监督机构备案。

综合整个流程,以安保招投标项目为例,招标、投标双方整体工作流程参考图7-2。

四、招投标的注意事项

(一) 对招标方的主要要求

1. 严格按照招标程序组织招标

在招标过程中,招标方必须严格按照《招标投标法》中对招标程序的要求组织招标,其中要特别注意以下问题。

一是从招标文件发出到提交投标文件截止,中间的时间应不少于20天。

二是如果招标文件发出后,招标方确需对招标文件的有关内容进行澄清或者修改的,须经招标投标管理机构批准,并在投标截止日期前通知所有的投标单位。通常变更必须保证在提交投标文件的截止日期至少15日前做出。如果修改文件时距离招标文件提交截止时间已经不足15天,则需要再次发布公告,顺延提交文件日期。

三是组成评标委员会的专家组成。评标委可以由招标方代表,招标项目所属技术领域专家及经济领域专家组成,其构成人数应为5人以上的单数,且其中技术、经济领域的专家人数不得少于总人数的2/3。

四是开标后,评标委员会应从商务型和技术性两方面,对提交的投标文件进行符合性评审。通过符合性评审的有效投标文件不少于3家的,方可进行评标。否则本次投标流标,需要重新进行招标。

2. 对投标方应进行资质审查

《中华人民共和国招标投标法实施条例》规定,招标人应当按照资格预审公告、招标公告或者投标邀请书规定的时间、地点发售资格预审文件或者招标文件。资格预审文件或者招标文件的发售期不得少于5日。且招标人发售资格预审文件、招标文件如果收取费用,则应当限于补偿印刷、邮寄的成本支出,不得以营利为目的。

资格审查应当按照招标文件或者资格预审文件载明的标准和方法进行。审核的主要内容通常包括投标方的基本资格审查,包括投标方身份合法性、经营状况、资质、信誉等。同时要对投标方的专业资格进行审查,如投标方与所投标项目相关的经营业绩、管理制度、人员配备等。

对安保服务项目来说,可根据招标方的招标公告,判断本企业是否符合资质要求。如果准备参与投标,则按招标公告进行报名,报名时需提交招标方要求的资格审查文件,一般包括:法定代表人授权委托书原件;企业营业执照副本复印件等(提供复印件需加盖单位公章)。通过资格审查的投标方,可以购买或获取招标方发布的投标文件,并交纳投标保证金,进行投标准备。

例文

某保安服务项目招标公告中,对投标人的资格要求如下。

(1) 依据中华人民共和国法律规定设立,具有独立法人资格的企业。

(2) 在北京市公安局备案登记的合法保安服务公司。

(3) 具有独立承担民事责任的能力。

(4) 具有良好的商业信誉和健全的财务会计制度。

(5) 具有履行合同所必需的设备和专业技术能力。

(6) 具有依法缴纳税收和社会保障资金的良好记录;参加此项投标活动前三年内,在经营活动中没有违法记录;在以往保安活动中无不良记录、无负面社会影响。

(7) 投标人应遵守有关的国家法律、法令和条例。

(8) 保安公司对保安员要进行岗前培训,并有严格的管理及检查考核制度。

(二) 对投标方的主要要求

(1) 严格满足投标条件。

(2) 按招标公告要求,遵守投标的时间节点要求和程序要求。

(3) 认真编制投标文件。

① 杜绝弄虚作假。投标方为了符合投标资质要求、规避公开招标或者提升投标中标率,而发生的弄虚作假行为,均是违法行为。如:使用伪造、变造的许可证件、专利证书等;提供虚假的财务状况或者业绩;提供虚假的项目负责人或者主要技术人员简历、劳动关系证明;提供虚假的信用状况等。

② 避免因主观原因出现废标情况。例如,投标文件未经投标单位盖章和单位负责人签字;投标文件没有对招标文件的实质性要求和条件作出响应;没有准确符合或计算投标成本和报价导致错误的;没有按投标文件格式要求进行制作、签字盖章和装订的;资质证明、投标函等核心要件缺失或者出现错误引起的投标无效等。

任务实施

指出下列案例中不符合招投标程序的错误。

某建设方(招标方)决定投资1000万元进行该大厦的消防系统改扩建,该工程采用公开招标的方式。招标文件对省内的投标人与省外的投标人提出了不同的要求,明确了投标保证金的数额。

2013年8月18日招标公告发出以后,共有A、B、C三家单位报名参加投标。招标文件中规定2013年8月30日为提交投标文件的截止时间,2013年9月10日举行开标会。其中,B单位在2013年9月1日提交了投标文件和保证金,C单位在2013年8月30日提交了投标文件,2013年9月5日提交了保证金。开标会在2013年9月10日正式举行,由招标委员会主持。

任务评价

根据招标投标的程序要求，确定上题考核指标，填写表 7-1，满分 100 分。

（1）能够指出案例中存在的程序错误，并说明理由（指出其中至少 5 处错误的满分 50 分，每少一处或者指出错误的扣 10 分）。

（2）能够按照正确程序对案例进行修改，并说明依据（指出其中至少 5 处错误的满分 50 分，每少一处或者指出错误的扣 10 分）。

表 7-1　招标投标案例分析评分表

序号	错误之处	错误原因	修改	得分
1				
2				
3				
4				
5				
6				
总　分				

任务二　投标文件的撰写与制作

情境导入

经过安保项目投标工作的实战，恒卫基本熟悉了招标投标的基本程序和相关规定。后续可以承担投标文件的准备工作。他每天浏览相关网站，检索适合公司的投标公告，并提交领导研判。当确定公司准备参与投标后，恒卫先后参与了商务标组以及技术标组的工作，逐步熟悉了投标文件的撰写要求，能够与团队伙伴协同配合完成招标文件的准备工作。他的最大体会是，如果想写好投标文件，就必须学会解读招标文件，并要严格依照招标文件来撰写和编制投标文件。

任务分析

投标方通过投标文件，展示本企业获取所投标项目的合法经营资质、经营能力和竞争力，才能顺利通过招投标竞争，获得项目。而投标文件的编制，必须严格依照招标方发出的招标文件进行，并且注意投标文件从内容、标准、格式和材料顺序各方面，都需要严格依照投标文件的要求进行撰写、整理和装订。因此，在了解招标投标程序要求的基础上，首先要掌握对招标文件的解读方法，再掌握投标文件几个主要结构内容的撰写方法，团队配合才能完成投标文件的准备。

任务准备

一、招标文件的解读要点

为确保招标目的的实现和招标活动的顺利进行，招标方会通过招标文书，对投标文书的制作作出具体的指导与严格的规范。对于招标人依法确立的招标项目标准与要求，投标人必须遵循。因此，在编制投标文书前，投标方应对招标文件中的每一项内容，进行反复的阅读、研究、判断，读懂吃透，从中获取关键与必备信息，并据此细分责任，准备投标文件。

（一）招标文件的含义与主要内容

招标文件是招标人向供应商或承包商提供其编写投标所需的资料并向其通报招标投标将依据的规则和程序等项内容的书面文件。招标人或其委托的招标代理机构就应根据招标项目的特点和要求编制招标文件。招标文件包括的内容主要有：

投标文件的制作

(1) 招标人须知；

(2) 招标项目的性质、数量；

(3) 技术规格；

(4) 招标价格的要求及其计算方式；

(5) 评标的标准和方法；

(6) 交货、竣工或提供服务的时间；

(7) 投标人应当提供的有关资格和资信证明文件；

(8) 投标保证金的数额或其他形式的担保；

(9) 投标文件的编制要求；

(10) 提供投标文件的方式、地点和截止时间；

(11) 开标、评标的日程安排；

(12) 主要合同条款。

不同的项目，招标文件所包括的上述内容的具体要求、排列顺序、格式和提交要求等都不尽相同。

北京××××大学新主楼保安服务项目
招投标公告

北京市京×招标有限公司受北京××××大学的委托，根据《中华人民共和国政府采购法》《政府采购货物和服务招标投标管理办法》和相关法律、法规的有关规定，对“北京××××大学新主楼保安服务项目”(BJJF-20××-×××)采用国内公开招标方式进行采购，欢迎合格的投标人参加投标。

1. 采购人名称：北京××××大学

采购人地址：北京市海淀区学院路××号

采购人电话：010-××××××××

2. 采购代理机构全称：北京市京×招标有限公司

采购代理机构地址：北京市崇文门外大街×号(708室)

联系人：武××、鲁××

联系电话：××××××××

传 真：××××××××

3. 合格投标人的资格条件：

3.1 在中华人民共和国境内合法注册，具有独立法人资格，具有独立承担民事责任的能力；

3.2 营业执照年检有效，注册资本不少于人民币10万元(含10万元)，在册员工不少于500人；

3.3 具有依法缴纳税收和社会保障资金的良好记录；

3.4 具有良好的商业信誉和健全的财务会计制度；具有履行合同所必需的设备和专业技术能力；

3.5 参加此项投标活动前三年内，在经营活动中没有违法记录；在以往保安活动中无不良记录、无负面社会影响；

3.6 在法律上和财务上独立、合法动作并独立于采购人和采购代理机构之外；

3.7 投标人必须向采购代理机构购买招标文件并登记备案，未向采购代理机构购买招标文件并登记备案的潜在投标人均无资格参加本次投标。

4. 购买招标文件时需携带资料：

4.1 年检有效的法人营业执照副本复印件加盖本单位公章；

4.2 税务登记证书复印件并加盖单位公章；

4.3 法定代表人授权书原件(法人签字并加盖本单位公章)；

4.4 在册员工清单(法人签字并加盖本单位公章)；

4.5 社会保障资金缴纳记录(仅限开标前3个月内的有效票据凭证复印件并加盖本单位公章)；

4.6 投标人的资信证明：提供基本开户银行出具的资信证明(原件或开标日前三个月内的复印件并加盖本单位公章)或上年度财务审计报告(加盖本单位公章)；

4.7 参加此项投标活动前三年内，在经营活动中没有违法记录，在以往保安活动中无不良记录、无负面社会影响的承诺书。

5. 招标文件发售时间：从20××年3月4日至3月25日(节假日除外)上午9:00至11:30；下午2:00至4:00(北京时间)。

6. 招标文件发售地点：北京市京×招标有限公司(708室)。如需电子版表格，需要另加50元人民币，招标文件及电子版售后不退。

7. 招标文件售价：每套人民币500元，若邮购，每套加收100元。

8. 现场踏勘和答疑时间：2009年3月18日上午9:00时(北京时间)。集合地点：北京××××大学办公楼前。

9. 投标时间：20××年3月25日上午8:30—9:00(北京时间)。

10. 投标截止、开标时间：20××年3月25日上午9:00(北京时间)，逾期收到或不符合规定的投标文件恕不接受。

11. 开标地点：北京××××大学××会议室。

12. 评标方法和标准：综合评分法。

（二）招标公告中需要重点解读的内容

在招标文件的内容上，应该特别注意与招标程序相关的内容和与采购需求相关的内容。这些大多包括招标的关键信息和条款，如投标的时间节点、投标人需要准备的资质文件、投标文件的格式、采购需求、评标标准、合同文本样本和投标报价要求等，如图 7-3 所示。这些都决定了投标人的投标策略，也是编制投标文件的绝对依据。

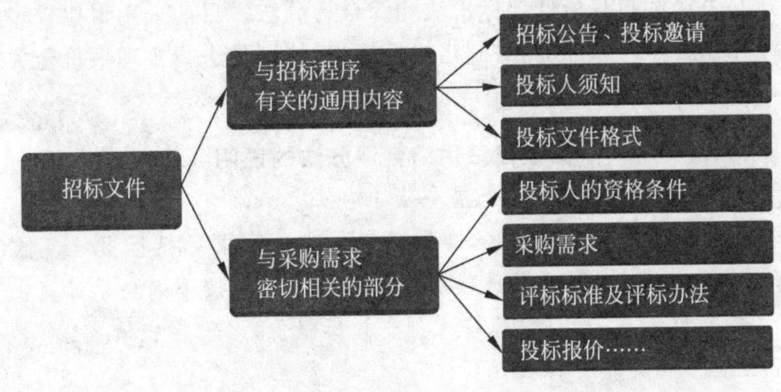

图 7-3　招标文件重点

（三）解读招标文件的步骤和要求

分析招标文件，必须逐条阅读招标文件，并标记关键点。我们可以参考以下的步骤和要求。

1. 看资格审查

资格审查是招标项目的必要程序，指招标人对资格预审申请人或投标人的经营资格、专业资质、财务状况、技术能力、管理能力、业绩、信誉等方面评估审查，以判定其是否具有参与项目投标和履行合同的资格及能力。虽然本着鼓励竞争的原则，资格审查一般不会要求太高或者太特殊，但是也要认真对待。

2. 看详细审查

主要看招标文件中的一些商务、技术的评分标准。根据自己公司的实力进行大概分析，大概要求什么标准，客观分（比如业绩、财务情况、进度安排等）和主观分（比如方案等）怎样拿高分，根据这些制定投标策略，寻找自己的优势，弥补自己的劣势，做到心中有谱。

3. 看投标人须知前附表

投标人须知是指招标文件中主要用来告知投标人投标时有关注意事项的文件，包含投标人需要知道的一些重点事项。《投标人须知前附表》是对整个投标须知重点条款的强调与补充。必须细看《投标人须知前附表》，这里面涵盖的都是关键性条款，认真研读有助于理清楚整个投标文件要怎么做，尤其是包含一些不可偏离条款（实质性条款），通常会被标以星号或者作出特殊提示。

4. 看格式要求

投标文件必须严格按照招标文件提供的格式编写。注意表格的表头表尾不要遗漏，如有疑问应及时找招标方或招标代理公司进行询问。

5. 看采购需求

重点要看其中的技术规范要求。这部分要和技术人员详细充分交流,尽量或者完全满足招标人的要求,并在技术方案中做出明确回应和合理设计。

6. 看评分方法和评分标准

招标评分方法常见的有最低评标价法和综合评分法。目前采用得比较多的是综合评分法。了解评分方法和评分标准,对制定投标策略,特别是进行合理报价至关重要。

例文

某项目采用综合评分法的说明

(1) 评标方法:采用综合评分法,满分为100分。

(2) 价格分采用低价优先法计算,即满足招标文件要求且投标报价最低的投标报价为评标基准价,其价格分为满分,其他投标人的价格分统一按下列公示计算:

投标报价得分=(评标基准价÷投标报价)×价格权值×100

(3) 最低报价不作为中标保证。

(4) 本项目对属于小型和微型企业的投标人的投标报价给予6%的扣除,用扣除后的价格参与评审。

7. 看投标报价

(1) 投标报价一定不能超过采购预算。

(2) 编写报价时候要求涵盖采购需求的全部,包括可能的运输、安装、调试、培训等伴随服务。

(3) 如招标文件没明确要求允许提供备选方案,则只能提供一个报价。

8. 看合同部分

结合商务不可偏离条款,看合同大致要求,如结算方式、付款条件等。看看本企业是否能够具备合同履行能力,接受合同条款要求。

9. 记住关键点

关键点一般包括:公示期、投标截止日期、保函或者保证金、投标开标地点、文件格式(比如关键页的签字盖章)等。在审读招标文件时,对上述关键点应该着重作出标识,在编制投标文件时随时注意。重要的时间节点可参考图7-4进行把握,并以招标文件中的相关规定为准。如对相关时间节点存有疑问,要及时向投标方或招标代理咨询或者提出质疑。

二、根据招标文件撰写投标函

投标函也叫投标申请书。是投标单位按照招标公告规定的递交申请期限,参加投标的书面材料,以备招标单位审定投标资格。

投标函应当包括以下几个部分。

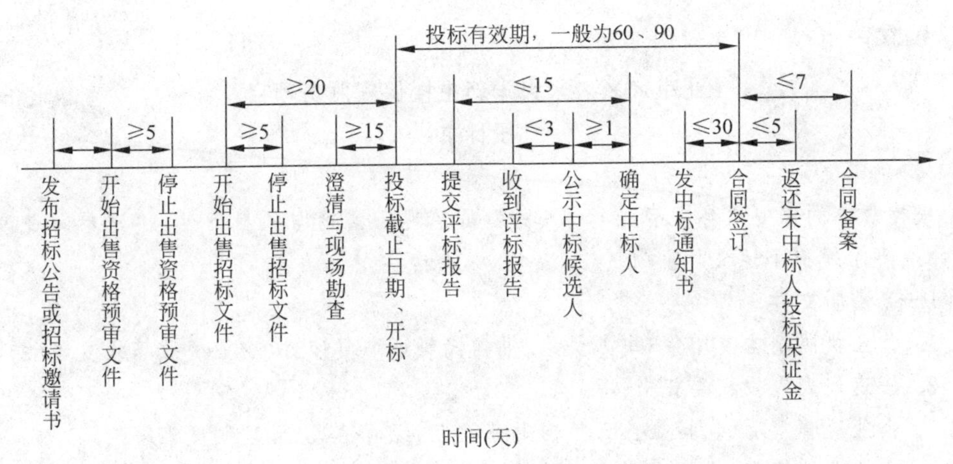

图 7-4　招标投标重要时间节点示意图

(1) 标题。一般由投标单位的名称、项目名称、文书名组成，如《中华工程总公司京九铁路 5 段项目投标函》；可由投标单位的名称和文书名组成，如《××建筑工程公司投标函》；或由投标项目名称和文书名组成，如《××建筑安装工程投标函》；也可以是只有文种的标题，如《投标函》。

(2) 致送单位。即投标书的致送对象，通常指招标单位或者招标办公室，要写其全称或者规范化简称，以示郑重。

(3) 前言部分。主要简述投标的依据和目的，介绍投标单位的基本情况，并明确说明参与投标的意愿，用“并按要求提交下列文件”引出下文。例如：“根据已收到的招编号为 CETDC ZB001 号的工程招标文件、遵照《工程建设施工招标投标管理办法》的规定，经考察现场和研究上述工程招标文件的投标须知、合同条件、技术规范、图纸、工程量清单和其他有关文件后，我方决定参加投标，并按要求提交下列文件：”这段示例中，将投标的依据和态度表达得十分明确，令人一目了然。

(4) 主体部分。是投标函写作的重心，要紧紧围绕招标文件的具体要求进行表述，充分展示出本企业的实力和竞争能力，从而取得竞标成功。主体部分通常分为以下两部分撰写。

第一部分：根据招标文件要求提交的材料列出本公司提交的文件目录。

第二部分：根据招标文件中的具体需求做出明确回应。这就要求重点对招标公告进行解读，对招标公告中的实质性要求，要做出明确承诺。

(5) 落款。通常列出公司详细准确的名称、联系方式和投标公司法人代表签字。特别要写明投标日期，并加盖印章。投标函作为投标文件中的要件之一，这两项内容极为重要，一定要确保准确无误。落款的书写格式要注意，通常采用居右对齐的形式(具体参考范文)。

需要说明的是，有些招标项目的招标文件，已经提供了制式投标函的模板，只需要填入招标单位的具体信息。那就要依照招标文件的要求填写，不需要再另行撰写投标函。

例文

北京××××大学新主楼保安服务项目
投标书

北京××××大学：

根据贵方的保安服务项目招标书，我公司经现场踏勘与项目评估，决定参与此次竞标，并按要求提交下述文件。

（一）资质文件

1. 营业执照副本复印件、税务登记、机构代码证书复印件、企业资质等级复印件；

2. 法定代表人授权委托书；

3. 企业经营情况（包括企业三年内财务状况、经营情况、管理制度汇编）；

4. 企业业绩资料（投标方在京目前承担的单体服务项目不低于六万平方米，总体服务项目不低于二十万平方米的项目明细表）；

5. 企业上年度财务审计报告；

6. 公司最近三个月《保险缴费清单》；

7. 目前进行中的涉及投标人的诉讼、仲裁情况说明；

8. 已经审结的涉及投标人的诉讼、仲裁情况说明；

9. 此项投标活动前三年内，公司在经营活动中无违法记录，无不良记录、无负面社会影响的承诺书。

（二）技术文件

1. 投标函；

2. 开标一览表；

3. 投标保证金收据复印件；

4. 保安服务方案、计划、标准（含保安队伍编配方案）；

5. 保安服务费组成结构明细；

6. 驻场项目管理人员简介；

7. 中标服务费承诺书。

据此函，我方宣布同意以下事项：

(1) 我方将按招标文件中工作范围的规定履行合同的责任和义务。

(2) 我方已详细审查全部投标文件，我们完全理解并同意放弃对这方面有不明及误解的权利。

(3) 我方同意提供招标方要求的，与其投标有关的工作方案和预案。

我方承诺：

(1) 投标中标后以我方投标呈报保安服务质量和保安服务费价格作为最终服务标准和服务定价；承诺为每位保安服务人员统一配备招标方认可的保安人员制服。承担保安队员的一日三餐并绝不在新主楼范围内开火做饭。

(2) 派遣的保安队伍系我公司直属保安队，绝不使用其他挂靠企业组织的队伍；按照国家及北京市有关规定与保安服务人员签订劳动合同，为保安服务人员缴纳社会保险。

(3) 我方与招标人及招标活动行为人无任何影响公正的关联。

(4) 提供保安服务后，保安人员除正常休假外，保证不缺人缺岗，如出现保安人员流失现象，我公司在一至三日内给予补充，并保证缺编人数不超过五人。

(5) 与本投标有关的一切正式往来信函请按以下联系方式邮寄。

地址：北京市大兴区××路×号

传真：010-8×××××××

电话：010-8×××××××

电子函件：JINGANBAO@126.COM

投标人代表签字：×××

投标单位名称：京×保安技术服务有限公司

简析：

这则招标函，是针对投标文件中的案例《北京××××大学新主楼保安服务项目招投标公告》进行撰写的。开头言简意赅表明参与投标的意愿，正文部分既按照招标公告的要求，列清了投标文件的主要内容，又针对性地回应了招标方在招标公告中提出的实质性要求，诚意十足，操作性和可监督性强。全文结构完整、语体得当、格式规范，体现了招标函的功能。

三、投标文件的组成及内容撰写

如任务分析中所介绍的，投标文件是投标方在投标过程中形成的投标者编制或填写的不同文书的总称。前面我们已经把其中的投标函，作为一个独立文书，介绍了具体的写作方法和要求。而投标文件的核心组成部分，就是我们通常所说的标书。

（一）了解投标文件的重要作用

投标文件是投标单位按照招标文件中提出的条件和要求，做出的响应和承诺。其作用主要可以概括为三个方面：首先，向招标人告知投标人的有关情况，如组织机构、技术力量、商业信誉等，以取得招标人的信任。其次，在众多的竞争对手中充分显示自己的优势和实力，为中标提供条件。最后，投标书是招标投标活动的中心文书，是招标人选择中标者的实际依据，也是中标后签订合同的基础。

（二）投标文件的主要内容

投标文件的内容撰写与顺序编排必须严格按照招标文件给定的内容、顺序、要求和格式进行。每个招标项目，招标文件对投标文件的要求都不尽相同。但通常投标文件是由资质文件（也称商务标）和技术文件（也称技术标）两部分构成的。

1. 通过商务标充分展示资质优势

商务部分主要的目的是展示投标公司的实力，确保参加投标的资格。首要是确保投标有效。商务标部分应该严格按照招标文件对投标方的要求，按顺序逐一展示各类资质文件和证明材料，充分体现企业的资质优势。对于招标书没有要求的内容，最好不要画蛇添足,如果希望增加对项目投标有帮助的资质,最好经过慎重的考虑,确保没有漏洞。商务标看似没有太多专业领域的技术要求,但关系到投标方的投标资格,也在资质评审得分中占有很大比例。因此要求商务标的编制人员非常熟悉招投标程序,并具备严谨、细致、精益求精的职业素养,严格审读招标文件要求,力求商务标部分制作精良,向评标委员会充分展示企业的资质优势。

2. 通过技术标充分体现项目产品及服务能力和水平

评标中分值占比较大的是技术标部分,其核心是项目的技术方案(服务方案)。投标方要组织专门的技术团队,根据招标文件的要求,通过了解招标方需求、现场踏勘、策略制定和方案设计,完成项目的技术方案(服务方案)。方案中的技术标准必须严格回应招标文件中的实质性关切,力争完全匹配或优于招标文件的技术指标,并确保项目方案实施的可行性和针对性。方案切忌盲目复制之前相似项目的方案而忽视针对性;更忌不严格审查,在项目方案中残留参考和复制的其他项目的信息,导致方案存在重大错误。

一般来说,安保项目投标文件技术标中的实施方案,可以从以下几方面撰写。

(1) 项目整体概述。通常参考招标文件,并进行资料查找和现场踏勘后,对项目整体情况进行描述。包括项目整体面积、周边环境、项目内所属人员、车辆的基本情况和安全需求等。

(2) 风险评估。基于项目的基本情况和安全需求,分析项目存在的安全风险,并提出解决策略。

(3) 安保服务方案。要按照招标方的技术标准设计有效的安保整体解决方案。可包括以下内容:项目的岗位设置、人员数量、勤务安排、服务质量标准、突发事件应急预案等。这部分的撰写,一定要紧扣项目评分标准,对投标方的技术要求做出实质性回应。为突出竞争优势,可在成本可控的基础上,使服务标准高于招标方要求。

(4) 方案的优势与技术特点。通常可以从项目管理工作流程、管理制度、管理人员配备、人员素质、培训体系、设备保障、后勤保障等方面叙述,以展示投标方有足够的资质、实力和经验,来确保安保服务方案的有效实施和高质量服务。可以相应地配上拟配备人员清单、工作流程图、装备清单、勤务安排表等图表、清单。

(5) 为本项目提供的其他优惠服务。作出额外的服务承诺,以增强方案的竞争性和性价比。

(6) 结束语。再次真诚作出服务承诺,表明投标意愿。

方案整体要逻辑清晰、重点突出。忌套话、废话太多。不要将网络素材、招标技术要求直接复制到方案中,以免降低方案的针对性,并给人千篇一律、重点模糊、空话太多的不良印象。

任务实施

北京市××职业技术学院准备为其校园安保服务项目举行公开招标,并发布了招标公告。北京市××安保技术服务有限公司经认真研究招标公告后,决定参加竞标。并市场部刘××为招标活动代理人。项目具体招标公告如下。

北京市××职业技术学院保安服务项目公开招标公告

一、项目基本情况

项目编号：1100002210200011×××-001

项目名称：北京市××职业技术学院保安服务项目

预算金额：229.632 万元(人民币)

最高限价：229.632 万元(人民币)

采购需求：

北京市××职业技术学院位于北京市朝阳区，占地面积为 689 亩。为认真贯彻落实上级关于平安校园建设提升工程意见，有效建立以人力防范为基础的校园综合防范体系，加强校园安保力量，根据学院的实际情况，特对保安服务公司进行公开招标。

合同履行期限：202×年 7 月 29 日至 202×年 7 月 28 日，在服务期间，能严格按合同执行，根据年度服务考核情况可考虑合同续签，每次一年，可续签 2 次。

本项目不接受联合体投标。

二、申请人的资格要求

1. 满足《中华人民共和国政府采购法》第二十二条规定。

2. 落实政府采购政策需满足以下资格要求：

(1) 本项目专门面向中小企业；

(2) 本项目采购标的对应的中小企业划分标准所属行业：其他未列明行业；

(3) 中小企业划分依据为《关于印发中小企业划型标准规定的通知》(工信部联企业〔2011〕300 号)。

3. 本项目的特定资格要求如下。

(1) 投标人应具有公安机关颁发的有效的《保安服务许可证》。

(2) 中控室值机人员须具备建(构)筑物消防员资格证书。

(3) 本项目投标截止期前被“信用中国”网站(www.creditchina.gov.cn)中列入失信被执行人和重大税收违法案件当事人名单的供应商、被中国政府采购网(www.ccgp.gov.cn)列入政府采购严重违法失信行为记录名单中被财政部门禁止参加政府采购活动的供应商(处罚决定规定的时间和地域范围内)，无资格参加本项目的采购活动。

(4) 单位负责人为同一人或者存在控股、管理关系的不同单位，不得同时参加本项目的投标。为本项目提供整体设计、规范编制或者项目管理、监理、检测等服务的投标人，不得再参加本项目投标。

(5) 为本项目提供整体设计、规范编制或者项目管理、监理、检测等服务的投标人，不得再参加本投标活动。

(6) 本项目不得转包、分包。

三、获取招标文件

时间：202×-06-02 至 202×-06-09 ，每天上午 09:00 至 11:30，下午 13:30 至 17:00(北京时间，法定节假日除外)

地点：北京市政府采购电子交易平台(http://zbcg-bjzc.zhongcy.cn/bjczj-portal-site/index.html#/home)网上免费领取电子版。

方式：本项目采用电子化与线下流程结合招标方式。凡有意参加投标者，请按以下程序办理报名和获取招标文件的手续。

(1) 办理CA认证证书(北京一证通数字证书)，详见北京市政府采购电子交易平台(http://zbcg-bjzc.zhongcy.com/bjczj-portal-site/index.html#/home)查阅“用户指南”—“操作指南”—“市场主体CA办理操作流程指引”，按照程序要求办理。

(2) 在北京市政府采购电子交易平台“用户指南”—“操作指南”—“市场主体注册入库操作流程指引”进行自助注册绑定。

(3) 招标文件获取方式：供应商按照规定办理CA数字认证证书(北京一证通数字证书)后，自招标公告发布之日起持供应商自身数字证书登录北京市政府购电子交易平台免费获取电子版招标文件。

(4) 未按上述获取方式和期限下载招标文件的投标无效。

(5) 证书驱动下载：在北京市政府采购电子交易平台“用户指南”—“工具下载”—“招标采购系统文件驱动安装包”下载相关驱动。

CA认证证书服务热线：010-58511086

技术支持服务热线：010-86483801

注意：请供应商认真学习北京市政府采购电子交易平台发布的相关操作手册。

售价：￥0元，本公告包含的招标文件售价总和。

四、提交投标文件截止时间、开标时间和地点

202×-06-23　09:30(北京时间)

地点：北京市海淀区××路6号××大厦××公司招标会议室

五、公告期限

自本公告发布之日起5个工作日。

六、其他补充事宜

1. 本项目公告在中国政府采购网(http://www.ccgp.gov.cn/)、北京市政府采购网(http://ccgp-beijing.gov.cn/)上发布。

2. 本项目通过此次一次性采购，将在最多三年的服务期内续期沿用采购结果，分年付款。在每个服务年度期满之前，采购人将按照合同约定对其服务质量、服务内容、服务标准等进行绩效考评，根据考评情况及当年相关政策、当年资金到位等情况，由采购人决定是否与供应商续签下一服务年度合同。续期合同金额按第一年采购合同的金额为基准，中标价不予调整。

七、对本次招标提出询问，请按以下方式联系

1. 采购人信息

名 称：北京市××职业技术学院

地址：北京市朝阳区××街×号

联系方式：陈老师，84××××××

2. 采购代理机构信息

名 称：国×招标集团股份有限公司

地 址：北京市海淀区××路6号××大厦

联系方式：吴××，152×××××××××

3. 项目联系方式

项目联系人：吴××

电　话：152×××××××××

任务要求：

(1) 请以北京市×安保技术服务有限公司作为投标人，撰写一份投标书。

(2) 投标书要求结构完整，针对性强，格式规范，语体符合招标文书要求。

恒卫加入了一个安保项目的投标工作，与团队按照招标文件的要求，编制投标文件，并负责进行排版。计算机具体操作步骤如下。

1. 建立投标文件文档

建立一个Word文档"北京××××大学新主楼保安服务项目投标书"并及时保存。

2. 页面设置

选择"布局"选项卡，单击"页面设置"组右下角箭头，打开"页面设置"对话框，上下边距设置为3厘米，左右页边距设置为2.8厘米。"开始"选项卡在字体组中设置为"仿宋"，字号设置为"三号"。

3. 插入页码

选择"插入"选项卡，在"页眉和页脚"组中单击"页码"按钮，再单击"页面底端"，选择"普通数字3"样式。单击"页码"后选择"设置页码格式"，打开"页码格式"对话框，在"编号格式"中选择"全角"，单击"确定"按钮。双击页码，在页码两边各加上一全角方式的短线，并将页码字号设置成"四号"，字体任意；奇数页的页码设置成一个汉字，偶数页的页码，设置成左空一个汉字。首页不显示页码。

4. 文本设置和编辑

标题使用二号小标宋体字，居中显示。

正文使用三号仿宋体字。编辑过程中随时进行保存，避免发生内容丢失。

文本的行间距设置为："段落"选项卡→"字体"对话框→字体大小为"固定值25磅"，单击"确定"按钮。

5. 表格编辑

标书中的报价单等内容需要使用表格，可以使用"插入"选项卡中的"表格"，然后根据表格内容定义行列数、列宽。按Tab键向下一个单元格移动，按Shift＋Tab键向前一个单元格移动，也可用鼠标移动。根据需要使用"布局"选项卡在所选的单元格位置增加行或列，调整行宽或列高，可以使用"分布行""分布列"将行和列均匀分布，或者选择"自动调整"，根据窗口自动调整列宽；使用"布局"中的"合并"组拆分或者合并选中的单元格。

6. 成文日期的编辑制作

在正文之后，输入单位名称和年月日，最后的"日"字，要与版心右侧保持4字的位置。

任务评价

填写表 7-2,完成投标书写作任务评价。

表 7-2 投标书写作任务评价表

评价项目	权重	评价内容	评价标准				自我评分	小组评分	教师评分
			优	良	中	差			
形式结构	60	标题:要素齐全 前言:目的、依据、参与投标意愿等。 主体:清晰介绍投标材料基本情况;对招标要求做出明确回应等。 落款:要素完备,格式规范	10 10 30 10		6 6 18 6				
内容要素	30	内容有的放矢 措施具体可行 特点优势突出	10 10 10		7 7 7				
语言	10	准确、严密	10		7				
合 计									

任务三 投标文件的整理与装订

情境导入

恒卫所在的项目小组,经过紧张的筹备和分工撰写、制作,基本完成了投标文件的内容制作。恒卫看开标日期日益临近,就想抓紧时间进行打印装订。但市场部刘经理兼项目组组长却说还需要对材料进行认真复检。刘经理召集项目小组全体成员,集中复核检查投标文件初稿。会议进行了很长时间,逐页逐项审核文稿,商务标和技术标各部分的撰写负责人相互之间细致核对材料是否匹配,是否规范。结果材料中查出了好几处错误。如果之前就这样打印投标,很可能就导致废标了。这让恒卫深刻反思:投标工作中的每一步都必须严谨规范,哪怕是一个页码、一个签名、一个盖章、一个数字的偏差,后果都很严重。

任务分析

投标作为一种竞争活动,是投标者之间比技术、比信誉、比价格、比能力以及比策略的竞争过程。投标书是投标者参与竞争的唯一武器。投标文件是需要业务与商务工作密切配合才能最终完成制作。整理与装订必须严格依照招标文件要求进行。

任务准备

一、投标文件的制作要求

1. 充分体现竞争力

因此，投标书的写作一定要鲜明地体现出竞争性特色，投标者要根据招标项目的性质、特点、背景及竞争对手的状况，有针对性地充分展示出自己的优势和长处，从而积极争取中标机会。

2. 充分体现规范性

投标文件在编制形式上必须严格对照招标文件，规范编制。一份内容全面，完整，结构逻辑性强，语言规范、数字准确、概念数字准确清晰，外表包装规范精美的投标书，直接反映出投标单位良好的人员素质和公司形象。透漏出投标单位的技术水平和实力，给人以信赖感。同时，规范编制投标文件也是确保投保人不被废标和顺利中标的根本保证。一旦出现形式上的不严谨和不规范，就会严重影响投标竞争力，甚至直接导致废标，失去参与投标的机会。

知识拓展

编制投标文件常见的错误

(1) 投标文件封面或扉页、投标函未加盖投标人印章或未经法定代表人或其委托代理人签字或盖章，由委托代理人签字或盖章，但未随投标文件一起提交有效的授权委托书原件。

(2) 授权委托书内容、格式与招标文件要求不一致或有缺项、错误。比如授权委托代理人身份证号忘记填上或所填的号码与身份证不符。

(3) 投标人填报报价表时，未按招标人提供的清单顺序和格式填写。有的未报送工程量清单电子文本，或报送的电子文本与书面投标文件不一致。

(4) 投标人的投标报价超过招标文件规定的最高限价。

(5) 投标文件未按照招标文件要求密封。

(6) 投标人未按招标文件的要求提交投标保证金或者投标保函。

(7) 投标文件的内容不全或者关键内容字迹模糊、无法辨认。

(8) 组成联合体投标。投标文件未附联合体各方共同投标协议。

(9) 投标文件不符合招标文件提定的其他实质性要求，存在重大偏差。

(10) 投标人名称或组织机构主要人员与资格预审时不一致，文字叙述与"平面图""组织机构框图""人员简历"等不吻合。

二、投标文件的装订与封装要求

（一）复核检查

投标文件全部制作完成后，需要认真进行复核检查，再按照招标文件的要求进行打印装订。建议指定专人负责，组织投标团队相关参与撰写成员集体集中逐项逐页审核投标文件，确保投标文件各个组成部分之间内容、形式上的规范统一，及时查漏补缺。招标文件配套的电子文档应专人制作，确保在色彩、清晰度、文档格式等各方面符合要求。

安保项目的投标文件，复核检查的内容通常包括但不限于以下重点：

(1) 投标文件格式、内容是否与招标文件要求一致；

(2) 投标文件是否有缺页、重页、装倒、涂改等错误；

(3) 复印完成后的投标文件如有改动或抽换页，其内容与上下页是否连续；

(4) 如果撰写过程中项目方案的有关配备人员、流程、设备配置等修改后，与其相关的证明材料内容是否修改换页；

(5) 招标文件要求逐条承诺的内容是否逐条承诺；

(6) 是否按招标文件要求逐页小签，修改处是否由法人或代理人小签；

(7) 投标文件的底稿是否齐备、完整，所有投标文件是否建立电子文件；

(8) 投标文件是否按规定格式密封包装、加盖正副本章、密封章；

(9) 投标文件的纸张大小、页面设置、页边距、页眉、页脚、字体、字号、字型等是否按规定统一；

(10) 页眉标识是否与本页内容相符；

(11) 页面设置中"字符数/行数"是否使用了默认字符数；

(12) 附图的图标、图幅、画面重心平衡，标题字选择得当，颜色搭配悦目，层次合理；

(13) 国际投标以英文标书为准时，加强中英文对照复核，尤其是对英文标书的重点章节的复核(如工期、质量、造价、承诺等)；

(14) 各项图表是否图标齐全，设计、审核、审定人员是否签字；

(15) 标书内容描述用语是否符合行业专业语言，打印是否有错别字。

提示

招标文件由于整体篇幅较长，一定要注重目录页的制作。现场评标委员会专家通常需要在短时间内审看投标材料，因此都是通过目录寻找需要重点审核的内容。一个目录结构混乱、无逻辑、页码编排混乱的招标文件，会严重影响评标委员会对投标方的看法，也会导致评审失分甚至直接废标。

(二) 打印装订

招标文件在内容上通常分为资质文件(商务标)、技术文件(技术标)，装订时要根据招标文件的具体要求来装订。有的要求分开装订，有的则要求按招标文件中公布的格式要求，统一装订成1册。印制正本和副本的份数也需严格按照招标文件要求制作。

通常招标文件的打印和复印，需要确保纸张和印刷的高质量。一般采用胶装，确保招标文件的平整、牢固，不要使用活页装订。

(三) 材料封装

招标文件在形式上会分为正本和副本。应按招标文件要求提供正本1套和副本若干套。封面上显著位置应标明“正本”“副本”字样。在装订时,要注意是正副本放在一起,还是明确提出要分别单独装订。如果招标文件中没有要求,一般是正副本放在一起。

同时,按招标文件要求装袋密封。招标文件的封套需按照招标文件要求内容制作。如：封皮上清楚标明递交至招标公告或投标公开中指定的地址；封皮上清楚标明所投项目的名称,投标人名称、地址,“在(开标日期、时间)之前不得启封”字样,正本及副本的份数。此外,还要注意其他招标方要求提供的投标材料一并准备好。如：投标报价一览表、投标保证金等。

知识拓展

招标文件编制中的注意事项

一、严格应答是前提

投标文件应对招标文件的实质性问题作出回应。通常应该按招标书的要求进行严格的应答,应答的顺序和格式应严格遵循招标书的要求。

有时一个技术参数不能满足招标要求,就可能造成废标。制表和填写参数时,一定要完全响应或者超越其要求,一定要让参数相对应,前后一致。

二、商务及技术偏离的处理

对于投标文件与招标文件中有差异的部分,通常招标方要求标注在差异表中,在编写投标方案时,应该尽可能地将差异部分找出来,描述清楚。但是,在最后整理、提交差异表时,就需要特别慎重,并不是每个差异都适合在这个正式的场所以正式的方式提出,有些东西需要保持一种模糊的状态,以提高中标的可能性,同时,又以为商务和技术谈判留下伏笔,便于谈判中的进退。

三、投标报价的艺术

报价毫无疑问是投标中极为重要的、必不可少、决不允许出现偏差的内容。

通常投标文件里要按照招标文件要求的报价单格式进行报价。报价单有投标项目要求单独密封提交,内容应保持和装订在表述内的报价部分一致。投标方应按照要求填写、盖章、密封后按时提交。同时最好能有一两套空白的备份,格式与正式报价单一样,并签字盖章,但是价格不填写。因为在正式报价单封装好到递交报价单前的这段时间,参与投标的团队很可能探听到对手的价格或用户对项目整体价格的意见,这时候需要根据项目、市场、对手、用户的情况进行价格调整,这时就可以使用备份的报价单。特别是公司到异地投标,要想重做报价单,时间基本上是不允许的。

四、密封条的处理

在规定的投标文档密封条基础上,一定要多准备几张备用的密封条,当然是盖好章的,特别是公司到异地投标,市场信息千变万化,谁都不可能保证在投标前不修改。

五、反复检查防止废标

商务投标书中的资质和要求公司盖章的部分一定要对照投标书的要求,严格检查,这部分的错误和遗漏将有可能造成废标,因此,最好有2名以上人员专门检查核对。

标书中出现其他项目或其他客户名称。很多标书采用其他案例的资料,忘记了改正用户,会直接导致废标。

此外,对于一个集团公司下的多个法人公司之间,可能存在资质共享的情况,这时,应该注意检查哪些资质不是投标法人单位的资质,如果本投标法人单位的资质,应该请资质拥有的法人单位签署授权声明,否则,招标时可能造成“擅用第三方公司的资质欺骗招标单位”的后果而成为废标。

任务实施

请认真阅读下面某安保服务项目招标文件中关于格式和装订的有关要求,然后回答问题。

某安保项目招标文件中对投标文件装订的规定

14. 投标文件的密封、标记、签署及规定

14.1 投标人应将投标文件正本和所有副本分开单独装订,并按以下方法单独密封后递交:投标文件的组成分为两大部分:商务部分与服务方案部分统一装订成册。如果正本与副本不符,以正本为准。

14.1.1 封皮和每份投标文件的正面显著位置标明“正本”“副本”字样。

14.1.2 封皮上清楚标明递交至招标公告或投标公开中指定的地址。

14.1.3 封皮上清楚标明所投项目的项目名称,投标人名称、地址,“在(开标日期、时间)之前不得启封”字样,正本及副本的份数。

14.1.4 信封的封装处应加盖投标人公章。

14.1.5 投标人应将“投标报价一览表”,单独另备一份,密封在单独的密封袋中,封皮上注明“投标报价一览表、唱标用”字样,并注明项目名称,随投标文件单独递交。

14.1.6 投标人应将“投标保证金”单独密封递交,并在封皮上注明项目名称、投标人名称及“投标保证金”字样。

14.2 投标文件中有关资格证明文件和证书等应依原样扫描为彩色文档或复印件,且清晰易读,否则,影响评审结果,由投标人承担责任。

14.3 除非招标文件中另有要求,投标人应根据招标文件提供的格式填报,不得随便更改,如有补充,应以补充附件形式说明,否则,影响评审结果,由投标人承担责任。

14.4 投标文件的正本必须用不褪色的墨水填写或打印。

14.5 投标文件的副本可以用正本的复印件。

14.6 投标文件不得涂改和增删,如有修改错漏处,必须由法定代表人或其授权人签字并加盖公章。

14.7 投标文件因字迹潦草或表达不清,影响评审结果,由投标人承担责任。

14.8 招标文件中要求回答的全部问题和信息都必须正面回答。

14.9 本投标声明的签字人应保证全部声明和问题的回答是真实的和准确的。

14.10 评审委员会将依据投标人递交的投标文件及补充文件及资格后审(如有)作出自己的判断,评定投标人履行合同的合格性及能力。

14.11　投标人递交的投标文件将被密封保存，但不退还。

14.12　全部文件应按投标人须知中规定的语言和份数提交。

14.13　投标文件因字迹潦草或表达不清所引起的后果由投标人负责。

问题：(每题 2 分，共 16 分)

(1) 该项目的投标文件在装订时，商务标与技术标部分应如何装订？

(2) 该项目的投标文件的正本和副本应该如何封装？

(3) 投标文件封装后，封皮上应标明什么信息？

(4) 信封的封装处应该如何处理？

(5) 该项目的“投标报价一览表”该如何提交？

(6) 该项目的“投标保证金”该如何提交？

(7) 该项目对投标文件中提供的有关资格证明文件和证书的印制要求是什么？

(8) 该项目投标文件能否涂改和增删？如果可以，有何特殊要求？

任务评价

任务实施中的问题每答对 1 题，得 2 分，共 16 分。

项目八　会议文书的写作

本项目以公文写作基础理论知识为指导，训练学生根据安保职业岗位会议筹备与组织实施的实际工作任务要求，按照会议工作的不同阶段，撰写和制作相应的会议文书，实现会议目标的能力。

学习目标

知识目标：

(1) 掌握会议的基本要素；

(2) 掌握议程、日程和程序的区别和联系；

(3) 了解主持词、讲话稿和会议记录的写作方法和技巧。

能力目标：

(1) 能够根据相应工作任务进行会议筹备方案的写作；

(2) 能够制作会议议程、日程和程序；

(3) 能够根据会议程序、内容撰写会议主持词；

(4) 能够根据领导意图撰写领导讲话稿；

(5) 能够全面规范地完成会议记录。

素养目标：

(1) 树立会议管理工作的流程意识；

(2) 建立根据会议各阶段工作要求撰写和使用会议文书的意识。

任务一　会议筹备方案的写作

会议筹备方案的制定与实施

情境导入

一天恒卫接到办公室王主任电话，公司要在4月初召开本季度的项目论证会。距离会议还有一个多月时间，王主任嘱咐第一要务是要制作一份会议筹备方案。恒卫翻看了上个季度项目论证会的会议筹备方案，照猫画虎做了一份会议筹备方案，交给了王主任。王主任觉得这份方案需要修改的地方还很多，比如没有核实具体会议地点，会议时间仍需要敲定，会议筹备组人员分工不明确等。

任务分析

为了确保会议的周密组织，会议筹备方案详细制定了会议议程表和会议工作制度，细化了筹备机构各小组的工作职责，能够推动会议筹备工作有序进行。会议筹备方案的内容要全面，包括召开会议的目的和意义、开会的时间地点、参加人、主持人、会议议题、大会程序、会议方式、经费预算等方面，大中型会议应成立会议筹备组，筹备组人员必须做到分工明确，责任到人，确保会议服务质量和沟通协调到位，从而有利于会议筹备工作人员积极发挥综合协调、承上启下的作用。

任务准备

一、会议的含义

孙中山先生在《民权初步》中对会议有一段精彩的论述："凡研究事理而为之解决，一人谓之独思，二人谓之对话，三人以上而循有一定规则者，则谓之会议。"会是指多人聚集，议是指协商交流，会议合在一起就是人们在一起通过一定的形式和程序，协商事宜、交流信息、沟通情感、达成共识的一种重要的行为过程，是人们在社会生活中处理有关问题的一项经常性的活动形式。

根据以上定义，我们可以总结出会议必须具备以下三个条件：

(1) 必须有两个以上的人参与；

(2) 必须有一定的目标和相应的议题；

(3) 必须通过一定的程序达到目标。

会议无处不在。不仅国家机关、企事业单位，人们经常需要有组织、有领导地聚集在一起通过会议商议事情、沟通交流，而且国与国之间、国际组织之间，也需要通过会议进行沟通、交流、协商，以避免矛盾和冲突，达成共识。如博鳌论坛、世界气候大会等。会议已成为人们开展政治、经济、文化以及其他社会活动的一种必不可少的重要方式。

二、会议的基本要素

会议是由多种要素构成的一种综合行为方式。认识会议，首先应从明确会议的基本要素出发。会议的基本要素包括会议名称、会议议题、会议主题、会议时间、会议地点、会议议程、会议人员、会议形式和会议结果，共九个要素。

（一）会议名称

任何一个会议都需要有一个名称。会议名称要求能够概括会议的内容、性质、参加对象、主办单位以及会议时间、届次、地点、范围、规模等。根据会议的内容和性质，每次会议名称不尽相同。例如"中韩安保人才培养交流会"显示了内容和性质；"博鳌亚洲论坛2022年年会"显示了地点、时间和形式；"信达集团股份有限公司2021年第三届临时股东大会"则显示单位、时间、届次、范围、规模、性质、参加对象。总之，会议名称必须确切、规范。大中型会议的会议名称经常要做成横幅大标语，置于会场主席台的上方，作为会议的标志，简称"会标"。注意会标必须用全称，不能随意省略，以免造成误会。

（二）会议议题

会议议题，是为了完成会议目标确定并付诸会议讨论或解决的具体问题，是会议活动的必备要素。根据会议规模不同，议题数量不一。小型的会议，往往就一个议题进行探讨，如某企业召开会议，探讨如何提高员工的福利待遇；而大中型的会议，特别是综合性的会议,往往有多个议题。例如2022年第十三届全国人民代表大会第五次会议就有9项议题。

(三)会议主题

会议主题,是根据会议议题概括出的主题性口号。一般来讲,大中型会议才确立主题口号,小型或日常会议,只确定议题。如2010年上海世博会的主题是“城市,让生活更美好”,围绕这一主题确立了五个副主题,分别是“城市多元文化的融合”“城市经济的繁荣”“城市科技的创新”“城市社区的重塑”和“城市和乡村的互动”。

会议议题和主题是相互联系又有明显区别的两个概念。主题一定围绕议题,是议题的高度概括,而且,每次会议只有一个主题,而议题则可以有多个。

(四)会议时间

会议时间包括会议召开的时间和会期两个方面。会议时间的选择要恰当,既要避开重要节日、重大事件和其他重要会议(一些紧急性、临时性的会议除外),又要考虑参会人员相关情况,使参会人员能够集中注意力,专心开会,从而提高会议的效率和质量。会议时间选择不当可能导致会议的各种努力付诸东流。例如2012年欧盟峰会原定于1月30日在比利时举行,不料比利时工会向欧盟发出警告,他们将于当天发起名为“跨越比利时”的罢工活动。如果欧盟峰会“撞车”全国性罢工,比利时警方将面临前所未有的巨大压力。最后欧洲理事会经过协商后不得不宣布峰会改期。

(五)会议地点

会议地点选择合适与否是保证会议顺利进行的要素之义。会议地点的选择虽然没有铁定的规律可循,然而根据会议的目的、主题和内容选择安静、舒适、优雅的会议环境和便利的会议设施有利于提高会议的效率和质量。

经常选择的会议地点有会议中心、会展中心、市内酒店、远郊宾馆、度假村以及高校等。

(六)会议议程

会议议程,是为了完成议题而做出的顺序计划,即会议所要讨论、解决的问题的大致安排,是主持人主持会议的依据。会议一定要有完善合理的议程安排,并且严格按照议程来进行,这样才能避免会而不议,议而不决的陋习。

(七)会议人员

1. 会议主办者

会议人员既包括参会人员也包括会议组织人员。会议组织人员常被称为会议主办方,是指具体策划、发起会议的单位或个人。有些会议直接由主办方组织;有些会议则由主办方发起,承办方具体组织实施。在实际工作中要注意区分主办、承办、协办之间的不同,以及各自所承担的职责。例如,历年的广交会主办单位为中华人民共和国商务部和广东省人民政府,承办单位为中国对外贸易中心。专门成立的“中国进出口商品交易会领导委员会”由中华人民共和国商务部、广东省人民政府、广州市人民政府领导,由各交易团团长、各展馆馆长、有关部门领导共同组成。

2. 会议主持人

主持人是参会人员中的特殊角色，其任务包括有效地组织会议，介绍领导、来宾，说明会议的意义，控制会议进程，调动听众情绪，营造会场气氛，对会议进行总结等。主持人不同的主持风格会带来不同会议气氛和效果。需要注意的是，主持人是会议的配角，不应让所有人的目光集中在主持人身上而忽略会议的主讲人和会议的议题。

3. 会议参加者

为了保证会议的质量和效果，应尽可能选择与会议主题有关并能产生实际作用和影响的人来参加会议，尽量减少代开会、旁听会的人员。

（八）会议形式

会议形式主要有现场办公会、观摩会、座谈会、研讨会、论坛、辩论会等。随着网络技术和卫星传输手段的发展，视频会议、网络会议逐渐成为会议的主要形式。

（九）会议结果

会议是以解决问题为目标的集体活动，所以，会议要有明确的目标，所有的会务工作都必须围绕着会议目标展开，最终达到会议目标。

明确了会议的 9 个要素，会议的组织筹备就有了一条主线，秘书人员就有了清晰的工作目标和方向。

三、会议筹备方案的含义与写法

（一）会议筹备方案的含义

会议筹备方案也被称作会议预案，即会议的计划，是对会议过程中各个环节所做的初步安排和打算。其内容包括召开会议的缘由及依据、会议的主旨、会议时间和地点、会议规模、参会人员与人数、会议议程、经费预算及经费来源、会务工作机构与分工、会议的前期准备事项、后勤服务、突发事件处理、保卫与保密工作等。

秘书拟写会议筹备方案，首先要落实好方案中的各项内容，拟写时要符合方案的写作规范，拟写完成后要经领导审阅批准后方可依照执行。

（二）会议筹备方案的结构与写法

会议筹备方案的一般包括标题、正文和落款 3 个部分。

1. 标题

完整规范的会议筹备方案标题由会议召开单位、会议名称和文种名称（“筹备方案”或“方案”）组成，比如《××公司关于召开新入职员工培训大会的筹备方案》。简要式标题由会议名称、文种名称（“筹备方案”或“方案”）组成。比如《××公司第三届产品创意大会筹备方案》。

2. 正文

(1) 前言。前言是说明召开会议的缘由、目的、依据以及会议名称,可用"特制定会议方案如下"作为承启语,引出下文。

(2) 主体。正文主体主要包括以下几个方面:①会议宗旨、主要内容、指导思想等;②会议规模及参会人员,参会人员包括出席人员、列席人员、特邀人员等;③会议时间和地点;④会议议程和日程;⑤会议各方面的准备工作,比如文件材料的准备,会场的选择与布置,会议设备,会议后勤、宣传、服务、接待、食宿、医疗、交通、保卫、文娱等工作的安排;⑥会议筹备小组的简历,大型会议需要建立会议筹备小组,一般包括会务组、秘书组、接待组、宣传组、财务组、保卫组等;⑦会议经费预算,包括文件资料费、通信费、场地租赁费、设备和用品费、公关宣传费、食宿补贴费、交通费、专家劳务费等;⑧突发情况预案,会议召开时可能会遇到很多紧急情况,比如设备损坏、领导缺席、环节疏漏等问题,这就需要会议筹备方案中要做好充足准备,尽量制定出应急预案,防患于未然。

(3) 结语。如果是报送上级领导审批的会议筹备方案,要用"以上方案,是否可行,请批示"等习惯用语作为结语,如不需要上级批准则可以省略结语。

3. 落款

落款通常包括会议筹备方案拟定单位和拟定日期。

例文

××有限公司及关联企业2017年工作会议
筹备方案

2016年是不平凡的一年,2017年是充满希望的一年。当前虽然宏观经济和实体经济形势整体下行,但是,通过2016年的不懈努力公司连续接下了两个政府PPP项目,房地产开发也迎来转机,公司经营将在2017年迎来新的希望。在新的形势下,为了明确任务,总结经验,提振信心,凝聚智慧和力量,经研究决定,召开公司2017年年度工作会议,总结2016年工作,研究部署2017年工作。会议事项如下。

一、会议名称

××有限公司2017年工作会议

二、会议召开时间、地点

(一) 时间:2017年2月10日。

(二) 地点:××有限公司多功能厅

(三) 参加会议人员:公司领导;公司各部门负责人;关联企业负责人及有关人员(详见参会人员名单)。

参会人员于2017年2月9日下午报到,2017年2月11日离会。

三、会议主要内容

(一) 董事长做工作报告

(二) 各分公司、各部门负责人发言,总结交流经验

(三) 关联企业负责人代表致辞

(四) 参观公司相关项目

四、会议日程

会议日程安排表

时　　间		活动内容	地　　点	负责人
2月9日	全天	报到	×酒店大厅前台	
2月10日	8:30—11:50	全体会议 1. 总工作报告 2. 各分公司部门经理、负责人发言,总结交流经验 3. 总致辞		
	12:00—13:00	午餐		
	14:30—17:00	参观项目		
	18:00—19:00	晚餐		

五、会议筹备组织机构

为保证此次会议顺利召开,公司特组建临时会务办,临时会务办下分:秘书组、后勤接待组、保卫组。

筹备办负责人:总经理办公室主任王××

成　　员:……

(一) 秘书组

成　员:(略)

职　责:

1. 制发会议通知;
2. 准备会议文件;
3. 撰写文稿,经领导审定后,向各部门发送。

(二) 后勤接待组

成　员:(略)

职　责:

1. 报到时签到,来宾住宿与就餐安排;
2. 会议入场时的签到;
3. 会议有关文件的装袋与发放;
4. 会间住宿、饮食安排;
5. 会间医疗卫生工作。

(三) 保卫组

成　员:(略)

职　责:

1. 准备会议用品,布置主体会场;
2. 做好会间的安全保卫工作;
3. 参会人员车辆停放指导安排;

4. 清理会场,保管可再次使用的会议用品。

六、会议要求

(一) 文稿材料提交

各部门应于2022年1月24日前将工作总结(电子版)报董事长办公室(×××,手机:×××××××××××,电子邮箱:×××××)。

(二) 会议纪律要求

参会人员应认真准备、积极发言、遵守会议纪律,具体要求如下。

1. 准时参会,不迟到,不早退,不得中途离会。

2. 会议期间集中精力,作好笔记,不得交头接耳,私开小会,不得随意走动,不得打瞌睡,做与会议无关的事情。

3. 会议期间严禁吸烟,手机关机或置静音震动状态,不玩手机或上网。

附件1:参会人员名单

附件2:要求上报材料名单

××公司总经理办公室

2022年1月16日

附件1:

参会人员名单

序号	单位	姓名	电话	职务
1				
2				
3				
4				
5				
⋮				

注:各部门请将参会人员填入本表,于1月24日前报总经理办公室。

附件2:

提交汇报材料单位

序号	负责人	汇报材料内容	备注
1		××公司情况汇报	
2			
3			
4			
5			
6			
⋮			

简析：

这是一份格式规范内容齐全的会议筹备方案，包括标题、前言和六个方面的内容。结合筹备方案的结构可以逐一进行对照分析。第一段是前言部分简要说明了会议的召开意义，从第二段会议名称到会议的筹备组织机构是主体部分，详细描述了会议的各项准备，会议的最后一部分会议要求是结语部分，为保证会议有效进行提出纪律等方面的具体要求。

（三）会议筹备方案的写作要求

(1) 理由充分，意义明确。会议筹备方案应对会议召开的理由和依据进行充分阐述。

(2) 条理清楚，计划周密。会议筹备方案要按照会议筹备的顺序，分条叙述，尽可能进行周密的布置，充分考虑各种可能发生的情况及应对措施。

(3) 内容详细，要求具体。筹备方案在介绍会议议程、内容、形式、要求时一定要明确具体，不能含糊不清。

（四）会议筹备方案和会议策划方案的区别

会议策划方案是策划者根据领导意图和指示，制定出来的对会议整体情况进行策划的文字材料。策划方案一般只在最初阶段，对于会议是否召开或者是否按照此方案组织尚不明确定。而会议筹备方案是会议确定召开之后对于会议各方面情况的计划和安排。会议策划方案与会议筹备方案所涉及的项目基本类似，都包括会议目的、会议名称、会议时间和地点、会议议题、会议议程和日程、会议预算、会议相关事务等，制定时可相互参考。

任务实施

恒卫所在的××安保集团公司位于北京市海淀区上地，拟于12月为一个重要安保项目进行方案论证会，听取业内专家的意见。要邀请行业主管部门(公安部有关部门领导)、行业协会(中国保安协会)、相关合作伙伴(分别来自上海、山东、福建和北京)一同出席。同时还包括1位来自德国柏林工业大学的技术专家。本次会议邀请的来宾人数约14人，会期约2天，其间安排专家参观公司生产基地。请以总经理办公室秘书身份的恒卫，为本次研讨会拟定一个筹备方案。

要求：

(1) 学生小组内进行研讨，组内分工协作，完成接待方案的撰写。

(2) 要求制作完整的PPT来介绍筹备方案，并上交书面筹备方案。计划书内应具体包括会议日程表、预算安排、会议邀请函等。PPT应注重图文并茂，视觉清晰美观。

(3) 两周后，小组选派一名发言人运用PPT来介绍本小组的接待计划。介绍语言要流畅清晰。

(4) 全体学生可参与点评；各组开展自评、互评，教师作最后总评价。

任务评价

填写表 8-1,完成会议筹备方案的写作任务评价。

表 8-1　会议筹备方案的写作任务评价表

评价项目	权重	评价内容	评价标准				自我评分	小组评分	教师评分
			优	良	中	差			
文种选择	5	正确完整	5		3				
形式内容	30	标题：要素齐全 前言：提纲挈领，简洁明快 主体：八要素齐全、逻辑清晰，结构完整 结尾：恰当简要 落款：单位、日期书写位置、方式准确	5 8 12 3 2		3 4 6 1.5 1				
内容要素	40	目标：具体明确 措施：针对性强、切实有效 要求：有明确的质量、数量、时限等要求	15 15 10		8 8 5				
语言	15	准确、简洁、平实	15		8				
版面设计	10	符合格式规范、清晰美观	10		5				
合　计									

任务二　会议议程、日程、程序的写作

情境导入

4 月初的项目论证会筹备方案终于通过了，恒卫现在正忙着制定此次会议的议程、日程和程序，他忙得不可开交。议程、日程仅有一字之差，他知道二者是不同的。他认真梳理了各个项目团队报上来的项目名称，进行了排序，跟领导敲定了发言顺序，对议题根据时间先后进行了排序，终于整理出来了议程，不忘向王主任上报。王主任看到辛苦做出来的议程表，提示他议程的议题要紧密围绕着会议目标进行，议程和程序不能混淆，在这个项目论证会中有表决程序，那么这个程序就要突出出来。恒卫结合王主任的意见又加班修改起来。

任务分析

会议议程、日程和程序都是关于会议活动先后顺序的安排，但三者又不同。会议议程是首先要制作的文件，是对会议基本议题的安排，而日程是根据议程逐日做出的具体安排，只要超过一天的会议都要制定日程表，日程表包括一天中的所有活动，不仅有议题还有议题之外的参观、访问等。而程序是对会议中所有活动的具体环节进行的排序，既包括主题报告、讨论、审议等议题性活动，也包括升旗、致辞、揭幕、颁奖、签字等非议题性的活动，是一种详细的活动环节和流程安排，要具体反应活动的细节。以纪念性、追思性会议为例，如果只举行自由演讲、报告、座谈，制定议题即可，但如果还需要安排奏国歌或会歌、全体肃立默哀、献花圈、嘉宾致辞、以投票或举手方式通过倡议书或宣言等活动，那就需要另行制定程序。

任务准备

一、会议议程

（一）会议议程的含义和作用

会议议程是为完成议题而做出的顺序计划，即会议所要讨论、解决的问题的大致安排，是会议主持人主持会议的依据。会议议程不仅能够规范会议的内容，而且能够约束议事程序与议事节奏，起到固定会议程序的作用。

(1) 会议议程由主办单位的领导机构来确定；

(2) 会议议程包括整个会议活动顺序的总体安排，但不包括会议期间的仪式性、辅助性活动；

(3) 会议议程的特点是概括、明了，一旦确定，不得任意改动；

(4) 凡有 2 项以上议题的会议，都应当事先制定议程。

（二）会议议程的制定程序

(1) 明确会议目标和参加者。要清楚为什么开会以及哪些人要开会，明确通过会议要取得什么样的成果，在会议议程上要把目标陈述出来。议程中要把所有参加会议的人和任何可能涉及的责任人列出来，使参加者准确了解哪些人将到会，以及他们将承担什么样的职责。

(2) 安排各议程事项的时间。要考虑会议时间长短和内容安排的顺序。通常排序会遵循以下原则：一是按照议题的轻重缓急编排处理先后次序，即使在预定的会议时间内无法将全部议案处理完毕，但最重要的议题已经处理，其他较不紧要的议案可以另择时间处理；二是每个议题应该预估所需要的时间，并清晰地标示出来。可以让与会者只参加与他们有关的某些特定议题。

(3) 确定每一项议程。对议程上的每一项内容，参加者应该清楚了解其目标、准备及贡献、时间安排、演讲(发言)者，并提前向与会者分发议题。

(4) 决定会议讨论形式。根据会议需要，选择会议讨论形式，可以是自由讨论、头脑风暴或者分组讨论再大会汇总等多种形式。

(5) 决定会议决策方式。让与会者提前知道会议将以什么方式做出决策。

（三）会议议程的格式和写法

(1) 标题。①简要式标题：由会议名称＋议程组成，比如“部门工作联席会议程”；②省略式标题：可直接写“会议议程”。

(2) 题注。有的会议议程需经过一定会议审议讨论通过才能生效，所以需要写题注。

题注一般是审议通过的会议的召开时间并在会议名称后加“通过”字样，前后加括号。如《第十三届全国人民代表大会第五次会议议程》题注为“2022年3月4日第十三届全国人民代表大会第五次会议预备会议通过”。

（3）正文。按照先后顺序写明会议所需进行的项目：①需要审议、讨论、通过的各项文件、报告、计划、议题等；②需要进行的讲话、演讲、发言等；③需要总结的工作、指定的计划、达成的协议等。

（4）落款。由会议组织机构确定的议程应当标明制定机构的名称，如：秘书处。由会议通过的议程不用写落款。无须大会通过的议程要标明制定的具体日期。

 **例文**

会议议程

会议名称	公司各部门工作联席会	
会议目的	汇报各部门第三季度工作情况及第四季度工作安排	
会议时间	20××年9月25日上午9:00—12:00	
会议地点	××大厦第一会议室	
出席人员	李××、××、公司各部门负责人、市场片区相关负责人； 人事部××、××、应邀列席人员（董助）等。	
会议主持	××	
时间安排	主讲人/发言人	发言主题
9:00—9:15	市场发展部部长张×	……
9:15—9:30	营业管理部部长李××	……
9:30—10:00	商品物资部部长王×	……
10:00—10:15	物流服务部副部长刘××	……
10:15—10:30	人力资源部部长丁××	……
10:30—10:45	计划财务部会计师××	……
10:45—11:20	总经理孙×	对上一季度工作情况进行总结点评，并部署下一季度工作任务
11:30—12:00	董事长李××	总结讲话

备注：公司《会议议程表》属于公司会务管理的一般分，由总经理办公室存档保存（一年）。内部会务管理工作由总经理办公室承接，办公室管理干事或负责人做会议纪要。

简析：

这是一个表格式会议议程，可以清晰地看到具体的议题和顺序安排。

二、会议日程

（一）会议日程的含义和作用

会议日程是根据议程逐日做出的具体安排，是会议全程各项活动和与会者安排个人时间的依据。会议日程可以看作会议的时间表，需要具体列出每天每个时间段会议的详细内容，以控制会议的进程。凡会期满一天的会议都应当制定会议日程，以便与会者和会议工作人员了解会议的具体进程。

（二）会议日程的格式和写法

1. 标题

（1）简要式标题：由会议名称＋日程组成，比如“第十三届全国人民代表大会第五次会议日程”。

（2）省略式标题：可直接写“会议日程”。

2. 正文

会议日程一般按照一天中的不同时段将所进行的活动依次进行安排。通常使用表格形式，可以将一天之内分为上午、下午，每个时间段写明开始的具体时间或是从开始到结束的时间，然后写明所需进行的项目，这些项目既包括会议议程中提及的内容，也包括除此之外的参观、会餐、访问等活动、活动地点、召集人等。

**例文**

会议日程

<table>
<tr><th>时　间</th><th>地　点</th><th>内　容</th><th>负责人</th></tr>
<tr><td>8:00—8:30</td><td rowspan="6">酒店1号会议室</td><td>人员签到并就座</td><td rowspan="9">张晨</td></tr>
<tr><td>8:30—8: 20</td><td>主持人宣布会议开始，介绍会议议题、议程，介绍出席领导和嘉宾。</td></tr>
<tr><td>8:20—8:35</td><td>润达公司董事长致开幕词并讲话</td></tr>
<tr><td>8:35—8:50</td><td>重要合作伙伴代表致辞</td></tr>
<tr><td>8:50—9:10</td><td>总经理陈述上一年度经营状况</td></tr>
<tr><td>9:10—11:30</td><td>与会人员围绕“分析公司在对外开拓的近况”的主题展开讨论</td></tr>
<tr><td>11:30—13:30</td><td>酒店二楼宴会厅</td><td>午宴（桌餐）并休息</td></tr>
<tr><td>13:30—16:20</td><td>酒店1号会议室</td><td>与会人员研究参与国际竞争市场的策略</td></tr>
<tr><td>16:20—17:00</td><td>酒店门口</td><td>与会代表合影</td></tr>
<tr><td>18:00—20:00</td><td>酒店花园</td><td>酒会活动</td><td></td></tr>
</table>

简析：

这是一个表格式会议日程，会期几天日程就有几天，本案例只选取了一天的日程安排，对比前面的表格式议程可以清晰看出，日程强调时间，不仅包括议题性的安排还有其他非议题性的安排。

三、会议程序

（一）会议程序的含义和作用

会议程序是具体规定一次会议的详细步骤，既可以让与会代表了解会议内容和顺序，同时也是主持人掌控会议的依据，可供会议主持人直接操作。会议应严格按照具体的程序和规定的时间逐项进行。

（二）会议程序的格式和写法

1. 标题

(1) 简要式标题：由会议名称＋程序组成，比如“英豪公司销售会议程序”。

(2) 省略式标题：可直接写“会议程序”。

2. 正文

会议程序需要按照时间先后排列明确说明所有活动的环节与步骤。需要突出详细的活动环节和流程安排，要具体反应活动的细节。

例文

××大学授予徐××、钱××教授“终身成就奖”大会

会议程序

（20××年9月10日）

一、请主席台就座的领导人和颁奖对象入席

二、介绍出席会议的领导人、主要来宾

三、主持人宣布：××大学授予徐××、钱××教授“终身成就奖”大会开始

四、校党委书记×××作主题讲话

五、校长×××宣读《××大学关于授予徐××、钱××教授“终身成就奖”的决定》

六、校党委书记和校长向徐××、钱××教授颁发“终身成就奖”证书

七、学生代表向徐××、钱××教授献花

八、徐××教授讲话

九、钱××教授讲话

十、市教委领导讲话

十一、主持人宣布：××大学授予徐××、钱××教授“终身成就奖”大会结束

简析：

会议程序在一些议题比较单一的颁奖活动中使用频率高，按照会议程序进行，可以保证会议顺畅有序召开。

四、会议议程、日程和程序的区别和联系

(1) 联系：都是关于会议活动先后顺序的安排，三者在顺序上是一致的。

(2) 区别：主要有以下方面。

① 详略不同：议程更概况，日程和程序更具体；

② 内容不同：议程介绍议题，日程包括所有活动，程序突出步骤性，包括详细的活动环节和流程安排；

③ 功能不同：议程供与会者了解所要讨论的问题，日程供与会者参加各项活动和安排个人时间；程序既可以让与会者了解会议的内容和讨论议题的顺序，同时又是主持人掌控会议节奏的依据，通常供主办方人士使用；

④ 正式程度不同：议程正式，一经确定，不得更改；日程和程序相对来说有一定灵活性，可以有所调整。

规模较大、活动较多、会期较长的会议，往往会同时制定会议的议程、日程和程序，以适应不同需要。会期较短、议题较少并且较为灵活的会议只需制定一份会议议程即可。

五、安排会议议程、日程和程序的注意事项

(1) 把握会议目的，了解会议召开的原因。

(2) 先安排关键人物的时间，保证重要任务能够出席会议。根据多数人意见安排日程，保证尽可能多的人员都有时间参加会议。

(3) 如遇同时有几个议题，应按照其重要程度排列，重要的事情在前，机密的事情在后，方便灵活安排代表参会，并且尽量保证在最佳时间段开会。上午 8:00—11:30，下午 2:00—5:30 是人们精力最旺盛，思维能力和记忆力最佳的时间段。所以安排会议议程、日程和程序时要注意全体会议安排在上午，分组讨论可安排在下午，晚上则安排一些文娱活动。

任务实施

(1) 公司定于下周一上午 9:00 召开 12 月总经理办公会，目前决定上会的事情有：研究总经理助理的人选问题，12 月组织青年员工参加野外拓展训练活动的实施问题，春节慰问离退休老职工的费用额度问题，春节后如何开展 2021 年第一次春季业务促销活动。请你根据上述情况拟写一份会议议程。

(2) 公司准备举行北京总公司和全国各个分公司的安保沟通能力培训会，会议定于 6 月 6 日在北京大运河会议中心举行，与会者 200 人，会期 2 天。公司总经理会到会致辞，同时邀请了公安大学的教授专家进行安保新技术方面的培训，还要由人力资源部组织一些讨论和游戏联谊活动。请你为这次培训会拟写一份会议日程表。

任务评价

填写表 8-2，完成会议议程、日程和程序的写作任务评价。

表 8-2 会议议程、日程和程序的写作任务评价表

评价项目	权重	评价内容	评价标准				自我评分	小组评分	教师评分
			优	良	中	差			
文种选择	5	正确完整	5		3				
形式内容	30	标题：要素齐全	5		3				
		前言：提纲挈领，简洁明快	8		4				
		主体：各要素齐全、逻辑清晰，结构完整	12		6				
		结尾：恰当简要	3		1.5				
		落款：单位、日期书写位置、方式准确	2		1				
内容要素	40	内容：内容清晰，表述明确，无歧义	15		8				
		结构：条理清晰，科学合理	15		8				
		顺序：符合程序逻辑，排序自然合理	10		5				
语言	15	准确、简洁、平实	15		8				
版面设计	10	符合格式规范、清晰美观	10		5				
合计									

任务三 会议主持词的写作

情境导入

公司准备召开的新员工培训会，恒卫被派去做主持人。第一次参与主持，他既兴奋又紧张，在脑海里不断重复着会议议程、日程和程序，希望主持时不要出错。看到恒卫那么紧张，王主任笑了，他嘱咐恒卫好记性不如烂笔头，还是要把主持词写下来会更能轻松发挥。于是恒卫认真撰写了主持词。在新员工培训会上，他的主持得到了与会王主任的充分肯定。

任务分析

会议主持人是会议人员中一个特殊的角色。主持人的任务包括有效地组织会议，介绍领导、来宾，说明会议的意义，控制会议进程，调动听众情绪，营造会场气氛，对会议进行总结等。主持人不同的主持风格会带来不同会议气氛和效果。然而主持人并不是会议的主角，却对会议的流畅开展起着至关重要的作用，所以好的主持人张弛有度，游刃有余，会议节奏感强，会议目标在主持人一步步地推动下逐步达成。好的主持人不是天生的，需要做充分的准备，撰写主持词就是其中重要的工作。

会议主持词就是会议主持人在支持会议时，依照会议既定的议程，为实现会议主旨所要讲的话，但是这“话”不是一般的话，不是随口说的话，是受特定因素制约的，是特定的人

在特定的场合说出特定的话。

任务准备

一、会议主持词的含义和作用

主持词是主持人用于说明活动宗旨,引导、推动活动展开,串联和衔接前后内容,总结和概括活动情况的文稿。会议主持词是在召开各类会议过程中,会议主持人将会议目的、会议主题、会议议程以及会议各环节串联起来的文字材料。

二、会议主持词的特点

(一)依附性

主持词的写作必须由会议内容所决定,随着会议内容的变化而变化。

(二)特定性

主持词一般按照会议程序进行拟定。会议不同,会议的程序不同,主持词也必须严格按照程序,将会议议程和日程严谨、科学、准确地表达出来,不能随意增加、减少、篡改和颠倒。

(三)应变性

虽然会议召开前已经撰写了筹备方案进行策划,但仍然有很多突发情况,尤其是在疫情形势下,突发事件发生的概论也增高了不少,因此主持人必须根据实际情况对主持词进行调整。

三、会议主持词的分类

(一)按照会议性质划分

(1) 法定性会议的主持词。主持这类会议要了解法定事项,包括会议程序、法定人数、表决方法等,要求严肃庄重。

(2) 决策性会议的主持词。组织领导层对重要问题做出决策,主持人要了解决策内容,掌握决策程序。既要充分发扬民主,不能以个人意见代替集体决策,又要善于决断,不做群众的尾巴。

(3) 工作性会议主持词。部署工作,传达会议决议、上级指示,主持人是核心,工作会议的主持词要求讲清意义、做法,明确任务和分工,落实责任。要做到果断肯定,不推诿、不挑拣。

(4) 学术性会议的主持词。学术性会议要尊重与会者的意见,实事求是,充分说理,允许不同学说的探讨。

(5) 显示性会议的主持词。要注重礼仪礼节,做到庄重、热烈。

(6) 会商性会议的主持词。要求充分协商,注意引导,尽快达成共识,作出决断。

(7) 信息性会议的主持词。要求简短明了,说清楚背景意义和有关情况。

（二）按照会议进行的进程划分

1. 会议开头的主持工作和主持词

会议的开头，主持人就是要把“为什么开会”和“怎样开会”的问题向与会者传达说明清楚。小型会议有个开场白，大型会议致主持词；会期较长的，还有一个开幕式。

不管是开场白，还是主持词，抑或开幕词，都必须抓好以下三个环节。

(1) 拉开序幕。会议开头犹如一台演出开场，会议主持人要精神饱满，满腔热情地宣布会议开始。

(2) 开宗明义。开头要阐明会议的目标任务、背景由来和意义作用，让与会者意识到自己的使命意义，调动积极性投入会议。

(3) 明确开会形式。向与会者明确会议的程序、开会形式和纪律等，使会议一开始就具有良好的气氛。

开幕式是有一定会议程序的，常见的开幕式程序包括：①宣布大会开始；②全体起立，奏国歌；③介绍出席会议的领导、来宾；④致开幕词；⑤宣读贺电、贺信；⑥开幕式结束。

2. 讨论会的主持工作和主持词

讨论是会议的主要形式之一，组织讨论是会议主持人的基本任务。要重点组织好以下几个环节。

(1) 宣布讨论规则。组织讨论要有规则，否则讨论就无序、紊乱。大型的讨论会必须专门制定会议规则，一般的会议，讨论也要有个大致的规矩，如讨论时间、方式、发言顺序、发言时限等。

(2) 介绍要讨论的论文。主持人要提纲挈领地简要说明需要讨论的论题及其内容要点、价值意义，用什么方式讨论，讨论的目标、要求，要取得什么结果或产生什么成果。

(3) 引导发言。主持讨论会重点在于启发和引导。

(4) 组织展开辩论。

(5) 付诸表决或小结。讨论进行到了一定程度，与会者都发表了较充分的意见后，主持人要不失时机地付诸表决，以产生讨论的结果或对讨论情况进行小结，得出初步的讨论结果。

3. 要做好讨论的总结工作

讨论结束时，主持人应对讨论作出总结，将大家的意见归纳出来。

4. 结束会议的主持词

会议是个闭环的过程，有良好的开始也应该有良好的结束。

5. 闭幕式的主持词

和开幕式大致相同。要力求做到庄重、严谨、简洁、有力。一般程序是：①宣布闭幕式开始；②全体起立，奏乐，如国歌、国际歌、会歌等；③其他事宜如表彰、颁奖；④致闭幕词；⑤闭幕式结束，散会。

四、会议主持词的格式和写法

（一）标题

（1）单要素标题：只写文种即《会议主持词》；

（2）双要素标题：由会议名称＋文种组成，如《校长办公会会议主持词》；

（3）三要素标题：由单位名称＋会议内容＋文种组成，如《××大学优秀学生表彰大会主持词》；

如有需要可在标题下以题注的形式注明主持人和职务。

（二）称谓

指的是对于与会人员的称呼。如“尊敬的各位领导，各位来宾，老师们，同学们：”或“各位领导，各位嘉宾、朋友们：”等。

（三）正文

（1）说明会议目的和会议主题。简要介绍会议召开的原因、目的、依据，以及会议主题和会议宗旨。

（2）介绍与会人员。主要向与会者介绍参加会议人员的身份、人数，会议的服务、联络组织等情况。如有重要来宾参加，还应表示欢迎。

（3）进行会议议程。根据会议议程逐项进行。

（4）总结评价。全部会议议程进行完毕之后，主持人要对会开展情况以及会议的质量，进行概括和总结评价，对会议落实提出建议、要求，使与会者进一步从总体上把握会议的主要内容及特点，也使与会者、组织者、服务者为会议付出的劳动得到肯定。

（5）提出要求。对会议精神如何贯彻落实提出明确要求。

（四）结尾

宣告会议结束，如“谢谢大家！会议到此结束”或“本次会议的全部议程进行完毕，现在休会！”等。

五、会议主持词与开幕词、闭幕词的关系

会议主持词有时候与会议的开幕词、闭幕词有交叉。一般情况下，会议的开始不用致开幕词，这时候的会议主持词便起着替代开幕词的作用，需要将开幕词中所要说的话概括地说出来；如果会议比较隆重，或会议规划比较大，或会期比较长，便要安排致开幕词，相应地也要安排致闭幕词，这时候的会议主持词注意不要说与开幕词和闭幕词相雷同的话。

会议主持词并不等同于开幕词和闭幕词。开幕词与闭幕词会议文件，需印发给与会人员，而会议主持词，在一般情况下只写成文字材料给主持人，而不必印成文件发给与会人员；有的会议主持词并不形成文字，而是主持人临场起腹稿，通过口头说出来。

 **例文**

公司培训会议主持词

各位老师和学员、同事们：

上午好！

最近省公司委托××在全省各本地网举办“××”培训班，以提升……今天培训班在我们分公司开办了，在这里，我代表市分公司管理层对省公司举办这次培训班表示衷心感谢！我们完全有理由相信，通过如此高规格的培训，必将促进我们××分公司三级经理管理团队整体水平进一步提升。

本期培训班，省公司和市分公司都非常重视，体现了省公司、市分公司对经理人员队伍教育培训工作的重视，对三级经理人员成长的关心。举办这次培训班，其目的主要是让大家学有所得、学有所获，进一步提升……为推进企业战略转型……

主办单位省培训中心和中兴协力超越培训公司对本期培训班做了充分的准备和精心的安排，培训的内容非常丰富，理论性、实践性、针对性都比较强；培训的形式也灵活多样，集理念技能、案例研讨和角色扮演三位一体，“讲授、活动、总结”穿插进行，将使大家更积极参与到学习中来。培训班将安排大家学习……

大家一定要抓住这次难得的学习机会，集中精力，静下心来，深入学习，练好内功。希望大家排除一切干扰，严格要求自己，遵守培训纪律，做到不迟到、不早退，有特殊情况不能参加学习，必须经培训班班主任准假后，方可离开。人力资源部要协助省培训中心老师做好组织管理工作，严格管理，严格考勤，严格执行纪律，确保培训班办得既富有成效，又生动活泼。培训班结束还要组织理论测试，对每位学员作出客观评价。相信大家通过这次集中学习、集中培训，为今后管理的工作打下更加扎实技能基础，以便带领自己的团队，以显著的工作业绩证明自身的价值。下面我讲三点希望和要求。

一要放下事务专心学。参加此次培训的人员都是三级经理人员，工作都很忙，事务都很多，但既来者则安之，希望大家能克服暂时的困难，把单位或部门的事情放一放，静下心来学习。

二要放下架子虚心学。此次培训层次比较高，给我们授课的是中兴协力超越培训公司老师都是非常有实力电信行业咨询、培训专家，他们都是实践经验丰富、理论水平较高的学者，望大家一定要有甘当“小学生”的精神，以“空杯”的心态虚心听讲，尊重老师的劳动，严守课堂纪律，保持一个安静的课堂环境。

三要放下杂念安心学。也许部分经理人员有这样一种想法，认为培训是一次难得轻松的机会，正好可以放松放松。这种想法是极端错误的。这次培训考虑到大家都很忙，所以安排的是两天短训，大家一定要抛弃杂念，集中精力，利用有限的时间抓好学习，充好电。

同志们，大家都是从事经营管理工作，平常因为工作比较忙，难得有集中上课的机会聚集一块，要一起多交流经验，相互学习，取长补短，共同提高，以孜孜不倦的精神坚持“学习、学习、再学习”，用求真务实的作风坚持“提升、提升、再提升”。

最后，预祝培训班取得圆满成功，大家学习愉快！工作顺利！万事如意！

谢谢大家！

简析：

主持词讲明培训会的目的，对于培训多方都做了热情洋溢的介绍，有培训方的专业有对受训人员提出了要求，主持词一气呵成，讲明了领导对培训的重视，起到了动员受训人员珍惜培训用心学习的目的。

任务实施

公司决定于2022年8月26日召开2022年度新员工培训会。作为2021年入职的优秀员工，恒卫被派去做会议主持，为了让恒卫做好会议主持工作，请你帮助恒卫撰写一份会议主持词。

任务评价

填写表8-3，完成会议主持词的写作任务评价。

表8-3　会议主持词的写作任务评价表

评价项目	权重	评价内容	评价标准				自我评分	小组评分	教师评分
			优	良	中	差			
文种选择	5	正确标准	5		3				
形式内容	30	标题：要素齐全	5		3				
		前言：简洁明快，提纲挈领	8		4				
		主体：引、串、结、评四个要求阐述恰当，表述流畅，条理清晰	12 3		6 1.5				
		结尾：恰当简要	2		1				
		落款：单位、日期书写位置、方式准确							
内容要素	40	目标：具体明确	15		8				
		措施：针对性强、具体有效	15		8				
		要求：安排严谨细致，各环节紧密衔接	10		5				
语言	15	准确、简洁、平实	15		8				
版面设计	10	符合格式规范、清晰美观	10		5				
合　计									

任务四　领导讲话稿的写作

情境导入

还有半个多月就要召开本季度的项目论证会了，恒卫这天正对照着确定好的会议筹备方案梳理会议材料，这时候办公室电话响了，是王主任打来的，让他也参与到论证会总经理发言稿制作小组。恒卫既兴奋有紧张，兴奋的是可以参与讲话稿的起草，是个难得的学习机会，紧张的是他以为讲话稿就是领导的发言稿，类似演讲稿，他在电话里这样跟王主任说着，王主任说三者可不一样，看来，恒卫需要抓紧补补课了。

任务分析

讲话稿不是演讲稿，也不是发言稿。大型会议上的领导讲话稿，体现的是领导集体的意志。所以，撰写领导讲话稿要充分领会领导的意图，体会领导的风格，在充分了解会议召开的背景、目的、内容、会场情况以及听众身份的情况下进行的写作。

任务准备

一、讲话稿的含义

讲话稿一般指领导讲话稿，是各级领导在会议上发表的带有指示、部署、指导、总结性质的讲话稿。一般情况下，领导的会议讲话稿所承载的观点不是讲话者个人的观点，而是集体意志的体现。

二、讲话稿的特点

（一）针对性

讲话稿内容是由会议主题和讲话者身份来决定的，讲话稿是根据会议的主题、性质、议题，以及会议场合、背景，或者听众的身份、心理需求和接受习惯等因素而撰写的。

（二）原则性

领导讲话稿多与党和政府的路线、方针、政策有关，必须讲求原则，代表党和国家的立场，不能有所偏离。

（三）得体性

讲话稿的语言要适于表达，便于听众的理解和接受，既要准确、生动，又要简洁明了，与讲话者的身份、目的相吻合。

（四）集智性

大型会议的领导讲话稿，通常由一个小组来代为起草。先是领导将写作目的、意图、背景、写作要求等交代给起草小组，然后小组分工协作，集体撰拟草稿，并在起草过程中反复讨论、修改，直至定稿，再提交领导审核使用，因此，讲话稿是集体智慧的结晶。

三、讲话稿的种类

根据讲话稿内容不同，可以分成以下几种。

(1) 工作会议讲话稿，是指领导干部在各类工作会议上的讲话稿。

(2) 纪念会议讲话稿，是指领导干部在重大庆典等纪念活动上的讲话稿。

(3) 节日致辞讲话稿，是指领导干部逢元旦、国庆、春节等重要节日，在电视、晚会、广播以及其他庆祝活动中的讲话稿。

(4) 礼仪活动讲话稿，是指领导干部在特点的场合中，如在举行某仪式上发表的礼仪性讲话。

(5) 文体活动讲话稿，是指领导干部出席各种文体活动时的致辞。

(6) 慰问活动讲话稿，是指领导干部在重大节日、纪念日或遇到某种特殊情况、重大事件时，对有关人员及群体表示安慰、关心、关怀、问候、鼓励的讲话稿。

四、讲话稿的结构和写法

(一) 标题

(1) 标准式标题。有讲话人姓名＋职务＋会议名称＋文种组成，例如《××总经理在全国销售团队会议上的讲话》。

(2) 正副标题。正标题概述讲话的主要内容，副标题与第一种标题形式相同。如《解放思想，实事求是，团结一致向前看——邓小平在中央工作会议闭幕会上的讲话》。

(二) 称谓

根据讲话对象确定称谓，例如“同志们”“女士们，先生们”。

(三) 正文

(1) 开头。要写明会议的性质，说明讲话的缘由、目的，概括所讲内容的重点。

(2) 主题。根据会议的内容和发表讲话的目的确定。主要有以下几种情况：可以通过分析形势和明确任务，提出搞好工作的几点意见；可以结合本单位的情况，提出贯彻执行上级指示的意见；可以重点阐述如何领会文件、指示、会议精神；可以对前面其他领导人的讲话做补充讲话；也可以围绕会议的中心议题，结合自己分管的工作谈几点看法等。

(3) 结尾。总结统领全篇，发出号召或者征询对讲话内容的意见或建议等。

五、讲话稿与几个相关概念的区别

(一) 讲话稿与发言稿的区别

(1) 讲话是一种领导行为，是集体领导意志的体现，而发言则只属于普通的公务行为。讲话人必定在该项活动中负有组织和领导责任，发言人则只是该项活动的一般参与者。

(2) 讲话一般代表领导集体的意见，明确要求下属遵守和执行，具有较强的指导性；而发言更多的是代表个人的意见，所以一般是沟通情况、反映问题、提出建议等，具有参考作用。

(3) 从语言特点上，一般讲话都使用祈使性语言，对人们提出要求，而发言则多用陈述性语言，很少使用祈使句。

(二) 讲话稿与会议报告的区别

(1) 讲话稿是上级对下级的要求及建议，属于领导行为，会议报告则是领导班子汇报工作、接受监督的一种渠道，多是执法机构、执行机关对权力机关而行。

(2) 讲话是一种领导行为,其成文具有明显的决策意义;会议报告则只有经过大会审议批准后才具有决策意义。所以讲话可以直接提出工作要求,大多数会议报告则需要经过会议审议。

(三) 讲话稿与演讲稿的区别

(1) 讲话时一种领导行为,演讲则根据演讲场合的不同表现为学术行为、宣传鼓动行为或者外交行为。

(2) 讲话以“讲”为主要手段,语言讲究平实、直白,演讲则是“演”和“讲”的结合,更追求语言的艺术性。

(3) 讲话代表一定集体的意见,只有领导者才能实施;演讲则多数表达个人的看法和意见,不受身份的限制。

 **例文**

公司新员工培训大会总结讲话

各位领导,同事:

大家好!很高兴我们可以相聚在这里,也很高兴你们可以通过公司的层层筛选,在现在这个时刻站在这里,成为××保安公司的一名成员,成为一名合格的安保人员。

进入公司之后怎么样,你们还习惯吗?生活和工作都适应了吗?在这里我也真心祝福你们,希望你们都在××公司创造出属于自己的广阔天空,也希望你们可以遵守安保人员的职业素养,认真地完成安保人员的工作,保证各项工作任务顺利和安全进行,同时也希望你们在工作的时候能够将公司和个人的发展结合在一起,也请你们放心,只要你们认真工作,尽职尽责,公司是不会亏待你们的,希望你在××公司可以工作顺利,也希望你们是真心热爱安保工作。

安保人员是维护社会平安的重要力量,责任重大、使命光荣。不管你们将来在什么样的环境工作,我们都要坚守住安保人员的守护人民群众生命财产安全的职责,深刻认识安保工作的重要性,也能够懂得肩上所承担的责任,维护所负责区域的安全和正常秩序,保证居民或是顾客的正常的生产生活,保证他们的安全,全力的排查一切安全隐患,保证区域的安全和稳定。在工作中要做到足够的认真和细致,相信我们所有的成员在经过这段时间的培训之后,都已经具备了一定的冲劲和责任感,是不是都迫不及待地想要走上工作岗位,积极开展工作了?

我在此也有几点建议和希望。一是希望你们在往后的工作中,重视坚持体育锻炼。不管是生活还是工作,都要有一个强劲的体魄,这既是一个优秀安保人员良好职业形象的需要,也是你们保持良好的工作状态、提高个人职业技能从而更好地履行岗位职责的需要。二是要善于学习,坚持学习。安保工作,常常是忙碌的,也有可能是单调重复的。我们每天遇到的突发事件、不同的服务对象,都对我们的职业素养和职业能力不断提出更高的要求。安保行业对高素质的专业技能人才始终求贤若渴。为了更好地完成工作,也为了你们个人今后更长远的发展,希望你们在工作之余,坚持认真参加公司组织的日常业务训练和技能培训,尽快成长为公司的业务骨干。三是要养成总结和反思的习惯。大家每天要按时到达工作岗位,兢兢业业工作,而一天的工作完成之后,也要学会总结和审视自己的工作,好的经验要及时总结,做得不好的地方要及时总结改正,这样才能在平凡的工作中不断积累宝贵的工作经验。

相信大家都可以在今后的工作中越做越好，越发展越好。××公司的未来是属于你们的，也是要依靠你们的，加油吧，我相信你们，也请你们相信公司，一定会为你们的发展提供广阔的平台。

谢谢大家！

简析：

文章推进套路明显，层次感很强，总体上可以分为“祝贺和问候大家成为安保人员”(一二自然段)“为什么要做好安保工作和如何做好安保工作”(第三、四自然段)两部分。结尾对参训人员提出了鼓励和号召。

任务实施

请根据下列工作情境，撰写一份讲话稿。

恒卫所在的安保公司，要进行一次公司中层管理人员培训大会，恒卫被安排给领导撰写一份中层管理人员培训动员大会上的讲话稿，请完成这一任务。

任务要求：

(1) 内容目标明确、措施具体可行，能够让大家认识到开展活动的意义。

(2) 格式规范、语体符合讲话稿写作要求。

(3) 书写工整，字迹清晰。制作电子文档需要使用 Word 软件，规范排版。

任务评价

填写表 8-4，完成讲话稿的写作任务评价。

表 8-4　讲话稿的写作任务评价表

评价项目	权重	评价内容	评价标准				自我评分	小组评分	教师评分
			优	良	中	差			
文种选择	5	正确标准	5		3				
形式内容	30	标题：要素齐全 前言：简洁明快，提纲挈领 主体：写作顺序清晰，想干—会干—干好，逻辑清晰，结构完整 结尾：恰当简要 落款：单位、日期书写位置、方式准确	5 8 12 3 2		3 4 6 1.5 1				
内容要素	40	目标：具体明确 措施：针对性强、具体有效 要求：有明确的质量、数量、时限等要求	15 15 10		8 8 5				
语言	15	准确、简洁、平实	15		8				
版面设计	10	符合格式规范、清晰美观	10		5				
合　计									

任务五　会议记录的写作

情境导入

明天项目论证会就要正式召开了,下午4点多恒卫还在办公室做着最后的梳理准备工作,他再一次确认了会议录像设备、录音设备,并从文具柜里拿了两盒签字笔,拿出一本专门的会议记录本,明天的会议记录他已经做好了准备。

任务分析

会议记录看着简单实则非常重要,会议记录真实地记载了会议的情况,客观反映了会议的内容和进程,为编发会议简报、制发会议纪要提供了重要素材,可以作为贯彻会议精神和执行会议决定、决议的依据,为日后分析、研究和整理会议内容提供了主要依据,因而会议记录还是一种重要的文书档案。

任务准备

一、会议记录的含义和作用

会议记录是记录会议现场情况和会议内容的文字材料,是会后研究工作、总结经验或编写会议纪要的重要依据。重要会议都需要进行记录,并要妥善保管会议记录以备查考。对于一些法定会议,会议记录经发言者和会议领导人签字后,具有法律效力。

二、会议记录的特点

(一)时间性

会议记录是一项即时记写的活动,要求及时完成会议记录,方便会后形成会议正式文件的时间性。

(二)纪实性

会议记录要求准确、真实、清楚、完整,以严肃认真的态度忠实记录发言的原意。书面语比口头语简练一些,但不能歪曲和任意增删发言的内容,关键地方应尽量一字不差地记录原话。

三、会议记录的种类

(一)详细记录

这是一种有言必录的记录方式,包括发言中的插话等,都要详细记录在案。详细记录适用于特殊重要的会议,一般采取一些速记的工具或方法。

(二)摘要记录

这种记录方式是择其要点而记之,不必有言必录。这种记录宜采用汉字直接记录,记录着一面听发言,一面分析,哪些该记录,哪些可不记,这样才能抓住要点,避免发生“摘而不要”的现象。

(三) 简易记录法

这种记录方法适用于事务性会议,记录无须全面,只记录实质性意见即可。

四、会议记录的格式和写法

会议记录一般由标题、基本情况、主体和记录人、审核人签字 4 个部分组成。

(一) 标题

标题比较简单,格式是“会议名称＋记录”,如××公司××××年×月×日第×次部门经理例会记录。

(二) 基本情况

基本情况即会议记录的开头部分,分享完整列车会议的有关情况,包括时间、地点、主持者、出席者、缺席者、列席者、记录者要素。

(三) 主体

会议记录的核心内容部分,包括议题和发言记录。议题的记录要求会务人员在开会之前要有所了解,以便会前记录。发言记录要求详细,其方式有文字记录和录音设备记录两种,记录的内容包括主持人的引导语、领导的报告、参会人员的发言、会议结束语及现场情况(如争吵、鼓掌等)等。

(四) 记录人、审核人签字

会议记录完成后,记录人和审核人要分别在落款处签名,然后交相关负责人审阅、签字后才可以归档保存。

五、会议记录的写作例文

例文

××公司办公会议记录

时间:二〇××年×月×日×时

地点:公司办公楼五楼大会议室

出席人:×××　×××　×××　×××　×××　……

缺席人:×××　×××　×××　……

主持人:公司总经理

记录人:办公室主任刘××

主持人发言:(略)

与会者发言××(略)

与会者发言×××(略)

散会

主持人:×××(签名)

记录人:×××(签名)

(本会议记录共×页)

×××公司××××××会议记录

时间:××××年3月4日14:30—17:00

地点:××楼第××会议室

出席人:××经理、××(办公室主任)、×××(办公室秘书)及各培训部主要负责人

缺席人:××、×××(公假)

主持人:×××(主任)

记录:××(办公室秘书)(会议组织情况)

×××(主任):×××××××××××××。(主持人开场白)

一、报告(会议进行情况)

(一)××经理传达××××××××××××。

(二)××主任报告××××××××情况。

二、讨论发言(会议进行情况)

(一)×××××××××××××。

(二)×××××××××××××。

三、决议(会议进行情况)

(一)×××××××××××××。

(二)×××××××××××××。

(三)×××××××××××××。

四、×××××。**(会议进行情况)**

散会。

主持人:×××(签名)

记录人:×××(签名)

简析:

第1篇例文是详细记录的模板,第2篇例文是摘要式记录,属于简略记录。

任务实施

假如每一个小组都是一群志同道合的好伙伴,要一起成立一家安保公司。请组织一次讨论会,并按照详细记录的方式,做好会议记录。会议的主要议题应包括:

(1)这家公司要起什么名字?为什么?

(2)几个小伙伴,分别在公司里担任什么职位?为什么?

(3) 你们的公司,五年内的发展规划是什么?

任务评价

填写表 8-5,完成会议记录的写作任务评价。

表 8-5　会议记录的写作任务评价表

评价项目	权重	评价内容	评价标准				自我评分	小组评分	教师评分
			优	良	中	差			
文种选择	5	正确标准	5		3				
形式内容	30	标题:要素齐全 前言:简洁明快,提纲挈领 主体:写作顺序清晰,想干—会干—干好,逻辑清晰,结构完整 结尾:恰当简要 落款:单位、日期书写位置、方式准确	5 8 12 3 2		3 4 6 1.5 1				
内容要素	40	目标:具体明确 措施:针对性强、具体有效 要求:有明确的质量、数量、时限等要求	15 15 10		8 8 5				
语言	15	准确、简洁、平实	15		8				
版面设计	10	符合格式规范、清晰美观	10		5				
合　计									

项目九　求职文书的写作

本项目以公文写作基础理论知识为指导，以《党政机关公文处理工作条例》和《党政机关公文格式》(GB/T 9704－2012)为依据，训练学生根据实习就业和职业发展规划的需要，能按照相应的文种格式，规范进行求职信、简历等文书写作的能力。

学习目标

知识目标：

(1) 了解求职信的写作方法和技巧；

(2) 了解简历的写作方法和技巧。

能力目标：

初步具备能够根据具体职位要求，撰写求职信、简历的写作能力。

素养目标：

(1) 明确求职信、简历的写作能力是安保职业人个人成长、职场发展必备的职业能力。

(2) 具备一定职业生涯发展规划的主观能动性和进取意识。

任务一　求职信的撰写

情境导入

又是一年毕业季。恒卫的实习即将结束。在经历了总经理办公室、一线项目部、市场部等不同部门的锻炼后，恒卫对安保行业的认识进一步加深，对安保企业的经营管理流程和业务特点进一步熟悉，各方面的综合素质和专业技能显著提升，工作业绩也受到了公司领导和同事们的高度认可，马上就要作为正式员工办理入职手续。公司不仅是行业有影响力的大型安保集团，恒卫在此得到了系统的培养和锻炼，也有了更好的待遇和发展前景。恒卫为当时能够顺利被选中到公司实习深感幸运。毕业前，恒卫被学校老师邀请作为优秀毕业生回校向在校的学弟学妹们传授一下求职、实习、就业的经验。

任务分析

在用人单位的人力资源部门和业务部门选择应聘者时，一般第一步会对应聘者的求职信和简历进行初步筛选。求职信是在面对面语言交流沟通之前，用文字的表达形式吸引用人单位，得到用人单位的初步了解和认可。因此，求职信是向用人单位展示自己的一个重要的媒介。即将实习就业的学生，在走向激烈竞争的职场之前，能够比较准确恰当地用文字的方式介绍推荐自己，获得用人单位的认同，是迈好职业生涯的第一步。首先，我们需要清楚求职信的特点是什么？如何撰写个人的求职信？

任务准备

1. 求职信的含义和用途

求职信是求职者向谋求职业的单位介绍自己的基本情况，提出供职请求的书信，并要求对方考虑、答复的文书。

2. 求职信的特点

不论是应聘性求职信还是广普性求职信，都具备以下几个特点。

(1) 针对性。求职信的针对性体现在两个方面：一是针对用人单位的实际情况；二是针对自己的实际情况。

(2) 自荐性。不论求职者与用人单位的人员是否认识，求职者在信中都必须毛遂自荐，恰当地介绍自己。

(3) 竞争性。择人与择业的双向选择机制决定了求职行为本身就是一种竞争。自用人单位收到你的求职信起，与同一单位求职者的竞争就展开了。

3. 求职信的种类

(1) 应聘性求职信。即求职人有针对性地根据用人单位招聘人员的条件向用人单位进行自我介绍而谋职的书信。

(2) 广普性求职信。即不知晓对方单位是否有用人需求而投递过去的求职信。一般可以登报。

4. 求职信的写作方法

1) 称谓

称谓越具体越好。对不够明确的单位，可写“尊敬的领导同志”“××公司的负责同志”；对明确的用人单位写出负责人的职务、职称，如“尊敬的高教授”“尊敬的武处长”“尊敬的刘经理”等。广普性求职信不必写称谓。

2) 正文

(1) 导言。写求职、应聘的缘由。也有的求职信不写导言。

(2) 主体。这是求职信的重点部分。写作内容通常包括：个人的基本情况，包括姓名、年龄、毕业学校、学历、专业、经历、业绩、兴趣爱好、性格特点等；写明以上情况后，可以把自己所求职务方面的经历、经验或所具有的素质概括而精要地写出，以便招聘单位能优先考虑经过锻炼的求职者。通讯地址、电话、电子邮箱等。还应该有求职信中说到的相关材料复印件等。特别是应聘性求职信要求附带这些证明。

(3) 结尾。感谢对方阅读并以诚恳的态度表达自己希望被择优录用的愿望，如“希望领导给我一次面试的机会”。最后写上附件名称。附件一般是证书和有关材料的复印件等。

3) 敬语

按信函的格式写“此致 敬礼”一类敬语。广普性求职信可省略。

4）落款

按信函格式写上个人姓名，通常还在姓名后面加上“敬上”“敬启”等字样，以示礼貌。在姓名下方写上发信日期及通讯地址、电话等联系内容。

5. 求职信写作注意事项

（1）多写自己的优势，展示自己的业绩和能力。

（2）可适当说明自己求职注重的是某个职位。

（3）如果是应聘式求职信，则应严格依据招聘条件，有针对性地逐条如实地表述。

（4）态度自信、恳切，尊重对方，礼貌，不卑不亢。

（5）求职信的篇幅不要太长，应简明扼要。

 **例文**

求 职 信

尊敬的××公司总经理先生：

首先，为我的冒昧打扰向您表示真诚的歉意。在即将毕业之际，我怀着对贵公司的无比信任与仰慕，斗胆投石问路，希望能成为贵公司的一员，为贵公司服务。

我是××职业学院安全保卫管理专业 2020 级学生，将于今年 7 月毕业。在大学学习期间，我努力学习各门基础课及专业课，并取得了良好的成绩（见附表），英语已通过 A 级考试（见附件）。本人能熟练掌握学校所教课程的有关知识：安保活动项目管理、安全防范技术应用、安保风险管理、突发事件应急处置、安保防卫术、安保职业经理人管理实务等，专业能力强，在校期间曾获学校一等奖学金一次、二等奖学金一次，参加 2019 年中国大学生武术散打锦标赛，获得第六名。

作为新时代的大学生，我非常注意各方面能力的培养，积极参加社会实践，曾在超市担任到导购、肯德基担任星级训练员，连续两年参加中国网球公开赛球员随身护卫安保实习；爱好广泛，有责任感，能吃苦耐劳。

本人期盼能成为贵公司的一员，从事安保管理相关工作。诚然我尚缺乏丰富的工作经验，如果贵公司能给我机会，我会用我的热情、勤奋来弥补，用我的知识、能力来回报贵公司的赏识。

盼望您能给我一次面试的机会。随信附上简历、英语等级证书、获奖证书等。

此致

敬礼！

××　敬上

2020 年 4 月 5 日

联系地址：××职业学院安全保卫管理专业 2020 级 1 班（邮编：××××××）

电话：××××××××

简析：

这封求职信的正文导言谦恭有礼，说明“投石问路”的缘由。主体分为三部分：第一部分介绍自己的学业情况，重点介绍了自己的学习成绩和自学能力；第二部分突出写自己注重参加社会实践，特别自评了自己的爱好、责任感和吃苦耐劳精神；第三部分用恳切的言辞表达了自己的求职愿望和决心。附件为信函提供了旁证。全文情辞恳切，礼貌得体，不卑不亢。

例文

应　聘　信

尊敬的××商场×××总经理：

我从×月×日《××日报》上看到了贵商场招聘员工的启事。我有意应聘其中的财务会计一职。

我叫张小兰，女，今年24岁，本市人，于20××年毕业于××××学院财务电算化专业。在校学习时各科成绩优良。毕业后在××××厂做销售员，由于专业不对口，所学特长无法发挥，很苦闷，很羡慕那些专业对口具有用武之地的人士。知悉贵商场需要财务会计专业人员一事，令我非常高兴，觉得终于盼来了施展自己特长的好机会。

希望贵商场能给我一个面试的机会。经考核，如蒙录用，我将会竭尽全力搞好本职工作，做一个合格的××商场的"理财人"。

附件：

1. ××大学毕业证

2. 会计人员上岗证

此致

敬礼！

求职人：王小兰

20××年×月×日

联系地址：本市××路××号　邮政编码：××××××

联系电话：×××××××××

简析：

这是一封根据招聘启事而写的应聘函。首段引据报上的招聘启事，作为写应聘函之缘起，接着直接提出应聘财务会计一职的要求。第二段写自己的学历、经历和提出应聘的客观原因以及心态。第三段即结尾部分，表达希望能经面试被录用，以及搞好工作的愿望。文章紧扣该公司提出的应聘条件和要求，理由充分，态度诚恳，语言得体。提供的附件利于证明自己的应聘条件。

任务实施

1. 改错

××公司：

我叫李威，男，27岁，××学院毕业，曾在××安保公司担任安全员，工作踏实，曾×次受到该公司物质奖励。我请求到贵公司做安保主管，如蒙录用，我将竭诚为贵公司服务。

（联系方式、求职时间自拟）

2. 实践活动与练笔

××度假区面向我校进行招聘，采取网络招聘的方式，学生需要自行投递招聘材料。

招聘对象：应届毕业生；

招聘岗位：安保员、防损员、安检员

请模拟毕业求职的情境，以2人为一组，一方为用人单位，一方为求职人员，进行现场演练，然后，再互换角色演练一次，每次3分钟左右。然后，根据演练的对话，写一则求职信。

要求：必须根据自己专业和个人的实际情况来写。求职信字数在400字以上。

3. 计算机操作

恒卫指导学弟学妹制作求职信，按照下面的步骤进行计算机上的文本制作。

(1) 建立求职信文档

建立一个“求职信”的Word文档，然后选择自己熟悉的输入法进行文本输入，注意及时保存。

(2) 页面设置

单击布局选项卡，单击“页面设置”组中的右下角，打开“页面设置”对话框，在纸张选项卡中选择A4，纵向；在“页边距”选项卡中将上页边距设置为3厘米，下页边距设置为3厘米，左右页边距为2.8厘米。

(3) 文本设置和编辑

第一行为标题，输入“求职信”三个字。标题使用一号小标宋体字，居中显示，同时选中标题，单击开始选项卡，字体组单击右下角，打开“字体”对话框，在“高级”选项卡中，将间距加宽设置为6磅。然后按回车键，第二行开始输入求职信的内容。

求职信的正文使用三号宋体。

(4) 日期的编制制作

在正文之后，输入日期。日期使用阿拉伯数字。

任务评价

填写表9-1，完成求职信写作评价。

表9-1 求职信写作评价表

评价项目	权重	评价内容	评价标准				自我评分	小组评分	教师评分
			优	良	中	差			
形式结构	30	标题、称谓：严谨、规范	5		3				
		正文：要素齐全	10		6				
		敬语、落款：完整，规范	5		3				
		附件：完整，规范	10		6				

续表

评价项目	权重	评价内容	评价标准				自我评分	小组评分	教师评分
			优	良	中	差			
内容要素	50	称谓：选择正确，表述精当 正文开头：开宗明义，表达简洁完整 正文内容：结构清晰，内容简洁完整 正文结尾：具体简明，表达恰当 敬语、落款：表述恰当，简洁明了 附件：内容准确，真实	5 10 15 10 5 5		3 6 8 6 3 3				
语言	10	准确、简洁、平实	10		6				
版面设计	10	符合格式规范、清晰美观	10		6				
合　计									

任务二　简历的制作

简历的制作

情境导入

恒卫上一次在学校分享的过程中向学弟学妹们介绍了求职中除了投递求职信，还需要投递个人简历，恒卫接着分享了简历制作的经验。分享后学弟学妹纷纷跃跃欲试的制作了一份个人简历，但是教师在指导的过程中，发现大家对个人简历的认识并不清晰，直接把求职信的文字进行了迁移，简历的内容重点不清楚，分类不明晰，表达不准确。那么如何制作一份帮助自己脱颖而出的简历呢？老师和恒卫带着学弟学妹一起来进行探讨。

任务分析

在用人单位的人力资源部门和业务部门选择应聘者时，一般第一步会对应聘者投递的求职信和简历进行初步筛选。简历是用图文并茂、清晰直观的方式，使用人单位能够快速了解求职者的基本情况和个人履历，进行初评，决定是否选入面试名单。我们说，简历是你人生的第一张名片。它就是你自己的一份广告！能把自己成功推销出去的广告。某外企人力资源主管说："我每天用半小时浏览 50 份或更多的简历，如果前 10 秒未能发现任何成果表述，那么这份简历就成为历史了。"即将实习就业的学生，在走向激烈竞争的职场之前，能够比较准确恰当在简历中体现自己专业、能力和特点，在堆积如山的简历中脱颖而出，从而争取到面试的机会，是迈好职业生涯的第一步。首先，我们就得搞清楚，什么是个人简历、如何如何制作简历、如何做一份好的简历。

任务准备

一、个人简历的概念和种类

（一）个人简历的概念

个人简历也称为个人履历，是指求职者在求职或是转换工作岗位时向用人单位证明自己工作经历、条件，对自己职业、学历、爱好情况一一叙述的一种文体。

个人简历是求职者学习生活的简短集锦，也是其自我评价和认定的主要材料，个人简历的优劣，直接关系到是否能给对方留下深刻印象，也是决定对方是否给你面试机会的关键。

个人简历具有客观性、简明性、严谨性、个性化的特点。

（二）个人简历的种类

(1) 时间型简历。强调求职者的工作经历，大多数的高职应届毕业生都没有参加过工作，学习经历也比较简单，所以，这种类型的简历不适合大学毕业生使用。

(2) 功能型简历。强调求职者的能力和特长，不注重工作经历，因此对大学毕业生来说是比较理想的简历类型。

(3) 专业型简历。强调求职者的专业、技术技能，也比较适合于大学毕业生，尤其是申请那些对技术水平和专业能力要求比较高的职位，这种简历最为合适。

(4) 业绩型简历。强调求职者在以前的工作中取得过什么成就、业绩，对于没有工作经历的应届毕业生来说，这种类型不合适。如毕业生社会实践丰富，适合选择这一类，可以突出展示实践业绩。

(5) 创意型简历。强调与众不同的个性和标新立异，目的是表现求职者的创造力和想象力。这种类型的简历适合于广告策划、文案、美术设计等职位。

二、个人简历的结构格式

个人简历一般主要采用表格式或条文式。一份完整的个人简历，一般包括 8 个部分内容：标题、个人基本情况、求职意向、学习经历、主要课程、工作经历、能力与技能、获得奖励与证书、自我评价。

1. 标题

标题可以直接标明文种“个人简历”“履历表”等字，首行居中位置。

2. 个人基本情况

主要包括求职者的姓名、性别、出生年月、籍贯、民族、教育程度、专业、政治面貌、健康状况、身高、联系方式(通信地址、电话、电子邮箱、QQ、微信等)。

3. 求职意向

求职意向即求职目标或个人期望的工作职位，一定要放在简历开头部分，并且最好把求职意向标成黑体，让用人单位第一眼看到你和岗位需求的匹配度。

4. 学习经历

学习经历是介绍求职人受教育的情况，按照倒序时间，写清学习的起止时间、毕业学校、所学专业。高职毕业生只需要填写高职阶段和高中同等学力阶段。可以在学习经历下增加一个“主修课程”,列上学习经历中主要的、有特色的专业课程及成绩,尤其是要体现与所谋求的职位有关的课程和专业知识,要突出重点,有针对性,使用人单位认为求职者的学历、专业、知识结构与其招聘条件相吻合。

5. 工作经历(社会实践)

工作经历要突出与职业目标相关的工作经历;列出最主要、最有说服力的工作经历。工作经历按倒序时间来写,最近的工作情况要放在最前面。在每一项工作经历中按照工作日期、工作单位、职务的顺序罗列。每一条工作经历要简要描述在工作中取得的业绩和成果。注意细节,用数字、百分比和时间等对描述加以量化。

对于初出校门的大学生,工作经历可以改为社会实践和实习经历,包括实习、兼职、在学校、班级所担任的职务,勤工俭学、课外活动、义务劳动、参加各种社团组织活动等。实习和兼职要写明岗位完成的主要工作,如有显著成绩可量化列出。

6. 能力与技能

对各方面的能力加以归纳和汇总,列出所有与求职有关的技能。在校学生主要列出自己在校学习和社会实践后具备的通用能力和专业能力。

7. 所获奖励和证书

奖励和证书是个人能力的直接证明。可包括各级各类荣誉称号、技能竞赛奖励、取得的职业资格或者专业技能证书等。按照颁发奖励和证书机构的级别从高到低,或者按照求职岗位的匹配度从前往后排列,突出向用人单位进行展示。

8. 自我评价

主要是对自己的能力和性格的评价,要突出自己的优势和优点,但是千万不要浮夸和虚假,要概括真实,表达客观,重点突出,简略得当。

三、简历制作中存在的主要问题

目前高职学生制作的简历,主要存在下面的问题。

1. 长而无用

一些毕业生生怕自己的情况不能全面体现在简历中,每一份简历都塞满了各种细节和支撑材料,让人难以短时间内抓住你和所求岗位的匹配度在哪儿,反而不能起到很好的自荐效果。

参考阅读

简历切忌“太长”

要靠短暂的十几秒获得与用人单位的进一步交流,简历必须能吸引用人单位的眼球。

一些大企业的人力资源主管,对合格的简历,有什么样的看法?

某知名IT企业人力资源主管认为，100份简历中有多少份是合格的？不到10份。他诚恳指出，简历太长，"注水"太多，过分谦虚，太过花哨已成为毕业生简历中的硬伤，往往使他们出师不利，失掉面试的机会。曾任远大集团人力资源主管的王先生，也善意提醒，"其实简历一页就足够，两页已经太长了"。

2. 硬件不突出

一些毕业生写简历时，不看企业招聘要求，必备的态度、技能、资质、经历等表述不清晰，个人优势不突出。

3. 千篇一律，没有针对性

很多毕业生在求职季，不针对目标企业的用人标准专门制作简历，只是"广撒网"，却无法提高获得面试的概率。

4. 格式不恰当、制作不精心

不恰当的简历设计，甚至粗心的错误，导致企业对应聘学生综合素质不认同。

四、简历制作的标准

明确用人单位筛选简历的标准，有利于我们有的放矢，制作出更优秀的简历。

（一）突出体现人格品质

教育始终把立德树人作为人才培养的首要目标。用人单位选人用人时也同样高度重视人的道德品质或者说职业素养。富士康集团在选择员工或者选拔管理层干部时，都遵循以下首要选择。我们能看出，责任心、操守、个性、强烈的求职意愿和勤奋努力，是企业特别看重的品质，因此不能忽视在简历中有效突出自己在这些方面的优势。

（二）过长简历无作用

用人单位的人力资源主管们已经一再指出："那些又厚又长但不知所云的简历我们基本都不怎么看的。"

（三）硬性指标要过硬

我们注意到，用人单位在选择简历时：约有20%的雇主承认他们会使用一些级别较低的助理人员来处理简历，这些人员都会按照一些硬性的选择标准来筛选简历。另有45%的雇主认为他们进行初选时，也基本只看这些硬性指标。

常见的硬性标准：以雇主使用的频繁程度为序排列分别是：

(1) 英语等级证书；

(2) 专业背景；

(3) 学校名声；

(4) 在校成绩。

值得注意的是：这些标准不一定会在招聘要求中注明。因此需要我们在简历中有目的地明确出来。

（四）突出企业关注点

国内公司和外资企业在选人时的关注点有一定区别，在制作简历时应当按照目标企业有所侧重。外企更重视英语和学校名声。比如，学校声誉和优势、英语应用水平（需要提供证书或者案例）、在校期间参与活动、某一组织，以及在其中发挥的作用（特别是独立完成的工作部分）国内公司则比较看重专业。着重关注：专业优势、在校成绩、社会实践经历、科技动手能力，等等。

（五）侧重勾勒整体印象而非所学课程

只有23%的人能在半小时后大体描述看过的简历上学生具体活动和职位。他们只有一个对学生性格的总体印象。很多求职者的简历上会列出自己的学习课程，但是只有4%的公司会仔细阅读。

（六）表达能力好

符合要求的表达非常重要。同一个人的简历，经过专家修改，可以增加43%的录取机会。毕业生简历中常见的表达问题主要是：表达不简洁、遣词造句带有过多感情色彩、英语表达不规范、过长、无重心等。

五、简历的设计与制作技巧

优秀的简历，自然要经过精心的设计，在形式上力求新颖、美观、简洁并体现个人风格、突出个人优势和与职位的匹配度。

（一）简历制作的原则

总结前面我们强调的一些问题，简历制作的原则可归纳如下。

一薄：薄是指内容不要太多，结构合理简练。

二露：露出本色，突出求职意愿和你本人能力条件与所应聘岗位的匹配度。

三透：透出自己的优点，要让阅览者在第一时间内看到自己能吸引他的优点。

四清：结构要清晰，描述要有条理，注意整体的逻辑性，内容描述要有条理，不能杂乱无章。

（二）简历的样式

(1) 封面。封面的新颖、色彩等都能吸引考官的眼睛，但是也不能太过于华丽，我们应该依据自己的实际情况而决定封面的设计风格。

(2) 样式。个人简历可以是表格式的，显得要素清晰；也可以是条款陈述式的，显得主题分明，阐述详细。

很多文字处理软件也都提供一些简历的模板，使用起来很方便。但不要未经修改，直接使用软件提供的模板，甚至连封面设计都不改，这样显得不够认真，也很难突出个性，吸引不了用人单位的眼球。最好是根据用人单位的招聘条件,突出个人优势,单独设计个人的简历样式。

(三)简历内容制作技巧

主要应该涵盖以下内容。

(1)姓名。

(2)性别:一定要写清楚。

(3)联系方式:要一目了然。

(4)教育背景:是学生简历最重要的信息。建议采用“倒序”,也就是最近最高的学历放前面。

(5)兴趣爱好:不可随便写,要针对应聘单位的企业文化,或者岗位对求职者职业素养、个人素质的要求,突出重点。最好显示出你对某一爱好的持久坚持,或者已经达到了较高的水平,获得了一些成绩等。

(6)英语水平:列出最能反映你的英语水平尤其是口语水平的成绩和证书。要有一两个更有说服力的描述,比如获得“校内英语演讲比赛最佳表现奖”,或“主持××活动”等就很能表现你较强的英语沟通能力。

(7)计算机水平:少用“熟悉”这样的字眼。“熟悉”就等于知道,是一个很弱的字眼,说明你不熟练。如果几个软件,有的熟练,有的熟悉,建议只写软件名,而且只写目前最新版的名称。Excel 和 PowerPoint 是公司内外交流中最需要掌握的两种软件,但是面对较为高端和优质企业,能够使用 Word 建议就不要写,因为那无异于在向招聘者说“我会写字”,这只会降低你计算机操作水平的得分。

(8)获奖情况:“奖学金”表明学校或者某一团体对你在学习工作中成绩的肯定。一般可以用一句话概括所获奖学金的情况,如果有多个,也争取用一句话概括。用数字说话,比如:连续 N 学期获得学院几等奖学金;参加××技能比赛获得几等奖。

(9)应聘职位:要注意如果应聘两个职位,二者不要相差太大。比如将研发和市场放一起是不合适的。同时还要体现出自己的自信!

(10)社会经验:对于在校生来讲,社会经验既包括社会工作又包括兼职或实习工作经验。重点在于你参加这些实践活动给你带来哪些收获,让你的哪些能力有所提升。企业看重的是你学了什么东西,具备哪些能力,并且要对自己经历的实践活动进行总结,把企业看重的能力表现出来。

这里要提醒大家,应该细化社会经验。工作成就要具体化、数字化、精确化,避免使用“许多”“大量”“一些”“几个”这样的模糊词汇,应尽量使用具体的数字。比如,“参与撰写商业计划书的大部分工作”,就不如“在商业计划书撰写工作中完成了调查分析竞争对手部分 40%的工作”更让人信服。

而对于在校生来说,校内实践工作细节即使小也要放入“社会经验”中,会填补工作经验少的缺陷。例如,你在做学生会干事等社会工作时组织过什么活动,联系过什么事,参与过什么都可以一一罗列。如果只做过一件事,那就应该尽量把它“掰开揉碎”了写,如完成了什么事、领导过多少人、起到了什么作用。这样一来,简历也就显得丰富一些。

（四）简历语言表达技巧

简历的语言表达也有一些需要注意的小技巧。

比如，自己的实习经验如果写“2002 年 7 月至 8 月”就容易给人跳槽的感觉，应该写“2002 年暑假在何地实习”。大学期间如做过推销员、直销员、服务员等社会兼职，建议着重表述，因为这是了解企业、了解社会的过程，这段经历是主考官最感兴趣的。当然，应该实事求是，夸大其词甚至胡编乱造，也是绝对不会逃过主考官的眼睛的。

又比如，在表述“其他特长”时，必须真实而突出。有的同学在这一栏，一开始就写“本人获得大学英语 b 级证书”，给人的感觉是本来就不高的一个层级，他可能也是好不容易才考出，所以第一个就隆重推出。其实，最反映出自己实力的不妨放在最后突出。

例如下面一段话：“长期的院报记者经历练就了本人扎实的文字功底，无论散文、诗歌或者人物通讯都经常在报上发表，谈吐幽雅，嗓音甜美，并有电视台主持人的工作经验，良好的英语听说读写能力，任学生会部长、校广播站站长，能与同事愉快合作，有较好的与人沟通的能力，熟悉计算机，会使用各种计算机软件，熟悉现代办公操作，通过英语 a 级考试”。看似轻描淡写，但又不会让人低估实力。

此外，在专业课程方面，罗列成绩单不如横向比较。也就是将自己的成绩在班级、专业、年级的排名写出来。针对自己专业的特色而设计，也可以依工作岗位或企业的行业性质不同而特别设计。

（五）简历制作的注意事项

首先，简历内容必须真实可靠；

其次，要注意，“深情款款”的表达不等于亲和力。例如，有的同学会写：“给我一个机会，我会还你一个惊喜”“本人团结同事，能吃苦耐劳”“让我们风雨同舟”“我热切期待着一个大展鸿图、共创辉煌未来的良机”……

这样的表达反而给用人单位一种不够真诚、有些轻浮的观感。应该避免。

最后，注意查错。简历写好后，一定要仔细校对，避免出错。

知识拓展

“简历查错歌”

简历首查错别字，语句通顺在其次。
时间经历逻辑通，信息精准要三思。
不做假账讲实事，前后标点要一致。
行距统一外观美，对齐功夫有人知。

任务实施

假如你今年 7 月即将毕业，请根据自己的实际情况，按照简历制作的要求，编写一份个人简历。

要求：

（1）表格式或者条文式均可。

（2）要求在一页纸上完成。

任务考核

填写表9-2，完成简历的制作任务评价。

表9-2 简历的制作任务评价表

评价项目	权重	评价内容	评价标准				自我评分	小组评分	教师评分
			优	良	中	差			
形式结构	30	标题：严谨、规范	5		3				
		正文：要素齐全	10		6				
		要件：完整，规范	5		3				
		篇幅：1页	10		6				
内容要素	45	项目要素：全面、表述准确	5		3				
		求职意愿：清晰、主动性强	5		3				
		与岗位的吻合度：专业、性格、兴趣爱好与经历与岗位职责匹配度高	15		8				
		社会实践：经历丰富，表达恰当	10		6				
		优势突出：相关证书、语言水平、技能水平等岗位胜任力突出	10		6				
语言	15	准确、简洁、平实、恰当	15		8				
版面设计	10	符合格式规范、清晰美观	10		6				
合计									

参考文献

[1] 公安部治安管理局.保安员——国家职业技能标准(2019年版)[M].北京：中国劳动社会保障出版社,2020.
[2] 王景坤.集会性活动项目安全保卫管理[M].北京：西苑出版社,2016.
[3] 吴廷玉.文秘写作与文书处理[M].北京：外语教学与研究出版社,2014.
[4] 张耀辉、雷桂平.应用写作[M].北京：高等教育出版社,2019.
[5] 伍小平、黎燕.应用文写作(医学类)[M].北京：高等教育出版社,2019.
[6] 李俊伟.高校党务工作常用文书实用手册[M].北京：中共中央党校出版社,2020.